Andrea Peter-Koop
Thomas Rottmann
Miriam M. Lüken
(Hg.)

Inklusiver Mathematikunterricht in der Grundschule

D1698756

Mildenberger

Einbandgestaltung

Das Foto auf dem Einband stammt aus einer Fördersitzung im Kontext des Projektes PReSch (siehe Kapitel 11). Julia Streit-Lehmann hat es gemacht und mit Genehmigung der Eltern zur Verfügung gestellt.

Bibliografische Information der Deutschen Bibliothek

Die Deutsche Bibliothek verzeichnet diese Publikation in der Deutschen Nationalbibliografie; detaillierte bibliografische Daten sind im Internet über http://dnb.ddb.de abrufbar.

Bestell-Nr. 140-47 · ISBN 978-3-619-01447-7
© 2015 Mildenberger Verlag GmbH, 77652 Offenburg
Internetadresse: www.mildenberger-verlag.de
E-Mail: info@mildenberger-verlag.de

Auflage   4   3   2   1
Jahr   2018   2017   2016   2015

Bezugsmöglichkeiten
Alle Titel des Mildenberger Verlags erhalten Sie unter: www.mildenberger-verlag.de oder im Buchhandel.
Jede Buchhandlung kann alle Titel direkt über den Mildenberger Verlag beziehen. Ausnahmen kann es bei Titeln mit Lösungen geben: Hinweise hierzu finden Sie in unserem aktuellen Gesamtprogramm.
Druck: Scharer-Druck & Medien, 76456 Kuppenheim
Gedruckt auf umweltfreundlichen Papieren

Einführung

Teil I: Die (sonder-)pädagogische Perspektive

Teil II: Die fachdidaktische Perspektive

Gemeinsames Lernen am gemeinsamen Gegenstand als Ziel inklusiven Mathematikunterrichts

Thomas Rottmann & Andrea Peter-Koop

Inklusion ist sicherlich eines der aktuell besonders intensiv diskutierten bildungspolitischen Themen – sowohl mit Relevanz für die Entwicklung des (Fach-)Unterrichts als auch für die Lehreraus-, fort- und -weiterbildung im Schnittfeld von Theorie und Praxis. Daher richtet sich der vorliegende Band in erster Linie an Lehramtsstudierende und (angehende) Lehrerinnen und Lehrer sowie entsprechend auch an die für die Lehrerbildung verantwortlichen Akteure in Schule und Hochschule.

Der Anspruch, der mit der Ratifizierung von Artikel 24 der UN-Konvention über die Rechte von Menschen mit Behinderungen verbunden ist, ist ethisch und moralisch unangreifbar in einer modernen Gesellschaft: Alle Menschen haben unabhängig von eventuellen Behinderungen das Recht auf Bildung „ohne Diskriminierung und auf der Grundlage der Chancengleichheit" (Bundesgesetzblatt 2008, S. 1436).

Wember (2013) konkretisiert diesen Anspruch für die allgemeinbildende Schule: „In schulische Praxis umgesetzt bedeutet vollständige Inklusion: Kein Kind muss besondere Leistungen erbringen oder besondere Eigenschaften nachweisen, damit es eine bestimmte Schule besuchen darf. Die Allgemeine Schule wird alle Kinder annehmen, wie sie sind, und sie wird alle ohne jede Diskriminierung behandeln."

Dabei liefert ein Blick in die Statistik deutliche Belege dafür, dass Inklusion bereits in vielen Schulen angekommen ist. So ist die Integrationsquote in der Primarstufe, d. h. der Anteil der Schülerinnen und Schüler mit sonderpädagogischem Förderbedarf, welcher im gemeinsamen Lernen (früher: gemeinsamen Unterricht) in der Regelschule beschult wird, beispielsweise in Nordrhein-Westfalen vom Schuljahr 2000/01 bis zum Schuljahr 2013/14 von 16,3 % auf 38 % angewachsen (MSW NRW 2014). Weitere deutliche Steigerungen der Quoten und absoluten Schülerzahlen in inklusiven Settings sind zu erwarten.

Interessant ist in diesem Zusammenhang ein Blick auf die Integrationsquote in Abhängigkeit vom festgestellten Förderschwerpunkt. Während etwa 62 % der Schülerinnen und Schüler mit dem *Förderschwerpunkt Lernen* in der Regelschule unterrichtet werden, liegt dieser Anteil bei anderen Förderschwerpunkten teils deutlich niedriger. Die geringsten Integrationsquoten weisen die *Förderschwerpunkte Sehen* (ca. 14 %) und *Geistige Entwicklung* (ca. 16 %) auf (im Schuljahr 2013/14; MSW NRW 2014).

Da zudem der *Förderschwerpunkt Lernen* den häufigsten Schwerpunkt bei festgestelltem sonderpädagogischem Förderbedarf darstellt[1], kommt der Unterstützung von Schülerinnen und Schülern mit deutlichen Lernbeeinträchtigungen im inklusiven (Fach-) Unterricht eine besondere Bedeutung zu.

---

[1] Insgesamt 34 % der Schülerinnen und Schüler mit Bedarf an sonderpädagogischer Unterstützung in der Primar- und Sekundarstufe I fallen unter diesen Schwerpunkt (MSW NRW 2014).

Inklusion ist jedoch nicht nur ein *viel* disku-tiertes, sondern auch ein *kontrovers* diskutier-tes Thema. Zwar wird die grundsätzliche Legitimität und Bedeutung eines Rechts auf diskriminierungsfreie Bildung für *alle* nicht grundsätzlich angezweifelt. Nicht selten ist aber, auch im schulischen Kontext, durchaus eine Besorgnis und gewisse Ratlosigkeit dar-über zu beobachten, ob (und wie) dieser An-spruch erfüllt werden kann. Lehrerinnen und Lehrer äußern Unsicherheiten, ob sie auf die Anforderungen eines inklusiven Unterrichts, gerade im Fach Mathematik, angemessen vorbereitet sind (Adleff 2010; Korff 2011) und ob die erforderliche Unterstützung und Ausstattung an der Schule (z. B. im Hinblick auf Doppelbesetzungen im Unterricht; Klemm & Preuss-Lausitz 2012) ausreichend gewährleistet werden kann. Wember (2013) spricht demzufolge durchaus berechtigt von der „*Herausforderung Inklusion*".

Die Unsicherheiten auf Seiten der Lehrerin-nen und Lehrer (wie auch anderer beteiligter Personen) vor allem in Bezug auf das Fach Mathematik überraschen kaum. Zum einen liegt dies sicherlich (mit) daran, dass das Fach Mathematik als ein für den schulischen Bil-dungsweg sehr bedeutsames Unterrichtsfach wahrgenommen wird und einem Scheitern in diesem Fach damit auch ein besonderes, nega-tives Gewicht zukommt. Zum anderen muss ehrlicherweise kritisch angemerkt werden, dass es zum jetzigen Zeitpunkt noch einen deutlichen Forschungs- und Entwicklungsbe-darf nicht nur, aber gerade auch von Seiten der Mathematikdidaktik gibt. Die mathema-tische Fachdidaktik hat bisher sicherlich noch keine vollständigen Konzepte spezifisch für inklusiven Mathematikunterricht entwickelt,

geschweige denn erprobt und evaluiert, an welchen sich Lehrerinnen und Lehrer in ih-rem Unterricht orientieren können.

Im Hinblick auf die Entwicklung von Kon-zepten für inklusiven Mathematikunterricht erscheint gerade auch die Frage nach einem sinnvollen Verhältnis von *gemeinsamem* sowie *individuellem* Lernen bedeutsam. „Individuelle Förderung" (Schulgesetz für das Land Nord-rhein-Westfalen 2005, § 1 (1)) ist ebenso ein Anspruch an Unterricht wie „Gemeinsames Lernen am gemeinsamen Gegenstand" (Feuser 1998; Rebbert & Wilmanns 2013). Beide Forderungen gleichzeitig und in gleicher Intensität zu verwirklichen ist ein komplexes, vielleicht sogar utopisches Unter-fangen. Der Unterricht bewegt sich in einem Spannungsfeld zwischen den (hier bewusst überspitzt formulierten) Extremen einer kompletten Individualisierung, bei welcher jedes Kind für sich an einem individuellen Lerngegenstand arbeitet, und einer vollstän-digen Gemeinsamkeit, bei welcher alle Kinder zur selben Zeit identische Inhalte erarbeiten.

Beides kann in dieser Extremposition nicht gelingen: Die Heterogenität (nicht nur) in inklusiven Lerngruppen macht ein gleich-schrittiges Lernen derselben Inhalte auf demselben Niveau unmöglich. In gleicher Weise kann Unterricht aber auch nicht in einem zwar räumlich gemeinsamen, inhaltlich und sozial aber völlig verschiedenen Lernen bestehen. Guter (inklusiver) Unterricht wird sich irgendwo zwischen diesen Extrempolen abspielen müssen, nach dem Motto: „So viel gemeinsam wie möglich, so viel individuell unterstützt wie nötig." Die Herausforderung im Fachunterricht besteht einerseits darin, bereits vorhandene Ansätze zur Differenzierung im Mathematikunterricht wie z. B. den Einsatz von Lernumgebungen (Peter-Koop, Lilitakis & Spindeler 2009) sowie natürliche Differenzierung (Krauthausen & Scherer 2014) für inklusive Settings nutzbar zu machen und diese ggf. anzupassen und zu erweitern. Andererseits müssen gezielte Unterstützungsmaßnahmen auf unterschiedlichen Niveaustufen (Wember 2013) entwickelt und bereitgestellt werden. Die Beantwortung der Frage, wie genau ein möglichst optimaler Weg zwischen Gemeinsamkeit und Individualisierung konkret aussehen kann, fällt dabei nicht leicht.

Der vorliegende Band versteht sich als eine erste vorläufige Bestandsaufnahme der theoretischen und unterrichtspraktischen Konzepte zu inklusivem Mathematikunterricht in der Grundschule und versucht, einen Ein- und Überblick zu verschiedenen Facetten dieses Themas zu liefern. Dabei wird bewusst eine spezifisch fachdidaktische Perspektive auch im inklusiven Unterricht eingenommen, denn zentrale Weichen für das Gelingen der hehren und gesellschaftlich breit akzeptierten bildungspolitischen Ziele werden vor allen Dingen auf unterrichtspraktischer Ebene im Unterricht der einzelnen Fächer gestellt. Gelingt es nicht, diesbezüglich erwünschte fachliche Lernerfolge für *alle* Kinder sicherzustellen, werden inklusive Konzepte des gemeinsamen Lernens seitens der Elternschaft schwer vermittelbar.

Ziel des vorliegenden Bandes ist es zum jetzigen Zeitpunkt weniger, umfassend erprobte Unterrichtskonzepte und breite empirische Forschungsergebnisse zu präsentieren, sondern vielmehr bewusst Ansätze unterschiedlicher Ausrichtung vorzustellen

und dabei auf vielfältige Perspektiven und Akteure einzugehen.

Den unterschiedlichen Facetten von Inklusion im Mathematikunterricht wird im Folgenden in vier thematischen Teilen nachgegangen. Neben der für weitere fachdidaktische Konkretisierungen rahmengebenden **(Sonder-)Pädagogischen Perspektive** (Teil I mit dem Beitrag von *Birgit Lütje-Klose* und *Susanne Miller*) kommt der spezifisch **Fachdidaktischen Perspektive** (Teil II) ein besonderes Gewicht zu. In seinem programmatisch ausgerichteten Beitrag formuliert *Bernd Wollring* aus fachlicher Sicht Schwerpunktsetzungen bei mathematischen Lernumgebungen in inklusiven Lerngruppen und illustriert seine Ausführungen mit Blick auf die Lehrerbildung anhand geometrischer Beispiele. Die beiden folgenden Beiträge von *Helena Krähenmann, David Labhart, Susanne Schnepel, Meret Stöckli* und *Elisabeth Moser-Opitz* sowie von *Uta Häsel-Weide* und *Marcus Nührenbörger* setzen sich weiterhin mit Möglichkeiten der Differenzierung und dafür geeigneten Aufgabenformaten im Arithmetikunterricht auseinander. Darüber hinaus werden in diesem zweiten Teil weitere fachdidaktische Aspekte mit besonderer Bedeutung für den inklusiven Mathematikunterricht angesprochen. Dazu gehören die Entwicklung von Grundvorstellungen, mit welcher sich *Thomas Rottmann* befasst, ebenso wie der reformpädagogische Ansatz Maria Montessoris, dessen Umsetzung im inklusiven Unterricht von *Sandra Thom* beschrieben wird. Als einen weiteren Aspekt betrachtet *Kerstin Tiedemann* die Rolle der Sprache im inklusiven Unterricht, während *Christiane Benz* und *Axel Schulz* einen Fokus auf die inklusive Gestaltung des

Übergangs vom Kindergarten in die Grundschule legen.

Ein weiterer Teil des Bandes widmet sich mit Blick auf die notwendige Individualisierung im Rahmen der Inklusion der **Förderdiagnostischen Perspektive** (Teil III). Neben einem allgemeineren Überblick über verschiedene Diagnoseinstrumente, welchen *Thomas Rottmann, Julia Streit-Lehmann* und *Sebastian Fricke* liefern, analysiert *Andrea Peter-Koop* die Einsatzmöglichkeiten des *ElementarMathematischen BasisInterviews* (EMBI) im inklusiven Mathematikunterricht. Über die diagnostische Perspektive hinausgehend stellen *Julia Streit-Lehmann* und *Sebastian Fricke* die Arbeit mit Entwicklungsplänen in inklusiven Lerngruppen vor.

Der abschließende Teil des Bandes beschäftigt sich mit der **Perspektive von Lehrkräften und Eltern** (Teil IV) als weitere am Lernprozess beteiligte Personen. *Natascha Korff* setzt sich dabei mit Vorstellungen und Belief-Systemen von Lehrerinnen und Lehrern zu inklusivem Mathematikunterricht auseinander, während *Julia Streit-Lehmann* Möglichkeiten der Beteiligung von Eltern bei der Unterstützung von Lernprozessen darlegt.

In ihrem Schlusswort entfalten die Herausgeber einige „große" und „kleine" (Forschungs-)Fragen, die sich in Bezug auf die weitere Entwicklung und Erforschung des Mathematikunterrichts in inklusiven Settings ergeben. Dies geschieht bewusst mit Blick auf die universitäre Lehrerausbildung, in deren Rahmen wissenschaftliche Qualifizierungsarbeiten auf Bachelor- und Masterebene ausdrücklich vorgesehen sind.

Literatur

Adleff, B. (2010). Erfahrungen einer Grundschullehrerin mit Inklusion. In K. Metzger & E. Weigl (Hrsg.), *Inklusion – eine Schule für alle* (S. 82–85). Berlin: Cornelsen Scriptor.

Bundesgesetzblatt Jahrgang 2008 Teil II, Nr. 35, ausgegeben zu Bonn am 31. Dezember 2008. *Gesetz zu dem Übereinkommen der Vereinten Nationen vom 13. Dezember 2006 über die Rechte von Menschen mit Behinderungen.* Berlin: Bundesanzeiger Verlag.

Feuser, G. (1998). Gemeinsames Lernen am gemeinsamen Gegenstand: Didaktisches Fundamentum einer Allgemeinen (integrativen) Pädagogik. In A. Hildeschmidt & I. Schnell (Hrsg.), *Integrationspädagogik. Auf dem Weg zu einer Schule für alle.* (S. 19–35). Weinheim: Juventa.

Klemm, K. & Preuss-Lausitz, U. (2012). Was ist guter inklusiver Unterricht? In K. Metzger & E. Weigl (Hrsg.), *Inklusion – praxisorientiert*. Berlin: Cornelsen.

Korff, N. (2011). „In allen anderen Fächern ist das einfach einfacher." Belief-Systeme von Primarstufenlehrer/innen zu einem inklusiven Mathematikunterricht. In B. Lütje-Klose, A.-T. Langer, B. Serke & M. Urban (Hrsg.), *Inklusion in Bildungsinstitutionen* (S. 150–156). Bad Heilbrunn: Klinkhardt.

Krauthausen, G. & Scherer, P. (2014). *Natürliche Differenzierung im Mathematikunterricht. Konzepte und Praxisbeispiele aus der Grundschule.* Seelze: Klett Kallmeyer.

Ministerium für Schule und Weiterbildung NRW (2014). *Auf dem Weg zur inklusiven*

Schule in NRW – Das „Erste Gesetz zur Um-
setzung der UN-Behindertenrechtskonvention in
den Schulen" (9. Schulrechtsänderungsgesetz) und
begleitende Maßnahmen. Präsentation in der
Fassung vom 17.04.2014. Verfügbar unter:
https://www.Schulministerium.nrw.de/
docs/Schulsystem/Inklusion/Auf-dem-
Weg-zur-inklusiven-Schule/index.html
[Zugriff: 24.03.2015]

Peter-Koop, A., Lilitakis, G. & Spindeler, B.
(Hrsg.) (2009). *Lernumgebungen – Ein Weg*
zum kompetenzorientierten Mathematikunterricht
in der Grundschule. Offenburg: Mildenberger.

Rebbert, T.-M. & Wilmanns, I. (2013). Gemeinsamer Unterricht am Gemeinsamen
Gegenstand: Das Projekt „Jugend inklusive
– global engagiert". *Erziehungswissenschaft,*
24 (46), 51–63.

Schulgesetz für das Land Nordrhein-Westfalen vom 15. Februar 2005. Verfügbar
unter: http://www.schulministerium.nrw.
de/docs/Recht/Schulrecht/Schulgesetz/
Schulgesetz.pdf [Zugriff: 22.03.2015]

Wember, F. B. (2013). Herausforderung Inklusion: Ein präventiv orientiertes Modell
schulischen Lernens und vier zentrale
Bedingungen inklusiver Unterrichtsentwicklung. *Zeitschrift für Heilpädagogik, 64,*
380–388.

1. Inklusiver Unterricht – Forschungsstand und Desiderata

Birgit Lütje-Klose & Susanne Miller

Die Erforschung integrativen bzw. inklusiven Unterrichts hat in der deutschen Schul- und Sonderpädagogik eine lange Tradition, die bis in die Anfänge der Schulversuche zum gemeinsamen Unterricht zurückreicht. Dennoch stellt die theoriegeleitete und empirische Untersuchung unterrichtlicher Prozesse unter Berücksichtigung eines weiten Inklusionsbegriffs bis heute ein Desiderat dar.

Im Folgenden geht es zunächst um begriffliche Klärungen. Daran anschließend werden historische Entwicklungslinien der Erforschung inklusiven Unterrichts skizziert und abschließend aktuelle Desiderata herausgearbeitet. Dabei werden drei Phasen unterschieden:

- eine erste Phase, in der seit Mitte der 1970er-Jahre im Rahmen der frühen Schulversuche die Integration von Kindern mit Behinderungen wissenschaftlich begleitet und erforscht wurde;

- eine zweite Phase ab den 1990er-Jahren, in der integrativer Unterricht ausgeweitet und konsolidiert wurde und in der es unter anderem um förderdiagnostische und professionstheoretische Fragen ging;

- und eine dritte Phase seit den 2010er-Jahren, in der unterrichtliche Prozesse der Herstellung von Gleichheit und Differenz in Bezug auf unterschiedliche Differenzlinien aus bildungswissenschaftlicher und fachdidaktischer Perspektive mikroanalytisch erforscht werden.

1. Problemaufriss und Begriffsklärungen: gemeinsamer Unterricht – Integration – Inklusion

Der gemeinsame Unterricht von Kindern und Jugendlichen mit und ohne einen sonderpädagogischen Förderbedarf entwickelte sich in Deutschland seit Mitte der 1970er-Jahre als Gegenbewegung zu einem auf die segregative Unterrichtung von Schülerinnen und Schülern mit Behinderungen in spezialisierten Sonderschulen ausgerichteten Schulsystem. Diese Modellprojekte wurden, aufbauend auf positiven Erfahrungen im Elementarbereich, von engagierten Eltern gemeinsam mit Lehrkräften und Hochschullehrerinnen und -lehrern aus der allgemeinen Schulpädagogik ebenso wie aus der Sonderpädagogik erstritten (vgl. Schnell 2003). Andere Differenzlinien wie das Geschlecht, die ethnische oder soziale Herkunft wurden dabei nicht explizit angesprochen, obwohl in dieser Zeit z. B. auch sogenannte Ausländerklassen eingerichtet wurden, in denen analog zur Sonderschule eine segregative Beschulung der Kinder von Einwanderern stattfand (Lütje-Klose & Mehlem 2015). Der Begriff „gemeinsamer Unterricht" findet sich auf bildungspolitischer Ebene erstmalig im Gutachten des deutschen Bildungsrates von 1973, dem der Schulpädagoge Jakob Muth vorsaß, und rekurrierte dabei auf die Vorstellung einer „Schule für alle Kinder" (Schöler 1993).

Parallel dazu ist der Begriff der Integration seit Mitte der 1970er-Jahre in doppelter Bedeutung im erziehungswissenschaftlichen Diskurs vorzufinden: einerseits für die gemeinsame Erziehung und Bildung von Kindern mit und ohne Behinderungen (z. B. Valtin, Sander & Reinartz 1984) und andererseits für die gemeinsame Beschulung von deutschen und ausländischen, in der Regel mehrsprachig aufwachsenden Kindern (z. B. Diehm & Radtke 1999). Theoretisch wurde der Integrationsbegriff in Bezug auf Kinder mit Beeinträchtigungen vor dem Hintergrund unterschiedlicher wissenschaftstheoretischer Positionen gefüllt. Daran waren Wissenschaftlerinnen und Wissenschaftler sowohl aus der allgemeinen Schulpädagogik (Muth, Schöler, Preuss-Lausitz, Heyer, Meyer u. a.) als auch aus der Sonderpädagogik (Feuser, Reiser, Eberwein, Kornmann, Probst, Kutzer, Begemann u. a.) federführend beteiligt.

So wird bereits in den frühen Veröffentlichungen des Arbeitskreises Grundschule aus grundschulpädagogischer Perspektive betont, dass die spezifischen Lebenssituationen wirklich aller Kinder in jedem Unterricht einzubeziehen seien. Die didaktische Berücksichtigung von Kindern mit sonderpädagogischen Förderbedarfen sollte demnach Aufgabe jeder allgemeinen Didaktik und Fachdidaktik sein (Valtin et al. 1984, Schöler 1993). Dies stellt aber bis heute ein Desiderat dar, dem erst in jüngster Zeit verstärkt Aufmerksamkeit gewidmet wird (Amrhein & Dziak-Mahler 2014, vgl. Abschnitt 4).

Eine solche erweiterte allgemeinpädagogische Perspektive wurde auch in den Reformschulen der 1970er-Jahre wie der Laborschule Bielefeld stark gemacht, wo die Aufnahme von Schülerinnen und Schülern aus allen Bevölkerungsgruppen und damit eine bewusst hergestellte Heterogenität der Lerngruppen mit der demokratischen Leitorientierung der „polis" und der Erziehung zur Demokratiefähigkeit für alle verbunden wurde (von Hentig 1990 u. a.). Auf die personalisierte Feststellung von Förderbedarf oder die Überweisung zur Förderschule wurde und wird ebenso verzichtet (Thurn & Tillmann 1997, 2011; Demmer-Diekmann & Struck 2001, Begalke & Siepmann 2011). Die Laborschule „führt ihre Kinder ohne Aussonderung und ohne jede Form der äußeren Leistungsdifferenzierung erfolgreich zu den Abschlüssen der Sekundarstufe" (Thurn & Tillmann 1997, S. 13).

Im sonderpädagogischen Diskurs der integrationspädagogischen Theoriebildung waren zwei unterschiedliche Lesarten des Integrationsbegriffs besonders stark vertreten: die der materialistischen Behindertenpädagogik um die Bremer Sonderpädagogen Wolfgang Jantzen und Georg Feuser (Feuser 1982, 1995; Feuser & Meyer 1987; Jantzen 1987, 1995, 2000; auch Kornmann & Ramisch 1985 u. a.) und die aus der psychoanalytisch geprägten Frankfurter Arbeitsgruppe um Helmut Reiser und Helga Deppe-Wolfinger (Reiser et al. 1986; Deppe-Wolfinger, Prengel & Reiser 1990; weiterentwickelt u. a. von Prengel 1993, 2015; Hinz 1993, 2013). Diese integrationspädagogischen „Schulen" entwickelten ihre theoretischen Konzeptionen auf der Grundlage empirischer Studien im Rahmen der wissenschaftlichen Begleitforschung länderspezifischer Modellprojekte (vgl. Abschnitt 2).

Im materialistischen Bremer Ansatz der „Allgemeinen und Integrativen Pädagogik" wurden neben der Kategorie Behinderung besonders die Differenzlinien Armut und soziale Benachteiligung diskutiert und die politische Forderung nach gesellschaftlicher Solidarisierung abgeleitet. Auf unterrichtlicher Ebene formulierte Feuser (1995) das zentrale Prinzip der „Kooperation am gemeinsamen Gegenstand" im Rahmen eines durch innere Differenzierung geprägten gemeinsamen Unterrichts als Grundlage didaktischen Handelns, das idealtypisch in projektorientierten Arbeitsformen umzusetzen sei. Parallel entwickelte die Arbeitsgruppe um Reiser (Reiser et al. 1986; Reiser & Loeken 1993; Deppe-Wolfinger et al. 1990) ihre „Theorie Integrativer Prozesse", in der Integration als Prozess von Annäherung und Abgrenzung auf unterschiedlichen Ebenen beschrieben wird. Auf der individuellen Ebene wird dabei die Auseinandersetzung mit der eigenen Angst vor Behinderung und entsprechenden Abwehrreaktionen gegenüber Menschen mit Behinderungen im Spannungsfeld von Ablehnung und Akzeptanz als Grundlage dafür angesehen, dass integrative Prozesse auch auf den anderen Ebenen umgesetzt werden können. Auf interaktioneller Ebene bestehen die zwei entgegengesetzten Pole in den widerstreitenden Tendenzen zu Annäherung und Abgrenzung, die auch im institutionellen Handeln umgesetzt werden (vgl. ebd.). Prengel (1993) und Hinz (1993) legten mit ihren Ansätzen einer „Pädagogik der Vielfalt" daran anschließend eine umfassende Konzeption integrativer Pädagogik vor, die – ganz im Sinne des späteren Inklusionsgedankens – unterschiedliche Differenzlinien berücksichtigt und die Zielperspektive einer „egalitären

Differenz" im Sinne eines gleichen Rechts auf Verschiedenheit betont.

Mit dem Begriff der Inklusion wird angeknüpft an den Grundgedanken der „Nichtaussonderung" (Milani-Comparetti 1987), der davon ausgeht, dass eine Integration gar nicht mehr erforderlich ist, wenn von vornherein eine Aussonderung vermieden wird (Schöler 1993). Der Begriff wird allerdings in verschiedenen theoretischen Diskursen unterschiedlich gefüllt. Aus bürgerrechtlicher Perspektive bezieht er sich auf das Recht auf gleichrangige gesellschaftliche Partizipation aller Menschen, einschließlich derjenigen mit Beeinträchtigungen, unter Gewährung dafür notwendiger Hilfen (Biewer 2010). Von Hinz (2002) und Sander (2003) wird die Konzeption der Inklusion als neue Etappe auf dem Weg zu einem nichtaussondernden Bildungssystem interpretiert, sie kann mit Reiser (2003) und Wocken (2011) aber auch als Weiterführung und Ausweitung der o. g. grundlegenden theoretischen Auseinandersetzungen im Rahmen der Integrationsbewegung verstanden werden (ebd., S. 86). Denn diese Konzeptionen begrenzten sich, wie oben ausgeführt, keineswegs auf die Einbeziehung von Kindern mit ausgewiesenen Behinderungen, sondern nahmen von Anfang an auch andere Differenzlinien in den Blick. Der seit den 1990er-Jahren im angloamerikanischen Raum eingeführte Inklusionsbegriff (z. B. Unesco Salamanca-Erklärung 1994, Hinz 2013), der explizit für die Einbeziehung aller Menschen in die allgemeinen Bildungsinstitutionen steht, wurde dementsprechend in Deutschland viele Jahre mit dem Integrationsbegriff übersetzt und gleichgesetzt (Reiser 2003, Schnell 2003).

In der schulischen Praxis allerdings fand sich, wie diese Forscher übereinstimmend herausarbeiteten, zum Teil eine verkürzte, auf Behinderung begrenzte Sicht des Integrationsbegriffs, die zudem mit einer Dominanz äußerer anstelle innerer Differenzierungsformen und mit einer Verantwortungsdelegation bzw. -behauptung anstelle einer gemeinsamen Verantwortungsübernahme für die als förderbedürftig kategorisierten Kinder durch die Sonderpädagoginnen und Sonderpädagogen einherging. Diese „defizitäre Praxis" (Reiser 2003) sollte mit der Einführung des Begriffs Inklusion überwunden werden (ebd., Hinz 2002, 2013).

Breit durchsetzen konnte sich der Inklusionsbegriff in Deutschland allerdings erst seit der Ratifizierung der UN-Konvention über die Rechte von Menschen mit Behinderungen im Jahre 2009, in der die allgemeinen Menschenrechte für diese Teilgruppe konkretisiert und ihre volle gesellschaftliche Teilhabe eingefordert wird. In Artikel 24 werden dabei die Einführung eines inklusiven Bildungssystems und ein Recht auf einen hochwertigen, inklusiven Unterricht für alle Menschen formuliert. Perspektivisch ist eine den individuellen Bedürfnissen entsprechende Unterstützung im Sinne der Inklusion damit nicht mehr an die offizielle Feststellung eines sonderpädagogischen Förderbedarfs und die kategorisierende Zuschreibung eines bestimmten Förderschwerpunktes gebunden, sondern gilt als Aufgabe jeder Schule im Hinblick auf alle ihre Schülerinnen und Schüler (Hinz 2013, Prengel 2015). Die Frage nach der „Integrationsfähigkeit" ist nicht an das einzelne Kind zu richten, sondern an die Schule als System, das mehr oder weniger gut darauf eingestellt sein kann, die individuellen Ausgangslagen zu beantworten (vgl. Werning & Lütje-Klose 2012, S. 218ff.). Die bisherigen Modelle gemeinsamer Unterrichtung können als Schritte auf dem Weg hin zu mehr Inklusivität im Schulsystem verstanden werden.

2. Erste Phase: die frühen Schulversuche

Die Erforschung des gemeinsamen Unterrichts begann im deutschsprachigen Raum bereits seit Anfang der 1980er-Jahre. Die frühen empirischen Studien zur Erforschung des gemeinsamen Unterrichts stehen dabei in engem Zusammenhang zur didaktischen Konzeptentwicklung und gehen in Deutschland vor allem auf Feusers (1995 u. a.) Ansatz der „Allgemeinen und Integrativen Pädagogik" und die darauf bezogene „Entwicklungslogische Didaktik" und auf Reisers „Theorie Integrativer Prozesse" (Reiser, Klein, Kreie & Kron 1986) zurück, woran u. a. Wocken (1998) seine didaktischen Überlegungen unterrichtlicher Lernsituationen anschloss (vgl. Werning & Lütje-Klose 2012, S. 141ff.). Parallel dazu arbeiteten in Österreich (Feyerer 1998 u. a.) und in der Schweiz (Haeberlin 1990 u. a., Bless & Mohr 2007) ebenfalls deutschsprachige Forschergruppen an der Entwicklung und Erforschung des gemeinsamen Unterrichts.

Einer der ersten Schulversuche zum gemeinsamen Unterricht wurde von Feuser und Meyer (1987) in der Grundschule Robinsbalje in Bremen durchgeführt. Er basierte auf den Methoden der Verhaltensbeobachtung mit sequentierten Interaktionsanalysen, Timesampling sowie soziometrischen Verfahren. Erkenntnisse hieraus bildeten die

Grundlage für Feusers Forderung nach einer Zusammenführung von Allgemeiner Pädagogik und Sonderpädagogik, denn er kam zu dem Ergebnis, dass pädagogisches Handeln immer und unabhängig von kategorialen Zuschreibungen an den individuell zu diagnostizierenden Lernvoraussetzungen jedes einzelnen Kindes ansetzen müsse, um ihm die Kooperation am gemeinsamen Gegenstand der Gemeinschaft zu ermöglichen und die Entstehung isolierender Bedingungen (Jantzen 1987) zu vermeiden.

Auch in anderen frühen Modellversuchen zur schulischen Integration von Kindern mit und ohne Behinderungen (Reiser et al. 1986, Deppe-Wolfinger et al. 1990, Dumke & Schäfer 1993, Heyer et al. 1993, Schöler 1993, Valtin et al. 1984 u. a.) wurden Unterrichtsbeobachtungen und Befragungen von Lehrkräften, Schülern und Eltern durchgeführt, um aus der entstehenden Praxis heraus Prinzipien und wirksame Strategien einer „integrativen Didaktik" zu entwickeln. Prengel (1993) hebt hervor, dass die besondere Leistung dieser frühen Integrationsversuche in der Entwicklung pädagogischer und didaktischer Grundlagen eines gemeinsamen Unterrichts für Kinder und Jugendliche mit und ohne Behinderungen in Kooperation von Grundschul- und sonderpädagogischen Lehrkräften und Wissenschaftlerinnen und Wissenschaftlern liegt, die aus der gelebten Praxis heraus zur Entwicklung integrationspädagogischer Prinzipien und Strategien integrativer Didaktik führte (ebd). Ein wiederkehrendes Motiv ist dabei bis heute das Spannungsfeld von Individualisierung einerseits und der bewussten Herstellung von Gemeinsamkeit andererseits, die gleichermaßen erforderlich sind, um integrative Prozesse

in einer Lerngruppe zu ermöglichen (Riegert et al. 2015). Feuser (1995, 2011) zufolge ist das Prinzip der Arbeit am gemeinsamen Gegenstand grundlegend, um dies zu erreichen. Dazu bedarf es einer Unterrichtsplanung, die sich ausgehend vom individuellen Wahrnehmungs- und Erfahrungshorizont einerseits an entwicklungslogischen und andererseits an sachlogischen Gesetzmäßigkeiten ausrichtet. Durch schrittweise Ausdifferenzierung unterschiedlich komplexer Anforderungen sind demnach die grundlegenden Prinzipien der Individualisierung und Kooperation am gemeinsamen Gegenstand i. S. ziel- und methodenbezogener innerer Differenzierung bei gleichen Inhalten praktisch einlösbar (ebd.).

Diese Prinzipien, die idealerweise in projektorientierten Arbeitsweisen umzusetzen sind, haben über Feusers Ansatz hinaus insgesamt einen hohen Stellenwert innerhalb integrationspädagogischer Literatur erlangt, wenn sie auch in ihrer Radikalität z. T. als einseitig wahrgenommen wurden (vgl. Lütje-Klose 2011).

Auch in Reisers Schulbegleitforschung an integrativen Grundschulen in Hessen, die sich methodisch auf teilnehmende Beobachtungen sowie Befragungen von Lehrkräften, Schulleitungen und Schülern stützte, wurde das Spannungsfeld von Individualisierung und Herstellung von Gemeinsamkeit untersucht. Die Forschergruppe stellte dem „gemeinsamen Gegenstand" das „gemeinsame Thema" gegenüber: Gemeinsamkeit wird demnach (im Unterschied zu Feusers Erkenntnissen) nicht nur und nicht in erster Linie didaktisch erzeugt, sondern von den Akteuren (Kindern ebenso wie Erwachsenen) „in der Interaktion selbst hervorgebracht". Dabei wird der Stellenwert informeller Situationen und Gespräche betont, in denen die Kinder als Akteure sozusagen nebenbei Themen wie Behinderung, Freundschaft etc. verhandeln.

Zielführend ist aus dieser Perspektive eine Balance zwischen individuell differenzierenden und integrierenden Lernsituationen, sodass sowohl der Verschiedenheit als auch der Gemeinsamkeit der Kinder Rechnung getragen werden kann. Neben didaktisch geplanter Arbeit an gemeinsamen Gegenständen kann zur Herstellung von Gemeinsamkeit auch der regelmäßige Austausch aller über ihre nach Interesse, individueller Bedeutsamkeit oder spezifischem Förderbedarf unterschiedlichen Gegenstände beitragen (Werning & Lütje-Klose 2012). Integrativer Unterricht muss daher informellen Kommunikationen Raum geben und den Schülern Mitgestaltungsmöglichkeiten eröffnen. Dazu ist eine bewusste Aufmerksamkeit der Lehrkräfte für die je individuellen wie auch die gemeinsamen Themen der Schüler und eine Öffnung des gesamten Unterrichts für diese Themen und die individuellen Bearbeitungsformen von besonderer Bedeutung. Dabei haben unterschiedliche Grade an wechselseitiger Bezugnahme der Schülerinnen und Schüler gleichermaßen ihre Berechtigung.

Wocken (1998), der den Reiserschen Ansatz aufgreift und auf der Grundlage seiner Forschungen didaktisch weiterentwickelt hat, unterscheidet verschiedene Arten gemeinsamer Lernsituationen:

- In koexistenten Lernsituationen, wenn die anderen Schülerinnen und Schüler in die je eigenen Handlungspläne nur begrenzt einbezogen werden, bestehen lediglich raum-zeitliche Gemeinsamkeiten.

- Subsidiäre Lernsituationen beschreiben Helfermodelle mit dem Fokus auf prosozialen Handlungs- und Unterstützungsformen. Diese bergen allerdings die Gefahr der Einseitigkeit.

- Als höchste Form gemeinsamer Interaktion gelten kooperative Lernsituationen. Sie sind auf ein gemeinsames Ziel hin ausgerichtet und ermöglichen die arbeitsteilige Bewältigung einer gemeinsamen Aufgabe. Daraus können sich Synergieeffekte ergeben.

- Wocken unterscheidet hierbei zwischen komplementären, aufeinander bezogenen Lernsituationen einerseits und solidarischen Lernsituationen andererseits, wobei letztere im Sinnes Feusers auf einen gemeinsamen Gegenstand ausgerichtet sind.

Wenngleich es sich bei subsidiären Lernsituationen um Sternstunden im Unterrichtsgeschehen handelt, sind diese Wocken zufolge nicht beliebig herstellbar. Daher muss das Ausmaß integrierender und differenzierender Maßnahmen immer wieder neu ausbalanciert werden (vgl. Wocken 1998, Werning & Lütje-Klose 2012).

Wie Prengel (1993) und Lütje-Klose (1997) auf der Grundlage ihrer Studien betonen, ist zudem das didaktische Prinzip der Transparenz zentral zur Herstellung von Gemeinsamkeit. Im Sinne einer „egalitären Differenz" (Prengel 2006), wonach allen Gruppenmitgliedern das gleiche Recht auf Verschiedenheit zugestanden wird, ist es Ausdruck einer individuellen Anerkennung und Wertschätzung und ermöglicht die Unterstützung und Gewährleistung fachkompetenter Hilfen, ohne dass dies mit Verbesonderung einhergeht.

Die aktuell diskutierten Konzeptionen inklusiver Didaktik (z. B. Feuser 2011, Heimlich 2007, Kornmann 2010, Seitz 2006, 2008, Seitz & Scheidt 2012, Werning & Lütje-Klose 2012, Wocken 2011, Textor et al. 2014 u. a.) basieren bis heute weitgehend auf diesen im Kontext der integrativen Pädagogik generierten Forschungsergebnissen und theoretischen Orientierungen (Reiser 2003, S. 308), führen sie aus und konkretisieren sie im Rahmen unterschiedlicher fachdidaktischer Perspektiven sowie unter Berücksichtigung verschiedener schulorganisatorischer Modellbedingungen. Dennoch merkt Feuser kritisch an, dass die deutschsprachige Integrationsbewegung bis heute „von einer erschreckenden didaktischen Abstinenz geprägt" sei (Feuser 2011, S. 86). Diese Vernachlässigung speziell auf den gemeinsamen Unterricht bezogener didaktischer Fragen im Diskurs der integrativen Pädagogik dürfte darauf zurückzuführen sein, dass aus dieser Perspektive die Normalität der Heterogenität jeder Lerngruppe besonders betont wird und daher jegliche Art von „Sonderdidaktik" abgelehnt wurde und wird (z. B. Feuser 1987, Hinz 1993). Insofern ist die bereits angesprochene Bearbeitung dieser Fragestellungen innerhalb des allgemein didaktischen und grundschulpädagogischen Diskurses hervorzuheben, der u. a. durch vielfältige Veröffentlichungen des Arbeitskreises Grundschule zum gemeinsamen Unterricht geprägt ist.

3. Zweite Phase: Ausweitung und Konsolidierung – integrative Regelklassen und sonderpädagogische Grundversorgung

Eine zweite Phase der Erforschung integrativen bzw. inklusiven Unterrichts lässt sich im deutschsprachigen Raum ab Ende der 1990er-Jahre ausmachen. Anders als in den frühen Modellversuchen der ersten Phase, die integrativen Unterricht an ausgewählten Standorten und unter dem Primat der freiwilligen Teilnahme von Eltern und Lehrkräften erprobt hatten, wurden nun ganze Schulen und Regionen beforscht, in denen die Unterrichtung und Förderung in heterogenen Lerngruppen flächendeckend etabliert wurden. Dabei sind neben explizit in integrativen Modellen konzipierten Untersuchungen auch solche Studien relevant, die präventive Maßnahmen für Kinder in Risikolagen im Rahmen jahrgangsübergreifenden Unterrichts beforschen und berücksichtigen. Als mögliche Indikatoren für einen erfolgreichen Unterricht in heterogenen Lerngruppen gelten a) die Kompetenz- und Leistungsentwicklung der Kinder mit und ohne besondere Förderbedarfe in den Unterrichtsfächern, wobei eine möglichst niedrige Streuung angestrebt wird; b) die Erhöhung der Selbstkompetenzen durch Stärkung des Selbstkonzepts; und c) die Erhöhung der sozialen Kompetenzen; d) weiterhin wird der Frage nachgegangen, welche unterrichtlichen und Förderpraxen in den jeweiligen Modellen vorzufinden sind und wie Lehrkräfte unterschiedlicher Profession sowie andere pädagogische Fachkräfte dabei kooperieren.

Verschiedene Untersuchungen in jahrgangsgemischten Lerngruppen zeigen, dass die Heterogenität gezielt genutzt wird, da positive Auswirkungen auf die einzelnen Schülerinnen und Schüler erwartet werden. Dabei stellte Roßbach (1999) keine Unterschiede zu Jahrgangsklassen im Leistungsbereich und geringe Vorteile im sozial-motivationalen Bereich fest. Liebers, Prengel und Bieber (2008) konstatierten, dass das schulische Selbstkonzept und die soziale Integration in den jahrgangsgemischten sogenannten Flex-Klassen Brandenburgs höher sind als in Jahrgangsklassen. Dabei sehen sich langsam lernende Kinder (drittes Schulbesuchsjahr) gleichermaßen gut in die Klasse integriert. Hinz und Beutel (2008) stellten eine positive Entwicklung des akademischen Selbstkonzepts im Bereich Lesen sowie ein überdurchschnittlich hohes soziales Selbstkonzept in der Jahrgangsmischung fest. Allerdings blieb bei diesen Studien fraglich, ob Integration und Jahrgangsmischung per se zu den Ergebnissen führen oder ob spezifische Unterrichtsmaßnahmen oder Einstellungen der Lehrkräfte als Ursachen hierfür anzunehmen sind.

Im Rahmen des vielbeachteten Hamburger Schulversuchs „Integrative Regelklasse" wurde erstmalig in Deutschland ein Modell der pauschalen Zuweisung sonderpädagogischer Ressourcen in einer gesamten Region erprobt und im Rahmen einer dreijährigen Längsschnittstudie umfassend wissenschaftlich begleitet (Hinz et al. 1998, Rauer & Schuck 1999). Mit dem Schulversuch „Integrative Grundschule" wurde den begleitenden Wissenschaftlerinnen und Wissenschaftlern zufolge „eine neue Qualitätsstufe der konzeptionellen Weiterentwicklung des Integra-

tionsgedankens erreicht" (Rauer & Schuck 1999, S. 11): Jede der beteiligten Schulen war als „Schule für alle Kinder" in ihren jeweiligen Wohnumfeldern, auch und gerade in sozialen Brennpunkten, konzipiert und erhielt pauschal eine zusätzliche Ausstattung von 10 Stunden pro Woche pro Klasse durch eine sonderpädagogische Lehrkraft, um Kinder mit Förderbedarfen im Lernen, in der Sprache und der emotionalen und sozialen Entwicklung präventiv und integrativ unterstützen zu können. Eine vorgängige Feststellung des sonderpädagogischen Förderbedarfs war dazu nicht erforderlich. Schülerinnen und Schüler mit weiteren sonderpädagogischen Förderbedarfen (Sehen, Hören, körperlich-motorische bzw. geistige Entwicklung) wurden bei weiterhin kindbezogener Ressourcenzuweisung in Integrationsklassen derselben Schulen unterrichtet. Die Entwicklungen der Kinder in den integrativen Regelklassen wurden vergleichend mit solchen Kontrollgruppenschulen untersucht, in denen keine integrativen Regelklassen eingerichtet waren.

In der Studie wurden sowohl die Entwicklungen aller Schülerinnen und Schüler als auch die Perspektiven der Eltern und Lehrkräfte systematisch erhoben, Unterricht beobachtet und Schulporträts verfasst (Hinz et. al. 1998). Auf der Ebene der Schülerentwicklungen wurden in Bezug auf die Selbsteinschätzung der emotionalen Befindlichkeit und der sozialen Situation der Kinder in der Untersuchungs- und Kontrollgruppe keine signifikanten Unterschiede festgestellt. Dagegen stellte sich heraus, dass im Leistungsbereich – entgegen den Hoffnungen, die angesichts der vergleichsweise guten Ressourcenausstattung bestanden – der leichte Vorsprung der Kontrollgruppenklassen ohne sonderpädagogische

Ausstattung nicht nur bestehen blieb, sondern sich über die Jahre verstärkte. Die Forscher vertraten zur Erklärung dieses Befundes zwei konkurrierende Hypothesen: Der „Milieuhypothese" zufolge seien „die SchülerInnen aus den von uns untersuchten Integrativen Regelklassen (…) mit schlechteren Lernvoraussetzungen gestartet und diesen Rückstand hätten sie bis zum Ende von Klasse vier nicht aufholen können" (ebd., S. 131). Im Gegenteil greife hier der sogenannte Matthäuseffekt, der zudem durch die Brennpunktlage der Untersuchungsgruppe verstärkt werde. Die Vertreter der „Risikohypothese" gingen dagegen davon aus, dass das Modell der Integrativen Regelklasse unter einem höheren Risiko des Scheiterns stehe, das durch die Herausforderungen an die Professionalisierung der beteiligten Fachkräfte und die interprofessionellen Kooperationsnotwendigkeiten zustande käme (ebd.).

Die Rolle der Sonderpädagoginnen und -pädagogen wurde im Hamburger Schulversuch von den beteiligten Lehrkräften in fünf Profilen beschrieben, die sich an unterschiedlichen Graden der gemeinsamen Verantwortlichkeit für Unterricht und Förderung festmachen: von der Co- und Ergänzungslehrerin und Assistentin bis hin zur Individuallehrerin oder im Sinne einer Fachlehrerin allein Unterrichtenden. Bei Untersuchung der gewählten Formen der Förderung in innerer versus äußerer Differenzierung des Unterrichts zeigte sich, dass eine gemeinsame Unterrichtsgestaltung in den IR-Klassen mit 80 % quantitativ deutlich gegenüber Einzel- oder Kleingruppenfördersituationen überwog (Hinz et al. 1998, S. 49f.). Insgesamt kamen die Forscher des Hamburger Modellversuchs zum Ergebnis, dass „ein gemeinsamer Unterricht auch in sozialen Brennpunktklassen mit nicht aus-

gelesenen SchülerInnen, Lehrern und Eltern erfolgreich möglich" ist (ebd. S. 131).

Das niedersächsische Modell der „Regionalen Integrationskonzepte" umfasst ebenfalls eine pauschale sonderpädagogische Grundversorgung für die Gruppe der Kinder mit potentiellem Förderbedarf im Lernen, in der Sprache und im Verhalten, wenn auch bei wesentlich geringerer Ressourcenausstattung (zwei Stunden pro Woche pro Klasse). Im Rahmen von Gruppendiskussionen mit Lehrkräften (Lütje-Klose et al. 2005, Lütje-Klose 2008) wurden deren Sichtweisen erhoben, um unterrichtliche Praktiken sowie förderliche und hinderliche Bedingungen der Arbeit festzustellen. In Bezug auf die Kooperation und Rollenzuweisungen der sonderpädagogischen wie der Regelschullehrkräfte wurden drei Leitmuster herausgearbeitet: a) ein schwerpunktmäßig auf unterrichtsbezogener und gleichwertiger Kooperation von Regel- und Förderlehrkräften basierendes Modell, b) ein auf Bündelung der Fördermaßnahmen in äußerer Differenzierung basierendes Muster und c) eine Mischform, in der die Förderlehrkräfte ihre Rolle sehr flexibel in Abhängigkeit von den Wünschen ihrer Grundschulkolleginnen und -kollegen ausfüllten. Ein weiteres zentrales Ergebnis verweist darauf, dass eine unterrichtsbezogene Förderung in innerer Differenzierung zwar von den sonderpädagogischen Lehrkräften bevorzugt wurde, dass die sonderpädagogische Unterstützung aber bei Unklarheiten und Problemen in der Kooperation fast durchgängig in die äußere Differenzierung verlagert wurde (Lütje-Klose et al. 2005).

Die Untersuchungsergebnisse des Forschungsprojektes EmSoz in Berlin (Preuss-

Lausitz 2005, Textor 2007) basieren auf strukturierten Beobachtungen in integrativen Klassen. Aus der quantitativen Auswertung geht hervor, dass sich Schülerinnen und Schüler mit dem Förderschwerpunkt emotionale und soziale Entwicklung in schriftlichen Arbeitsphasen der Hauptfächer im Grundschulunterricht, abhängig von ihren Mitentscheidungsmöglichkeiten, in verschiedenem Maße aufgabenorientiert verhielten: zu 43 % in einem Unterricht ohne, jedoch zu 60 % in einem Unterricht mit Mitentscheidungsmöglichkeiten (Textor 2007). Ferner agierten diese Schülerinnen und Schüler in schriftlichen Arbeitsformen der Hauptfächer im Grundschulunterricht unterschiedlich aufgabenorientiert: In einem Unterricht ohne Binnendifferenzierung gelang dies 37 % der Untersuchungsgruppe, während sich 64 % bzw. 62 % in einem Unterricht mit Differenzierung im Anforderungsniveau bzw. im Niveau und in der Sozialform sowie 26 % von ihnen in einem Unterricht mit drei und mehr Differenzierungsaspekten aufgabenorientiert verhielten. Des Weiteren sind in Abhängigkeit der jeweiligen Sozialform sichtbar: Während in einem Unterricht mit Einzelarbeit nur 38 % der Schülerinnen und Schüler aufgabenorientiert vorging, traf dies bei Partner- oder Gruppenarbeit auf 61 % der Untersuchungsgruppe zu.

In weiteren Beobachtungen untersuchte Textor (2009) auch den Grundschulunterricht, der in Kooperation mit einem sonderpädagogischen Kompetenzzentrum in NRW durchgeführt wurde. Sie kommt zu dem Ergebnis, dass es den Grundschullehrerinnen und -lehrern wie in Berlin trotz insgesamt geringer sonderpädagogischer Unterstützung gelingt, in ihrem Unterricht unterstützende Bedin-

gungen und systematische Beteiligung der Schülerinnen und Schülern mit emotionalen und sozialen Beeinträchtigungen herzustellen.

Allerdings ist die soziale Position von Schülerinnen und Schülern mit sonderpädagogischem Förderbedarf, wie die soziometrischen Untersuchungen von Huber (2009) und in der Folge von Krull et al. (2014) und Schwab (2014) in Übereinstimmung mit dem internationalen Forschungsstand (de Boer et al. 2012) zeigen, in Klassen mit gemeinsamem Unterricht im Mittel deutlich niedriger als die ihrer Peers ohne Beeinträchtigungen. Daraus ist abzuleiten, dass für Schülerinnen und Schüler mit Förderbedarf ein deutlich höheres Ausgrenzungsrisiko besteht als für Lernende ohne solche Bedarfe. Dementsprechend bedarf das soziale Miteinander einer hohen didaktischen Aufmerksamkeit, wie auch bereits Reiser et al. (1986), Prengel (1993) und Wocken (1998) betonten: Gemeinsamkeit stellt sich in einer heterogenen Lerngruppe nicht von selber her, sondern muss auch in integrativen bzw. inklusiven Settings immer wieder neu erarbeitet werden.

4. Dritte Phase: inklusive Unterrichtsforschung aus fachdidaktischer Perspektive

Fachdidaktische Perspektiven auf inklusiven Unterricht finden sich in der bisherigen Inklusionsforschung vergleichsweise selten, wie Heinrich, Urban & Werning (2013) betonen: „Über die Modalitäten und Bedingungen der Verknüpfungen von fachlichem, fachdidaktischem und sonderpädagogischem Wissen für die Planung und Umsetzung eines qualitativ hochwertigen Unterrichts in inklusiven Lerngruppen liegen bisher keine fundierten Forschungsergebnisse vor" (S. 5). Außerdem konstatieren die Autoren, dass es „keine Evidenz für eine spezielle Didaktik für inklusive Lerngruppen" gebe (vgl. ebd., S. 83). Aus fachdidaktischer Perspektive deuten diese Zitate einerseits darauf hin, dass auf die vielerorts brennende Frage, wie ein inklusives Lernarrangement beispielsweise in den Fächern Deutsch oder Mathematik in den verschiedenen Schulformen und Jahrgangsstufen didaktisch konzipiert und gestaltet werden kann, bisher kaum zufriedenstellende Antworten aus der Forschung vorliegen. Andererseits ermutigen die Zitate dazu, zunächst einmal selbstbewusst zu bilanzieren, was aus fachdidaktischer Sicht bisher schon an Erkenntnissen über den erfolgreichen Umgang mit heterogenen Lerngruppen bekannt ist. Wichtige theoretische Grundlagen sind bereits gelegt. Das Problem liegt eher in der Frage, wie und unter welchen Bedingungen der hohe normative Anspruch beispielsweise eines differenzierten Unterrichts mit weitgehender individueller Förderung und einer gleichzeitigen Sicherstellung des gemeinsamen Lernens an einem gemeinsamen Lerngegenstand überhaupt erfüllt werden kann. Hier bedarf es weitergehender empirischer Forschung, um die Umsetzung an evaluierten Konzepten und begleiteten Praxisprojekten studieren zu können (Sturm 2014). Einige beispielhaft ausgewählte Prämissen und fachdidaktische Ansätze, die prinzipiell auch auf andere Unterrichtsfächer übertragbar sind, sollen im Folgenden kurz vorgestellt werden. Dabei konzentrieren wir uns besonders auf den Umgang mit Problemen des Lernens, weil hier die Fachdidaktiken am ehesten gefragt sind und Antworten liefern können.

Diese Problemlagen sind zudem potentiell bei verschiedenen sonderpädagogischen Förderschwerpunkten ebenso wie bei weiteren Entwicklungsrisiken als primäre oder begleitende Erscheinungsformen vorzufinden und insofern aus inklusionspädagogischer Perspektive relevant.

Die besondere Chance fachdidaktischer Zugänge sehen wir darin, dass sie sich aus ihrer jeweiligen fachlichen Perspektive dezidiert mit der Analyse des Lerngegenstandes, dem systematischen Wissensaufbau, der Entwicklung des kindlichen Lernstandes und der entsprechenden fachlichen Förderung im Lernprozess beschäftigen. Dadurch können, ganz im Sinne der Feuserschen Unterscheidung von Sachlogik einerseits und Entwicklungslogik andererseits, die Grundlagen für eine individuelle Förderung je nach den Lernbedürfnissen eines jeden Kindes im Sinne der Inklusion geschaffen werden, sofern die entwicklungslogischen Gesichtspunkte nicht etwa eng auf eine Altersnorm bezogen werden, sondern das gesamte Entwicklungsspektrum bis hin zu umfangreich verzögerten Entwicklungsverläufen einbeziehen (Korff & Scheidt 2011). Im Gegenzug konstatiert Fölling-Albers (2005) in Übereinstimmung mit Kutzer (1999) für die allgemeine Didaktik das Problem, sie habe sich in der Vergangenheit zu wenig mit den Lernprozessen der Lernenden beschäftigt und empirische Forschungsergebnisse nicht ausreichend zur Kenntnis genommen. Speziell für das unter inklusionspädagogischen Gesichtspunkten verfolgte Ziel, Kinder mit schwächeren Lernvoraussetzungen oder solche aus benachteiligten Familien stärken zu wollen, ist es deshalb bedeutsam, nicht nur auf Unterrichtsformen und -konzepte zu verweisen, sondern nach Hinweisen zu suchen, wie diese genau ausgestaltet sein müssten, damit sie den Ansprüchen an eine größtmögliche Chancengleichheit und personale wie soziale Stärkung der Kinder nahekommen. Sie resümiert: „Frühzeitigere Forschungsergebnisse über den Stellenwert der Adaptivität von Lernvoraussetzungen und Lernangeboten hätten möglicherweise schon früher den Blick auf die Lerndefizite und Lernerfordernisse bestimmter Schülergruppen gelenkt" (Fölling-Albers 2005, S. 204).

Unter dem Schlagwort „Didaktische Fehlentscheidungen verursachen Lernversagen" kritisiert auch Kutzer (1999, S. 71) aus mathematikdidaktischer Perspektive, dass sowohl die allgemeindidaktischen als auch die sonderpädagogischen Zugänge nicht ausreichend auf eine Passung der gegenstandsspezifischen Strukturniveaus und der individuellen Erkenntnisniveaus fokussiert und dadurch inadäquate didaktische und methodische Entscheidungen an der Tagesordnung seien (vgl. auch Werning & Lütje-Klose 2012, S. 112f.).

Aus fachdidaktischer Sicht müsste es im Rahmen inklusiver Bildungsprozesse demnach vornehmlich darum gehen, die Lernvoraussetzungen für die verschiedenen Inhalte des Faches über die gesamte Schulzeit genau benennen und analysieren zu können, um dann ein entsprechendes Lernangebot zu planen, das dem Kind – nach der Theorie der „Zone der nächsten Entwicklung" (Wygotsky 1987) – den folgenden Lernschritt ermöglicht. Genau deshalb wird auch immer wieder die diagnostische Kompetenz von Lehrkräften gerade in inklusiven Zusammenhängen so besonders hervorgehoben. Nach unserem Verständnis von Inklusion kommt es darauf

an, den Diagnostikbegriff weit auszulegen und ihn mit dem Unterrichtsalltag zu verbinden: „Diagnostik wird als wichtige Grundlage angesehen, um den Lern- und Leistungsstand der Schülerinnen und Schüler angemessen einschätzen zu können und daran anschließend differenzierte Methoden und Materialien gezielt einzusetzen" (Lorenz 2012, S. 85). Die Erfassung der Vorläuferfertigkeiten, des Vorwissens und der Lernvoraussetzungen kann über formelle und informelle Verfahren oder auch über pädagogische Beobachtung erfolgen, die dialogisch und prozessorientiert angelegt ist. Sie findet ohnehin in jedem Unterricht statt, kann und sollte aber gerade in inklusiven Settings gezielter eingesetzt werden, denn eine ressourcen- und stärkenorientierte Sicht auf die Kinder wird gerade im Zuge von Inklusion stets eingefordert: „Im Vordergrund steht nicht die Suche nach Defiziten und Förderbedarfen, sondern eine kompetenzorientierte Beschreibung des Kindes in seiner Gesamtheit, in der sich eine Achtung, eine Wertschätzung der Fähigkeiten und Interessen des Kindes ausdrückt" (Nickel 2007, S. 90). In der Schreibdidaktik ist der Perspektivenwechsel „vom Defizitblick zur Könnensperspektive" beispielsweise schon seit den 1980er-Jahren von Hans Brügelmann (1984), Mechthild Dehn (1996) und Gudrun Spitta (1999) vertreten worden.

In der empirischen fachdidaktischen Forschung wird regelmäßig belegt, dass das fachspezifische Vorwissen einen großen Einfluss auf den späteren Schulerfolg hat. Außerdem lassen sich anhand des fachspezifischen Vorwissens auch Risiken für spätere Teilleistungsschwächen bzw. fachspezifische Lernschwächen vorhersagen. Für den Bereich des Lesens und Schreibens ist dies sehr gut an den Vorläuferfertigkeiten der phonologischen Bewusstheit nachgewiesen. Insbesondere sogenannte Risikokinder profitieren in erheblichem Umfang von Trainings der phonologischen Bewusstheit in ihrer Lese-Rechtschreib-Entwicklung (Walter 2007, Forster & Martschinke 2002, Stock & Schneider 2011). Ähnliches gilt im Bereich der Mathematik für das Zahlverständnis (Fritz & Ricken 2005, Krajewski & Schneider 2006). „Ein erheblicher Teil der Mathematikleistung am Ende des zweiten, sowie auch des vierten Schuljahres lässt sich demnach durch die Kenntnis von und das Wissen über Zahlen sowie Zählfertigkeiten und frühe Rechenfertigkeiten bereits im letzten Kindergartenjahr vorhersagen" (Peter-Koop 2012). Die Vorhersagefunktion ist gekoppelt mit der Idee, durch frühe Diagnose – nach Möglichkeit noch vor dem Schulbeginn – und gezielte Lern- und Förderangebote frühzeitig eine Kompensation erwirken zu können. Entsprechend gibt es Diagnoseinstrumente, die teilweise auch mit konkreten Förderangeboten verbunden sind (z. B. „Bielefelder Screening zur Früherkennung von Lese-Rechtschreib-Schwierigkeiten", Jansen et al. 2002, „ElementarMathematisches BasisInterview", vgl. den Beitrag von Peter-Koop in diesem Band). Für inklusive Settings können die Forschungsergebnisse über das Vorwissen und über Effekte der Förderung Aufschluss geben zur Prävention und Intervention, wenn es zu Lernproblemen kommt. Diese und ähnliche Verfahren sind durchaus auch in deutlich höheren Jahrgangsstufen anzuwenden, weil häufig bei diesen Kindern die zentralen Grundlagen noch nicht ausgebildet sind.

Die Orientierung an den Lernvoraussetzungen stellt die fachliche Grundlage für die individuelle Förderung, für entsprechende Differenzierungsmaßnahmen und für adaptive Lernangebote dar. Gleichzeitig ist aber auch aus fachdidaktischer Perspektive sicherzustellen, dass der Unterricht möglichst viele gemeinsame Lerngelegenheiten schafft, an denen sich alle Kinder mit ihren unterschiedlichen Voraussetzungen beteiligen können. Bei der Auswahl und der unterrichtlichen Aufbereitung der Inhalte ist es dafür hilfreich, wenn das über alle Fächer hinweg geltende Prinzip berücksichtigt wird, sich an der Alltagswelt bzw. an Lebenswelten der Kinder zu orientieren und einen subjektiven Bezug herzustellen, damit alle Kinder einen Zugang zum Gegenstand finden und ein gemeinsames Lernen ermöglicht wird.

In der Deutschdidaktik können diese Aspekte beispielsweise die Auswahl der Bilder- und Kinderbücher bestimmen, die dann die Arbeit an einem gemeinsamen Gegenstand erlauben. Die Didaktik des sprachlichen Handelns (vgl. Bartnitzky 2009, S. 434ff.) geht von den folgenden fünf Prinzipien aus, die allesamt auf einem aktiven Lernbegriff und auf den zentralen Prämissen eines inklusiven Unterrichts basieren: Kompetenzentwicklung (Kinder kommen mit Sprachkompetenzen in die Schule), Situationsbezug (Unterricht wird für die Kinder zum Ernstfall, die Sprachhandlung ist funktional), Sozialbezug (Leben und Lernen als gemeinsame Aufgabe), Bedeutsamkeit der Inhalte (subjektiv bedeutsam oder für die Gegenwart und Zukunft), Sprachbewusstheit (eigenverantwortlicher Umgang mit Sprache). Hennies und Ritter (2014) veranschaulichen an Textprodukten von Kindern, wie sie über die Schreibproduktionen der Kinder sowohl einen individualisierten Zugang zu einer Klassenlektüre ermöglichen als auch mit einem „fachwissenschaftlich abgesicherten Modell" (ebd., S. 183) die Texte der Kinder ressourcenorientiert würdigen und förderdiagnostisch analysieren können.

Im Sachunterricht ist das Lernen am gemeinsamen Gegenstand im Sinne Feusers besonders naheliegend. Hinz (2011, S. 35) konstatiert u. a. genau aus diesem Grund, der Sachunterricht scheine für die inklusive Perspektive prädestiniert. Der Perspektivrahmen (GDSU 2013) formuliert die zentralen Aufgaben und Ansprüche des Sachunterrichts: Dazu gehört es, einen zentralen Beitrag zur grundlegenden Bildung zu leisten und dabei eine doppelte Anschlussaufgabe wahrzunehmen. Sie besteht darin, zum einen an die Lernvoraussetzungen, Fragen und Interessen der Kinder und zum anderen an das in den Fachkulturen erarbeitete Wissen anzuknüpfen (vgl. ebd. S. 10).

Empirisch konnte in einem Forschungsprojekt zum naturwissenschaftsbezogenen Lernen im Sachunterricht der Grundschule im Rahmen des DFG-Schwerpunktprogramms BIQA nachgewiesen werden, dass ein offener Unterricht für lernschwache Schülerinnen und Schüler in fachlicher Hinsicht förderlich ist, wenn er mit einem hohen Grad von Struktur durch die Lehrerin bzw. den Lehrer verbunden ist (vgl. Blumberg et al. 2004, S. 42). In der Untersuchung fand ein Vergleich schülerorientierter Lehr-Lernumgebungen statt, die jeweils auf der Basis konstruktivistisch orientierter Theorien geplant waren, sich aber im Grad der Strukturierung des Unterrichts zum Thema „Schwimmen und Sinken" unterschieden. Die stärkere Strukturierung wurde in einer Sequenzierung der Inhalte verschiedener Teilgebiete und durch eine strukturierende Gesprächsführung der

Lehrperson operationalisiert. In dem weniger strukturierten Unterricht erarbeiteten die Kinder die Hauptfrage in einer Art Werkstattunterricht weitgehend individuell selbstständig. Im Ergebnis zeigte sich für die leistungsschwachen Kinder in der Follow-up-Analyse eine signifikante Überlegenheit des stärker strukturierten Unterrichts in Bezug auf das Empfinden von Kompetenz, Engagement und Erfolgszuversicht (vgl. ebd., S. 50). Auch explizit entwickelte die Sachunterrichtsdidaktik mit den Arbeiten von Seitz (2005) und Schomaker (2007) bereits schon recht früh empirisch begleitete Konzepte eines inklusiven Sachunterrichts, der sich beispielsweise besonders durch ästhetische und körperbasierte Zugangsweisen sowie durch die Schaffung vielfältiger Freiräume auszeichnet.

Auch in der Mathematikdidaktik ist bereits seit geraumer Zeit ein konstruktivistisches Paradigma vorherrschend (Wittmann 1990), das insofern einem Unterricht in inklusiven Settings entgegenkommt, weil hierdurch die Gestaltung von Lehr-Lernprozessen impliziert wird, die für die Schülerinnen und Schüler einen subjektiv bedeutsamen Zugang zur Mathematik erleichtern und offene Lernangebote vorsehen, die komplexe Aufgabenformate mit vielfältigen Möglichkeiten zur natürlichen Differenzierung beinhalten. Nach Scherer (2008, S. 211) hat die natürliche Differenzierung anspruchsvolle und komplexe Fragestellungen oder Probleme zum Ausgangspunkt. Hieraus ergäben sich vielfältige Aufgaben mit unterschiedlichen Schwierigkeitsniveaus, an denen sich alle Schülerinnen und Schüler beteiligen könnten, es werde nicht von außen festgelegt, wer welches Schwierigkeitsniveau bearbeiten solle, sondern die Schüler wählten es sich selber.

Die Balance zwischen Offenheit und Strukturierung werde u. a. dadurch gewahrt, dass stets die mathematischen Ziele und Strukturen im Blick blieben. Auch Stöckli et al. (2014) orientieren sich am konstruktivistischen Lernverständnis und entwickeln ein Beispiel eines inklusiven Mathematikunterrichts, bei dem einerseits individualisierte Lerngelegenheiten auf unterschiedlichem Niveau angeboten werden und gleichzeitig durch gemeinsame Erarbeitungs- und Reflexionsphasen das gemeinsame Lernen mit vielfältiger Interaktion und Kommunikation gefördert wird (vgl. auch den Beitrag von Krähenmann et al. in diesem Band). Schäfer und Werner (2014, S. 328) stellen am Beispiel der Fachdidaktik Mathematik ein Grundbildungsmodell vor, das sich schulformunabhängig für inklusive Settings eignet und u. E. auch auf andere Fächer transferiert werden kann. Sie nennen als wichtige Prinzipien die Alltagsorientierung bzw. den subjektiv bedeutsamen Bezug, die Orientierung am individuellen Lern- und Entwicklungsstand des Kindes, operatives Üben als sinnhafte, flexible Anwendung und Automatisierung notwendiger Grundfertigkeiten und Offenheit in der Aufgabenstellung.

5. Ausblick: kooperative und interdisziplinäre Erforschung inklusiver Unterrichtspraxis

Zur Bewältigung der größeren Heterogenität der Schülerschaft im gemeinsamen Unterricht wird, anknüpfend an den Erkenntnissen der ersten Phase bis heute betont, dass die Pole der Individualisierung und inneren Differenzierung des Unterrichts einerseits (z. B. durch individuell unterschiedliche Anforderungen und Schwierigkeitsgrade) und der

bewussten Herstellung von Gemeinsamkeit (z. B. durch gemeinsames Spiel, Partnerarbeit, kooperative Lernformen) andererseits zu berücksichtigen und systematisch daraufhin zu prüfen seien, wie viel Gemeinsamkeit für die jeweilige Lerngruppe möglich und wie viel Individualisierung nötig ist.

Zentrale pädagogische Handlungsprinzipien inklusiver Didaktik sind zudem in der kollegialen Kooperation zwischen Regelschullehrkräften und Sonderpädagogen sowie ggf. Integrationshelfern (Werning & Lütje-Klose 2012, S. 140ff.; Kullmann et al. 2014) sowie in der Orientierung an den Fähigkeiten statt an den Defiziten der Schüler bei der Planung und Durchführung des Unterrichts zu sehen. Diese Prinzipien beinhalten eine förderdiagnostische Beobachtung der aktuellen Kompetenzen und eine Herausforderung der nächsten möglichen Entwicklungsschritte.

Kriterien guten Unterrichts, wie sie in der allgemeinen Unterrichtsforschung herausgearbeitet wurden (Meyer et al. 2007, Hattie 2009, Helmke 2012), gelten damit auch für den inklusiven Unterricht. Moser et al. nennen aufgrund einer Metaanalyse der Literatur zur inklusionspädagogischen Unterrichtsforschung folgende Qualitätsmerkmale, die damit zugleich entsprechende Anforderungen an die Professionalisierung der Lehrenden implizieren: „1. Effiziente Klassenführung und Zeitnutzung, 2. Klarheit und Strukturiertheit, 3. Konsolidierung und Sicherung, 4. Aktivierung, 5. Vielfältige Motivierung, 6. Lernförderliches Unterrichtsklima, 7. Schülerorientierung und Unterstützung, 8. Wirkungs- und Kompetenzorientierung, 9. Umgang mit heterogenen Lernvoraussetzungen, 10. Angebotsvariation von Aufgaben,

Methoden und Sozialformen, 11. Curriculums- und systembezogene Diagnostik, 12. Kooperative Lernformen, 13. Individuelle Feedbacks" (Moser et al. 2011, S. 145f.).

Wichtig ist es, dabei zu bedenken, dass auch im Zuge von Inklusion neben der Integrationsfunktion auch die Selektions- bzw. Allokationsfunktion von Schule erhalten bleibt, weil Schule weiterhin die Legitimation für die Zuweisung zu bestimmten Positionen in der gesellschaftlichen Hierarchie vornimmt. In der gegenwärtigen bildungspolitischen Entwicklung werden gleichzeitig beide Funktionen gestärkt: Einerseits ist seit den Ergebnissen der ersten PISA-Studie eine verstärkte Standardisierung von Bildungsinhalten und Zentralisierung von Bildungsabschlüssen mit entsprechenden Lernstandserhebungen und Leistungskontrollen festzustellen. Andererseits wird durch den Anspruch auf Inklusion und den Umgang mit Heterogenität eine stärkere individuelle Förderung proklamiert. Konkret steht einerseits im nordrhein-westfälischen Schulgesetz die „individuelle Förderung" prominent festgeschrieben, andererseits wird die selektive Grundstruktur unseres Schulsystems weiterhin aufrechterhalten: Beibehaltung der Ziffernzensuren, Zuweisung des sonderpädagogischen Förderbedarfs, der Klassenwiederholungen, Einführung von Regelstandards und Vergleichsarbeiten und Übergang i. d. R. bereits nach der vierten Grundschulklasse. Auf der Akteursebene bedeutet dies, dass Lehrkräfte in ihrem Handeln gleichzeitig an widersprüchliche Anforderungen gebunden sind: Einerseits sollen sie der individuellen Förderung höchste Priorität einräumen, sich andererseits aber an vergleichbaren Bezugsnormen, an Standards orientieren und sich

an Selektionsmaßnahmen beteiligen. Es ist zu wünschen, dass die Diskussion über diesen schwierigen Balanceakt nicht nur auf der individuellen Ebene die Professionalität der Lehrkräfte erhöht, sondern auf Dauer auch die strukturellen Rahmenbedingungen zugunsten der Freiheitsgrade für ein individualisiertes, zieldifferentes Vorgehen ohne Zuweisung eines sonderpädagogischen Förderbedarfs verbessert.

Literatur

Amrhein, B. & Dziak-Mahler, M. (2014). *Fachdidaktik inklusiv.* Münster: Waxmann.

Bartnitzky, H. (2009). *Lernbereich Sprachen.* In H. Bartnitzky et. al (Hrsg.) Kursbuch Grundschule (S. 430–531). Frankfurt/Main: Grundschulverband.

Begalke, E., Siepmann, C., Clever, M. & Dammer-Dieckmann, I. (2011). Inklusion an der Laborschule: Weg und Ziel. In S. Thurn & K. J. Tillmann (Hrsg.), *Laborschule – Schule der Zukunft* (S. 64–77). Bad Heilbrunn: Klinkhardt.

Biewer, G. (2010). *Einführung in die Heilpädagogik und in die inklusive Pädagogik* (2. Auflage). Bad Heilbrunn: Klinkhardt.

Bless, G. & Mohr, K. (2007). Die Effekte von Sonderunterricht und gemeinsamem Unterricht auf die Entwicklung von Kindern mit Lernbehinderungen. In W. Jürgen & F. Wember (Hrsg.), *Sonderpädagogik des Lernens.* (S. 375–382). Göttingen: Hogrefe.

Blumberg, E., Möller, K. & Hardy, I. (2004). Erreichen motivationaler und selbstbezogener Zielsetzungen in einem schülerorientierten naturwissenschaftsbezogenen Sachunterricht – Bestehen Unterschiede in Abhängigkeit von der Leistungsstärke? In W. Bos (Hrsg.), *Heterogenität* (S. 41–55). Münster: Waxmann.

de Boer, A., von Piel, S. & Minnaert, A. (2012). Students' attitudes towards peers with disabilities. A review of the literature. *International Journal of Disability, Development, and Education, 59* (4), 379–392.

Brügelmann, H. (1984). *Die Schrift entdecken.* Konstanz: Faude.

Dehn, M. (1996). *Elementare Schriftkultur. Schwierige Lernentwicklung und Unterrichtskonzept.* Weinheim: Beltz.

Demmer-Dieckmann, I. & Struck, B. (2001). *Gemeinsamkeit und Vielfalt. Pädagogik und Didaktik einer Schule ohne Aussonderung.* Weinheim: Juventa.

Deppe-Wolfinger, H., Prengel, A. & Reiser, H. (1990). *Integrative Pädagogik in der Grundschule. Bilanz und Perspektiven der Integration behinderter Kinder in der Bundesrepublik Deutschland 1976–1988.* München: Oldenbourg.

Diehm, I. & Radtke, F.-O. (1999). *Erziehung und Migration. Eine Einführung.* Stuttgart: Kohlhammer.

Dumke, D. & Schäfer, G. (1993). *Entwicklung behinderter und nichtbehinderter Schüler in Integrationsklassen. Einstellungen, soziale Beziehungen, Persönlichkeitsmerkmale und Schulleistungen.* Weinheim: DSV.

Feuser, G. (1982). Integration = die gemeinsame Tätigkeit (Spielen/Lernen/Arbeiten) am gemeinsamen Gegenstand/Produkt in Kooperation von behinderten und nichtbe-

hinderten Menschen. *Behindertenpädagogik, 21* (2), 86–105.

Feuser, G. & Meyer, H. (1987). *Integrativer Unterricht in der Grundschule.* Solms: Jarick-Oberbiel.

Feuser, G. (1995). *Behinderte Kinder und Jugendliche zwischen Integration und Aussonderung.* Darmstadt: Wissenschaftliche Buchgesellschaft.

Feuser, G. (2011). Entwicklungslogische Didaktik. In A. Kaiser, D. Schmetz, P. Wachtel & B. Werner (Hrsg.), *Didaktik und Unterricht* (S. 86–100). Stuttgart: Kohlhammer.

Feyerer, E. (1998). *Behindern Behinderte? Integrativer Unterricht auf der Sekundarstufe I.* Innsbruck: Studien Verlag.

Fölling-Albers, M. (2005). Chancenungleichheit in der Schule – (k)ein Thema? Überlegungen zu pädagogischen und schulstrukturellen Hintergründen. *Zeitschrift für Soziologie der Erziehung und Sozialisation, 25,* (2), 198–213.

Forster, M. & Martschinke, S. (2002). *Diagnose und Förderung im Schriftspracherwerb. Band 2. Leichter lesen und schreiben lernen mit der Hexe Susi. Übungen und Spiele zur Förderung der phonologischen Bewusstheit.* Donauwörth: Auer.

Fritz, A. & Ricken, G. (2005). Früherkennung von Kindern mit Schwierigkeiten im Erwerb von Rechenfertigkeiten. In M. Hasselhorn, H. Marx & W. Schneider. (Hrsg.), *Diagnostik in Mathematikleistungen* (S. 5–28). Göttingen: Hogrefe.

Gesellschaft für Didaktik des Sachunterrichts (Hrsg.) (2013). *Perspektivrahmen Sachunterricht.* Bad Heilbrunn: Klinkhardt.

Haeberlin, U. (1990). Integration oder Separation von Lernbehinderten? Brisante Forschungsbefunde. *Schweizerische Lehrerzeitung, 135* (6), 4–9.

Hattie, J. (2009). *Visible learning. A synthesis of over 800 meta-analyses relating to achievement.* London: Routledge.

Heimlich, U. (2007). Gemeinsamer Unterricht im Rahmen inklusiver Didaktik. In U. Heimlich & F. Wember (Hrsg.), *Didaktik des Unterrichts im Förderschwerpunkt Lernen* (S. 69–80). Stuttgart: Kohlhammer.

Heinrich, M., Urban, M. & Werning, R. (2013). Ausbildung und Professionalisierung von Fachkräften zur Realisierung inklusiver Bildung in Deutschland. In H. Döbert & H. Weishaupt (Hrsg.), *Inklusive Bildung professionell gestalten* (S. 69–133). Münster: Waxmann.

Helmke, A. (2012). Individualisierung: Hintergrund, Missverständnisse, Perspektiven. *Pädagogik, Themenheft 2,* 34–37.

Hennies, J. & Ritter, M. (2014). Texte (schreiben) im inklusiven Deutschunterricht. In S. Trumpa, S. Seifried, E. Franz & Th. Klauß (Hrsg.), *Inklusive Bildung: Erkenntnisse und Konzepte aus Fachdidaktik und Sonderpädagogik* (S. 170–185). Weinheim: Juventa.

Heyer, P., Korfmacher, E., Preuss-Lausitz, U. & Sebold, L. (1993). *10 Jahre wohnortnahe Integration.* Frankfurt/Main: Arbeitskreis Grundschule.

Hinz, A. (1993). *Heterogenität in der Schule. Integration – Interkulturelle Erziehung – Koedukation.* Hamburg: Curio.

Hinz, A., Katzenbach, D., Rauer, W., Schuck, K. D., Wocken, H. & Wudtke, H. (1998). *Die integrative Grundschule im sozialen Brennpunkt: Ergebnisse eines Hamburger Schulversuchs.* Hamburg: Hamburger Buchwerkstatt Feldhaus.

Hinz, A. (2002). Von der Integration zur Inklusion – terminologisches Spiel oder konzeptionelle Weiterentwicklung? *Zeitschrift für Heilpädagogik* 53, 354–361.

Hinz, A. (2011). Inklusive Pädagogik – Vision oder konkretes Handlungsprogramm für den Sachunterricht? In H. Giest, A. Kaiser A. & C. Schomaker (Hrsg.), *Sachunterricht – auf dem Weg zur Inklusion* (S. 23–38). Bad Heilbrunn: Klinkhardt.

Hinz, A. (2013). Inklusion – Von der Unkenntnis zur Unkenntlichkeit. *Zeitschrift für Inklusion* (1) – online verfügbar.

Hinz, A. & Beutel, S.-I. (2008). *Schulanfang im Wandel. Selbstkonzepte der Kinder als pädagogische Aufgabe.* Münster: Waxmann.

Huber, C. (2009). Gemeinsam einsam? Empirische Befunde und praxisrelevante Ableitungen zur sozialen Integration von Schülern mit Sonderpädagogischem Förderbedarf im Gemeinsamen Unterricht. *Zeitschrift für Heilpädagogik, 60* (7), 242–248.

Jansen, H., Mannhaupt, G., Marx, H. & Skrowonek, H. (2002). *Bielefelder Screening zur Früherkennung von Lese-Rechtschreib-Schwierigkeiten BISC.* Stuttgart: Hogrefe.

Jantzen, W. (1987). *Allgemeine Behindertenpädagogik.* Weinheim: Beltz.

Jantzen, W. (1995). Bestandsaufnahme und Perspektiven der Sonderpädagogik als Wissenschaft. *Zeitschrift für Heilpädagogik, 46* (8), 368–377.

Jantzen, W. (2000). Möglichkeiten und Chancen des gemeinsamen Unterrichts von behinderten und nichtbehinderten Kindern: Didaktische Grundlagen. *Zeitschrift für Heilpädagogik, 51* (1), 46–55.

Korff, N. & Scheidt, K. (2011). Inklusive (Fach-)Didaktik und LehrerInnenexpertise: Ergebnisse zweier Pilotstudien. In P. Flieger & V. Schönwiese (Hrsg.), *Menschenrechte – Integration – Inklusion* (S. 91–97). Bad Heilbrunn: Klinkhardt.

Kornmann, R. & Ramisch, B. (1985). Hier schreiben wir alles auf, was bei uns in der Schule passiert. Das Klassenbuch als Spiegel und Bestandteil Handelnden Unterrichts. *Zeitschrift für Heilpädagogik, 36* (2), 92–103.

Kornmann, R. (2010). Inklusiv orientierte Unterrichtsgestaltung und Aufgaben der Pädagogischen Diagnostik. *Sonderpädagogische Förderung heute, 55* (3), 252–270.

Krajewski, K. & Schneider, W. (2006). Mathematische Vorläuferfertigkeiten im Vorschulalter und ihre Vorhersagekraft für die Mathematikleistung bis zum Ende der Grundschulzeit. *Zeitschrift für Psychologie in Erziehung und Unterricht, 53,* 246–262.

Krull, J., Wilbert, J. & Hennemann, T. (2014). Soziale Ausgrenzung von Erstklässlerinnen und Erstklässlern mit sonderpädagogischem Förderbedarf im gemeinsamen Unterricht. *Empirische Sonderpädagogik, 6* (1), 59–75.

Kullmann, H., Lütje-Klose, B., Textor, A. & Berard, J. (2014). Inklusiver Unterricht – (Auch) eine Frage der Einstellung! Eine Interviewstudie über Einstellungen und Bereitschaften von Lehrkräften und Schulleitungen zur Inklusion. *Schulpädagogik heute, 5* (10). Verfügbar unter: www. schulpädagogik-heute.de [Zugriff: 7.4.15].

Kutzer, R. (1999). Überlegungen zur Unterrichtssituation im Sinne strukturorientierten Lernens. In H. Probst (Hrsg.), *Mit Behinderungen muss gerechnet werden* (S. 15–69). Solms: Jarick Oberbiel.

Liebers, K., Prengel, A. & Bieber, G. (Hrsg.) (2008). *Die flexible Schuleingangsphase. Evaluationen zur Neugestaltung des Anfangsunterrichts.* Weinheim: Beltz.

Lorenz, K. (2012). Unterrichtsgestaltung unter den veränderten Bedingungen der jahrgangsgemischten flexiblen Schulanfangsphase. In H. Merkens & N. Bellin (Hrsg.), *Die Grundschule entwickelt sich* (S. 79–104). Münster: Waxmann.

Lütje-Klose, B. (1997). *Wege integrativer Sprach- und Kommunikationsförderung in der Schule. Konzeptionelle Entwicklungen und ihre Einschätzung durch amerikanische und deutsche ExpertInnen.* St. Ingbert: Röhrig.

Lütje-Klose, B., Urban, M., Werning, R. & Willenbring, M. (2005). Sonderpädagogische Grundversorgung in Niedersachsen – Qualitative Forschungsergebnisse zur pädagogischen Arbeit in Regionalen Integrationskonzepten. *Zeitschrift für Heilpädagogik, 56* (3), 82–94.

Lütje-Klose, B. (2008). Mobile sonderpädagogische Dienste im Bereich Sprache –

Rekonstruktionen aus der Perspektive der durchführenden Sprachbehindertenpädagoginnen. *Zeitschrift für Heilpädagogik, 59* (8), 282–292.

Lütje-Klose, B. (2011). Müssen Lehrkräfte ihr didaktisches Handeln verändern? Inklusive Didaktik als Herausforderung für den Unterricht. *Lernende Schule, 55* (13), 13–15.

Lütje-Klose, B. & Mehlem, U. (2015, im Druck). Inklusive Sprachförderung als professionelle Entwicklungsaufgabe – was braucht die Grundschule von der Sonderpädagogik? In M. Grohnfeldt (Hrsg.), *Inklusion im Förderschwerpunkt Sprache.* Bad Heilbrunn: Klinkhardt.

Meyer, H., Feindt, A. & Fichten, W. (2007): Was wissen wir über erfolgreiche Unterrichtsentwicklung? Wirksame Strategien und Maßnahmen. *Friedrich-Jahresheft, 25,* 66–70.

Milani-Comparetti, A. (1987). Grundlagen bei der Integration behinderter Kinder und Jugendlicher. *Behindertenpädagogik, 26* (3), 227–234.

Moser, V., Schäfer, L. & Redlich, H. (2011). Kompetenzen und Beliefs von Förderschullehrkräften in inklusiven Settings. In B. Lütje-Klose, M. Langer, B. Serke & M. Urban (Hrsg.), *Inklusion in Bildungsinstitutionen. Eine Herausforderung an die Heil- und Sonderpädagogik* (S. 144–147). Bad Heilbrunn: Klinkhardt.

Nickel, S. (2007). Beobachtung kindlicher Literacy-Erfahrungen im Übergang von Kindergarten und Schule. In U. Graf & E. Moser Opitz (Hrsg.), *Diagnostik und Förderung im Elementarbereich und Grund-* *schulunterricht* (S. 87–104). Hohengehren: Schneider Verlag.

Peter-Koop, A. (2012). Frühe mathematische Bildung – Grundlagen, Befunde und Konzepte. In M. Ludwig & M. Kleine (Hrsg.), *Beiträge zum Mathematikunterricht* (S. 33–40). Münster: WTM.

Prengel, A. (1993). *Pädagogik der Vielfalt.* Opladen: Leske + Budrich.

Prengel, A. (2006). *Pädagogik der Vielfalt. Verschiedenheit und Gleichberechtigung in Interkultureller, Feministischer und Integrativer Pädagogik* (3., überarb. Auflage). Wiesbaden: VS Verlag für Sozialwissenschaften.

Prengel, A. (2015). Inklusive Bildung: Grundlagen, Praxis, offene Fragen. In T. Häcker & M. Walm (Hrsg.), *Inklusion als Entwicklung. Konsequenzen für Schule und Lehrerbildung* (S. 27–46). Bad Heilbrunn: Klinkhardt.

Preuss-Lausitz, U. (Hrsg.) (2005). *Verhaltensauffällige Kinder integrieren: Zur Förderung der emotionalen und sozialen Entwicklung.* Weinheim: Beltz.

Rauer, W. & Schuck, K. D. (1999). *Bildungswege der Kinder in der Integrativen Grundschule.* Hamburg: Hamburger Buchwerkstatt Feldhaus.

Reiser, H., Klein, G., Kreie, G. & Kron, M. (1986). Integration als Prozess. *Sonderpädagogik, 16* (3), 115–122 und 154–160.

Reiser, H. (2003). Vom Begriff der Integration zum Begriff der Inklusion – was kann mit dem Begriffswechsel angestoßen werden? *Sonderpädagogische Förderung, 48* (4), 305–312.

Reiser, H. & Loeken, H. (1993). *Das Zentrum für Erziehungshilfe der Stadt Frankfurt am Main. Kooperation von Schule und Jugendhilfe.* Solms: Jarick-Oberbiel.

Riegert, J., Sansour, T. & Musenberg, O. (2015). „Gemeinsame Sache machen" – Didaktische Theoriebildung und die Modellierung der Gegenstände im inklusiven Unterricht. *Sonderpädagogische Förderung heute, 60* (1), 9–23.

Roßbach, H.-G. (1999). Empirische Vergleichsuntersuchungen zu den Auswirkungen von jahrgangsheterogenen und jahrgangshomogenen Klassen. In R. Laging (Hrsg.), *Altersgemischtes Lernen in der Schule* (S. 80–91). Hohengehren: Schneider Verlag.

Sander, A. (2003). Von der Integrationspädagogik zur Inklusionspädagogik. *Sonderpädagogische Förderung,* 4, 313–329.

Schäfer, A. & Werner, B. (2014). Warum ist eigentlich drei mal drei gleich zehn? Anregungen zur Gestaltung eines Mathematikunterrichts in inklusiven Settings – Perspektiven der Fachdidaktik und Sonderpädagogik. In S. Trumpa, S. Seifried, E. Franz & Th. Klauß (Hrsg.), *Inklusive Bildung: Erkenntnisse und Konzepte aus Fachdidaktik und Sonderpädagogik* (S. 321–331). Weinheim: Juventa.

Scherer, P. (2008). Mathematiklernen in heterogenen Gruppen – Möglichkeiten einer natürlichen Differenzierung. In H. Kiper, S. Miller, C. Palentien & C. Rohlfs (Hrsg.), *Lernarrangements für heterogene Gruppen* (S. 199–214). Bad Heilbrunn: Klinkhardt.

Schnell, I. (2003). *Geschichte schulischer Integration: Gemeinsames Lernen von SchülerInnen mit* und ohne Behinderung in der BRD seit 1970. Weinheim: Beltz Juventa.

Schöler, J. (1993). *Integrative Schule, integrativer Unterricht.* Reinbek: Rowohlt.

Schomaker, C. (2007). *Der Faszination begegnen. Ästhetische Zugangsweisen im Sachunterricht für alle Kinder.* Oldenburg: Didaktisches Zentrum.

Schwab, S. (2014). *Schulische Integration, soziale Partizipation und emotionales Wohlbefinden in der Schule.* Münster: LIT.

Seitz, S. (2005). *Lehr-Lernforschung für inklusiven Sachunterricht. Forschungsmethodische Strategien zum Lernfeld Zeit.* Oldenburg: Didaktisches Zentrum.

Seitz, S. (2006). Inklusive Didaktik: Die Frage nach dem ‚Kern der Sache'. *Zeitschrift für Inklusion* (1) – online verfügbar.

Seitz, S. (2008). Leitlinien didaktischen Handelns. *Zeitschrift für Heilpädagogik, 59* (6), 226–233.

Seitz, S. & Scheidt, K. (2012). Vom Reichtum inklusiven Unterrichts – Sechs Ressourcen zur Weiterentwicklung. *Zeitschrift für Inklusion,* (1–2) – online verfügbar.

Spitta, G. (1999). Aufsatzbeurteilung heute. Der Wechsel vom Defizitblick zur Könnensperspektive I & II. *Grundschulunterricht 46* (4), 23–27, (5), 22–25.

Stock, C. & Schneider, W. (2011). *PhoniT. Ein Trainingsprogramm zur Verbesserung der phonologischen Bewusstheit und Rechtschreibleistung im Grundschulalter.* Göttingen: Hogrefe.

Stöckli, M., Moser Opitz, E., Pfister, M. & Reusser, L. (2014). Gezielt fördern, differenzieren und trotzdem gemeinsam lernen. Überlegungen zum inklusiven Mathematikunterricht. *Sonderpädagogische Förderung heute, 59* (1), 44–56.

Sturm, T. (2014). Unterrichtliche Praktiken der (Re-)Produktion von Differenz in der Freiarbeit. In M. Lichtblau, D. Blömer, A.-K. Jüttner, K. Koch, M. Krüger & R. Werning (Hrsg.), *Gemeinsame Jahrestagung der DGfE Kommission Grundschulforschung und Didaktik der Primarstufe und der DGfE Sektion Sonderpädagogik. Forschungsorientierter Band* (S. 275–288). Bad Heilbrunn: Klinkhardt.

Textor, A. (2007). *Analyse des Unterrichts mit „schwierigen" Kindern. Hintergründe, Untersuchungsergebnisse, Empfehlungen.* Bad Heilbrunn: Klinkhardt.

Textor, A. (2009). Offener Unterricht in der Grundschule mit Schülern mit dem Förderschwerpunkt emotionale und soziale Entwicklung. In Ch. Röhner (Hrsg.), *Europäisierung der Bildung: Konsequenzen und Herausforderungen für die Grundschulpädagogik* (S. 281–285). Wiesbaden: VS Verlag für Sozialwissenschaften.

Textor, A., Kullmann, H. & Lütje-Klose, B. (2014). Eine Inklusion unterstützende Didaktik – Rekonstruktionen aus der Perspektive inklusionserfahrener Lehrkräfte. In K. Zierer (Hrsg.), *Jahrbuch für Allgemeine Didaktik* (S. 69–91). Baltmannsweiler: Schneider Verlag.

Thurn, S. & Tillmann, K. J. (2011). Laborschule – Schule der Zukunft (2., überarb. Auflage). Bad Heilbrunn: Klinkhardt.

UN-BRK (2008). Gesetz zu dem Übereinkommen der Vereinten Nationen vom 13. Dezember 2006 über die Rechte von Menschen mit Behinderungen sowie zu dem Fakultativprotokoll vom 13. Dezember 2006 zum Übereinkommen der Vereinten Nationen über die Rechte von Menschen mit Behinderungen vom 21. Dezember 2008. *Bundesgesetzblatt, Teil II,* (35), 1419–1457.

UNESCO (1994). *Die Salamanca-Erklärung und der Aktionsrahmen zur Pädagogik für besondere Bedürfnisse.*

Valtin, R., Sander, A. & Reinartz, A. (Hrsg.) (1984). *Gemeinsam leben – gemeinsam lernen. Behinderte Kinder in der Grundschule.* Frankfurt/Main: Arbeitskreis Grundschule.

von Hentig, H. (1990). Die Laborschule als Lebens- und Erfahrungsraum. *Forum Pädagogik, 2,* 55–60.

Walter, J. (2007). Phonologische Bewusstheit. In J. Walter & F. Wember (Hrsg.), *Sonderpädagogik des Lernens Band 2* (S. 262–378). Göttingen: Hogrefe.

Werning, R. & Lütje-Klose, B. (2012). *Einführung in die Pädagogik bei Lernbeeinträchtigungen* (3., überarb. Auflage). München: Reinhardt.

Wittmann, E.C. (1990). Wider die Flut der „bunten Hunde" und der „grauen Päckchen": Die Konzeption des aktiv-entdeckenden Lernens und des produktiven Übens. In G. N. Müller & E. Ch. Wittmann, *Handbuch produktiver Rechenübungen Band 1* (S. 152–166). Stuttgart: Klett.

Wocken, H. (1998). Gemeinsame Lernsituationen. Eine Skizze zur Theorie des gemeinsamen Unterrichts. In A. Hildeschmidt & I. Schnell (Hrsg.), *Integrationspädagogik* (S. 37–52). Weinheim: Juventa.

Wocken, H. (2011). *Das Haus der inklusiven Schule. Baustelle – Baupläne – Bausteine* (3. Auflage). Hamburg: Hamburger Buchwerkstatt Feldhaus.

Wygotski, L. S. (1987). Unterricht und geistige Entwicklung im Schulalter. In L. S. Wygotski, *Ausgewählte Schriften Band 2* (S. 287–306). Köln: Pahl-Rugenstein.

2. Schwerpunktsetzungen bei mathematischen Lernumgebungen in inklusiven Lerngruppen

Bernd Wollring

In diesem Beitrag werden die Leitideen zu Lernumgebungen nach Wollring (2009) aufgenommen und für den Einsatz in inklusiven Lerngruppen an bestimmten Stellen angemessen ausgebaut. Dabei werden fünf Schwerpunkte gesetzt, die Perspektive auf die (1) Stoffstruktur, auf die (2) Teilhabe, die (3) Anerkennung, auf die (4) Zuwendung und auf die (5) diagnosebasierte Förderung. Unterschieden werden die syntaktische und die semantische Ausrichtung im Mathematikunterricht. Die angemessene Gewichtung der zweiten erfordert neben dem Ausarbeiten des Zahlensinns in entsprechendem Umfang das Ausarbeiten von Raumvorstellung.

Lernumgebungen

Die Idee der Lernumgebungen ist bei Wollring (2009) nach sechs Leitideen strukturiert und entfaltet:

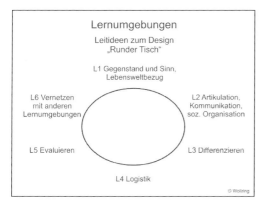

Abb. 2.1: Strukturierung von Lernumgebungen (Wollring 2009. In Peter-Koop et al., S. 14)

In inklusiven Lerngruppen sind hier besondere Akzentsetzungen notwendig. Derzeit befindet sich die Strukturierung inklusiver Lerngruppen, sowohl was die Zusammensetzung der Schülerinnen und Schüler als auch was die Verfügbarkeit multiprofessioneller Teams für die Lehre betrifft, noch in einer Aufbausituation, die in Deutschland regional sehr verschieden sein kann. Im Folgenden werden daher aus der Perspektive des Mathematikunterrichts für Grundschulen einige normative Ideen entwickelt, die dem Autor für einen erreichbaren Unterrichtserfolg nützlich erscheinen.

„Beeinträchtigung"

Im Folgenden geht der Autor – in der Hoffnung, dass dies realitätsnah ist – davon aus, dass in inklusiven Lerngruppen Kinder aufgenommen sind, die trotz ihrer „Behinderungen" die Chance in sich tragen, einen gewissen Lernerfolg zu erreichen. Die Kennzeichnung der „Behinderungen" im Rahmen der bisherigen Förderschulen und im Rahmen der Regelungen für sonderpädagogischen Förderbedarf ist vielfältig, und es erscheint derzeit nur schwer möglich, fachdidaktische Konzepte für inklusive Lerngruppen zu entwickeln, die für all diese Beeinträchtigungen in etwa gleichermaßen wirksam sind. Obwohl der Autor sich der Problematik dieser Begriffsbildung bewusst ist, soll hier ein Begriff aufgenommen werden, der üblicherweise zur Charakterisierung von Aufgaben herangezogen wird: Die Kinder in solchen inklusiven Lerngruppen, für welche die folgenden Konzepte als wirksam erscheinen, werden als *„grundsätzlich kognitiv aktivierbar"* gekennzeichnet. Der Begriff ist hier nicht empirisch, sondern programmatisch gemeint und soll im Kern zum Ausdruck bringen, dass die fachliche Strukturierung des intellektuellen Angebotes für diese Kinder grundsätzlich von derselben Qualität ist oder sein sollte wie für Kinder in Regelklassen. Ausgegangen wird hier davon, dass dies zumindest für Kinder mit *Sinnesschädigungen* und *Körperbehinderungen* sowie für Kinder mit dem *Förderschwerpunkt Lernen* und teilweise auch für Kinder mit dem *Förderschwerpunkt Geistige Entwicklung* möglich und Erfolg versprechend ist, wenn die nötigen logistischen Hilfsmittel verfügbar sind. Gemeint sind damit alle diejenigen Kinder, die eine Befähigung und Bereitschaft zum Lernen in Paaren, Kleingruppen oder größeren Teams mitbringen und dabei **Zuwendungspotential für die Lernpartner** einbringen.

Um nicht mit belegten und verrechtlichten Begriffen in Konflikt zu geraten, kennzeichnet der Autor die Kinder, die in inklusiven Lerngruppen künftig gegenüber früheren Regelklassen einen erhöhten Anteil bilden, als **„beeinträchtigt"** und nicht als „behindert" und bringt damit zum Ausdruck, dass es grundsätzlich für möglich und sinnvoll gehalten wird, diesen Kindern im Unterricht ein substanzielles mathematisches Lernangebot zu unterbreiten.

In diesem Rahmen haben die verantwortlichen Lehrerinnen und Lehrer in inklusiven Klassen grundsätzliche Entscheidungen zu treffen, welche die *Teilhabe* dieser Kinder am Lerngeschehen betreffen. Darüber hinaus

zeigt sich, dass ein *Problem in der Zieldifferenzierung* besteht. Formell äußert sich dies darin, dass eine Zieldifferenzierung im amtlichen Sinne nur dann zulässig ist, wenn sonderpädagogischer Förderbedarf auch amtlich festgestellt ist. Die damit verbundenen Schwierigkeiten sind regional sehr unterschiedlich. Es erscheint daher möglicherweise im Kontrast zu amtlichen Regelungen sinnvoll, über eine **informelle innere Zieldifferenzierung** nachzudenken, wenn Lernumgebungen für Kinder mit Beeinträchtigungen zu konzipieren sind. Dies ist etwa dort von Bedeutung, wo das offizielle diagnosebasierte Feststellen eines sonderpädagogischen Förderbedarfs in den ersten zwei Schuljahren amtlicherseits grundsätzlich nicht vorgesehen ist.

Schwerpunkt 1: Stoffstruktur

Diese Schwerpunktsetzung betrifft vorrangig die Leitidee 1: *Gegenstand und Sinn*, speziell den *mathematischen Sinn*.
Leider ist davon auszugehen, dass viele Lehrerinnen und Lehrer, auf die das Arbeiten mit inklusiven Lerngruppen zukommt, in einem bestimmten Sinne fachfern unterrichten. Das kann dadurch bedingt sein, dass das Fach Mathematik in ihrem Studium nicht verpflichtend war. Es kann aber möglicherweise eher dadurch bestimmt sein, dass ihr *Mathematikbild* (noch) nicht dem entspricht, was die Bildungsstandards Mathematik für den Primarbereich (Kultusministerkonferenz 2005) kennzeichnen.

Häufig ist ein in diesem Sinne „konservativer" Mathematikunterricht durch eine besonders breite Ausarbeitung der Arithmetik gekennzeichnet. Dagegen ist grundsätzlich nichts einzuwenden, wenn es nicht bisweilen auch zur

Folge hat, dass gerade der Arithmetikunterricht aufgrund der Verfügbarkeit der formalen Darstellungsmittel Gefahr läuft, eher syntaktisch als semantisch unterrichtet zu werden:

Semantik ist die „Lehre von der Bedeutung". In einem semantisch geführten Unterricht werden die Arbeitsprozesse begleitet von einem Verständnis der Bedeutung der Objekte und der einzelnen Schritte.

Syntax ist die „Lehre von der Grammatik". In einem syntaktisch geführten Mathematikunterricht werden Probleme häufig dadurch gelöst, dass nach einer Einführungsphase meist nur die syntaktische Vollzugsroutine als bleibender Lerninhalt gesichert wird, sodass Problemlösungen häufig dadurch versucht werden, dass man eine *rechengrammatische Benutzeroberfläche* bedient.

Bei der Leitidee *Gegenstand und Sinn*, die in *mathematischem Sinn* und *Werksinn* differenziert wird, steht daher jede Lehrkraft insbesondere in einem Unterricht mit inklusiven Lerngruppen vor folgendem Problem der Verortung des eigenen Mathematikunterrichts:

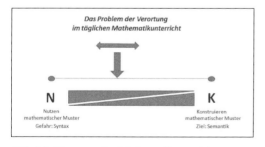

Abb. 2.2: Verortung im Mathematikunterricht

Gewissermaßen täglich muss man sich auf dieser Skala positionieren, die durch folgende Endpunkte gekennzeichnet ist:

N: Das am linken Rand notierte N bedeutet „Nutzerstandpunkt". Aus dieser Perspektive besteht der Kern mathematischer Kompetenz darin, bei gegebenen Problemen ein Problemmuster zu erkennen, dazu das oder ein Lösungsmuster zu wissen, es zu aktivieren und zur Lösung heranzuziehen. „Dazu gibt es eine Formel" ist eine häufige kennzeichnende Äußerung bei Vertretern dieser Position.

K: Das am rechten Rand notierte K bedeutet „konstruktivistischer Standpunkt". Der ist in der mathematikdidaktischen Literatur breit diskutiert und meint im Kern, dass lernende Kinder im Mathematikunterricht auch am Erfinden von Lösungswegen beteiligt sein sollten, wenn für die gestellten Probleme aus ihrer Sicht noch kein ausgearbeitetes Lösungsmuster besteht. Darüber hinaus geht es um das *unterstützte Wiedererfinden von mathematischen Argumenten und Arbeitswegen*.

In den Bildungsstandards Mathematik für den Primarbereich (KMK 2005) ist insbesondere durch das Ausweisen der allgemeinen mathematischen Kompetenzen *Problemlösen*, *Darstellen*, *Argumentieren*, *Kommunizieren* und *Modellieren*, gelegentlich auch bezeichnet als „prozessbezogene Kompetenzen", der konstruktivistische Standpunkt stark herausgearbeitet.

Der Autor interpretiert die Forderung der Bildungsstandards dahingehend, dass diese Kompetenzen den **gesamten** Mathematikunterricht bestimmen sollen, und zwar für alle Kinder, somit auch für Kinder mit Beeinträchtigungen.

In diesem Sinne kennzeichnet der Autor bewusst übertreibend das Mathematikbild des Nutzerstandpunktes als „Vollzugsmathematik" und die Mathematik des konstruktivistischen Standpunktes als „Entdeckermathematik". In der Praxis begegnet man nun häufig der Auffassung, dass für Kinder mit Beeinträchtigungen die syntaktisch geprägte Nutzermathematik reicht: „Die Schwachen brauchen ein Schema." Das bedeutet, dass sie am intellektuellen Kern des anstehenden Problems oft gar nicht mehr beteiligt werden. Dem setzen wir bewusst folgende Position entgegen:

Keine ausschließliche „syntaktische Vollzugsmathematik" für Kinder mit Beeinträchtigungen (natürlich auch für die anderen nicht)

Im Kern bedeutet diese Forderung, dass das mathematische Angebot für Kinder mit Beeinträchtigungen von derselben kognitiv aktivierenden intellektuellen Qualität sein sollte wie das für Kinder ohne Beeinträchtigungen, vielleicht im Umfang geringer, aber in der Substanz von gleicher Qualität. Konkret bedeutet dies, dass auch Kinder mit Beeinträchtigungen Anspruch auf ein Mathematikangebot haben, das zwischen den Standpunkten N und K so gut wie möglich ausbalanciert ist und nicht auf dem Standpunkt N allein basiert.

Dieser Punkt wurde im *Memorandum zur Überarbeitung der ländergemeinsamen Anforderungen für die Lehrerbildung, überarbeitet und ergänzt unter der Leitidee des Unterrichts in inklusiven Lerngruppen* für die KMK in besonderer Weise herausgehoben. Dort heißt es (Kersten, Krauthausen, Möller, Selter, Rinkens & Wollring 2013):

„In den Lehrerteams für den Mathematikunterricht in inklusiven Klassen sollte stets mindestens eine Person repräsentiert sein, die eine fundierte

fachliche und fachdidaktische Ausbildung zur Mathematik aufweist, damit nicht ein gegenüber den Bildungsstandards reduziertes Mathematikbild den Unterricht bestimmt. **Es ist Sorge zu tragen, dass sich nicht ein aus fachlicher Sicht unzumutbares ‚mathematisches Inklusionscurriculum' etabliert.** *Zentraler fachlicher Bezugspunkt sollten unverändert die fachlichen Studieninhalte sein, wie sie die ländergemeinsamen Anforderungen und die Empfehlungen der DMV, GDM und MNU kennzeichnen."* *(DMV, GDM & MNU 2008, 2013, S. 1 – Hervorhebung durch den Autor)*

In ihrer Dissertation hat Korff (2015) dargestellt, dass der Inhaltsbereich „Arithmetik" offenbar ein besonderes Problem in inklusiven Lerngruppen darstellt, weil das Umgehen mit dem formalen Apparat dort auf besondere Schwierigkeiten stößt (siehe auch den Beitrag von Korff in diesem Band). Vielleicht, so die Vermutung des Autors, weil es für Kinder mit Beeinträchtigungen – und nicht nur für diese – eine verunsichernde Situation bedeutet, wenn sie den formalen arithmetischen Apparat syntaktisch ohne begleitendes Bewusstsein der Bedeutungen der einzelnen Schritte handhaben sollen.

Dies führt auf nahezu natürliche Weise zu der Konsequenz – ebenfalls den Bildungsstandards entsprechend – den Mathematikunterricht in inklusiven Lerngruppen nicht nur auf den Inhaltsbereich *Zahlen und Operationen* zu konzentrieren, sondern die anderen Inhaltsbereiche, insbesondere *Raum und Form*, angemessen einzubeziehen.

Es mag verwundern, dass in diesem Text keine Schwerpunktsetzung auf der Leitidee 3 *Differenzierung* erfolgt. Solange im Unterricht ein formell lizenziertes, auf entsprechenden amtlichen Befunden basiertes, zieldifferentes Unterrichten nicht möglich ist, stellt sich die Frage der Differenzierung vorrangig in Bezug auf die Organisation der Lernumgebungen in sozialer Ko-Konstruktion und in Form natürlicher Differenzierung. Dies betrifft die Leitidee 2. In diesem Zusammenhang ist zu reflektieren, welche Arbeitsteile der Kinder zu „anerkennenswerten Teilleistungen" führen.

Schwerpunkt 2: Teilhabe

Diese Schwerpunktsetzung betrifft vorrangig die Leitidee 2: *Artikulation, Kommunikation und soziale Organisation.*

„Teilhabe" ist hier in dem Sinne gemeint, dass **alle** Kinder einer Lerngruppe am Hervorbringen von Problemlösungen im Rahmen von gemeinsamen Arbeitsformen beteiligt werden.

Zum wiederholten Mal ist an dieser Stelle zu bemerken, dass der Mathematikunterricht in Deutschland nach Auffassung des Autors noch nicht hinreichend dadurch mitgeprägt ist, dass kooperative Leistungen nicht nur organisatorisch, sondern auch in der Bewertung Bedeutung haben. Mathematik ist ein Arbeitsgebiet, das nicht allein durch die intellektuelle Ergiebigkeit einzelner begabter Leistungsstarker vorangebracht wird, sie ist vielmehr wie andere Arbeitsbereiche auch ein Raum für Teamwork. Teilhabe bedeutet in diesem Zusammenhang nicht nur Teilhabe am Unterrichtsgeschehen überhaupt, sondern im Rahmen von Partnerarbeit oder Teamarbeit *Teilhabe am Zustandebringen von Problemlösungen.* Für die Lehrerinnen und Lehrer bedeutet dies, dass ihre Unterstützung der Schüler beim Problemlösen nicht so sehr darin besteht, inhaltliche Impulse zu geben, sondern vielmehr organisatorische Impulse, etwa durch vorü-

bergehendes Festlegen oder Empfehlen von Teilaufgaben. Teilhabe wird damit zu einem substanziellen fachlichen Unterrichtsinhalt.

Ein Beispiel soll dies verdeutlichen: Das Ausgangsproblem besteht in der Frage, wie viele Bauwerke entstehen, wenn man zwei Legosteine mit je drei mal zwei Knöpfen kantenparallel aufeinandersteckt. Diese auf Herget, Jahnke und Kroll (2001) zurückgehende Aufgabe ist ein Klassiker zum Problemlösen, wobei es darum geht, *vom anfangs nicht systematischen Probieren zu einem zunehmend systematischen Vorgehen* zu finden. Auf eine Teilhabe aller Beteiligten zielt die zu dieser Aufgabe gehörende folgende *Meta-Aufgabe*: „Angenommen, du hast zum Lösen dieser Aufgabe drei Helfer. Welche Aufträge würdest du diesen Helfern geben?" Das Beispiel soll zeigen, dass bei der Organisation des Problemlösens das pädagogische Motiv der Teilhabe mit sachlichen Motiven sehr wohl kompatibel ist. In diesem speziellen Fall ist sogar die Lösung der Meta-Aufgabe die eigentliche Lösung, wogegen die Lösung der gestellten Aufgabe nur beispielhaften Charakter hat.

Schwerpunkt 3: Anerkennung

Diese Schwerpunktsetzung betrifft vorrangig die Leitidee 5: *Evaluation.*

Die Evaluation von Arbeitsergebnissen im Unterricht kann defizitorientiert oder erfolgsorientiert konzipiert sein, das ist in der Mathematikdidaktik breit diskutiert. In besonderem Maße aber stellt das Fach Mathematik an Lehrerinnen und Lehrer die Anforderung, die Substanz des Erreichten für jedes Kind im Sinne **anerkennenswerter Teilleistungen** zu identifizieren.

Ein häufiges kritisches Argument zum Unterricht in inklusiven Lerngruppen besagt, dass dort im Gegensatz zu Förderklassen die notwendige Anerkennung des Lernerfolgs nicht hinreichend gegeben ist. Natürlich ist es schwerer, in leistungsheterogenen Gruppen auch für Leistungen kleineren Umfangs Anerkennung aufzubringen. Von der sachlichen Organisation des Unterrichts stellt sich hier die Forderung in inklusiven Lerngruppen noch mehr als in nicht-inklusiven, darüber nachzudenken, welche **anerkennenswerten Teilleistungen** sich bei bestimmten Aufgabenstellungen definieren und identifizieren lassen. Dies führt unter anderem dazu, dass sich das Bewerten mathematischer Leistung nicht allein auf das Bewerten von Ergebnissen am Ende eines Arbeitsprozesses konzentrieren kann. Vielmehr ist hier eine Bewertung des Arbeitsweges oder des Arbeitsprozesses gefragt. Dies wiederum stellt die Anforderung, diese Arbeitswege dokumentierbar zu machen, da nur Dokumentiertes als Basis für Bewertungen nutzbar ist. Hier ist also ein besonderer Perspektivwechsel vom Ergebnis zum Prozess erforderlich.

Schwerpunkt 4: Zuwendung

Diese Schwerpunktsetzung betrifft die Leitidee 4: *Logistik* mit den Facetten *Material, Zeit und Zuwendung.*
Anerkennung erfordert neben der formalen Dokumentation insbesondere **Zuwendung** seitens der Lehrerinnen und Lehrer zu den Schülern.
In inklusiven Lerngruppen sind die anstehenden Probleme mit materiell-technischem Aufwand und mit größeren Zeitbudgets allein nicht zu lösen.
Kinder mit Beeinträchtigungen benötigen Zuwendung, in der Regel mehr als Kinder ohne Beeinträchtigungen. Es ist eine Illusion

zu glauben, dass dies eine einzelne Lehrerin oder ein einzelner Lehrer, die nicht-inklusive Klassen gewohnt sind, von sich aus ohne Unterstützung aufbringen können. Sie werden vor dem Problem stehen, ihre Zuwendung anders als in Regelklassen verteilen zu müssen und dabei um „asymmetrische Entscheidungen" nicht herumkommen.

Hier sieht der Autor nur zwei Möglichkeiten: Die erste besteht darin, zunehmend *selbst organisierende Lernumgebungen* einzusetzen, die allerdings eine trainierte Kommunikation der Lernenden miteinander und Zuwendungspotential zueinander erfordern. Die zweite besteht darin, die Zuwendung von „außerhalb" durch einen größeren Personenkreis von Lehrenden aufzuwenden, der gemeinhin als *multiprofessionelles Team* beschrieben wird.

Hier ist darauf hinzuweisen, dass die Kennzeichnung „multiprofessionell" nicht dahingehend zu deuten ist, dass das Team insgesamt zugunsten anderer Kompetenzen eine reduzierte fachliche Kompetenz aufweist. Vielmehr gilt folgende Forderung, niedergelegt in dem bereits genannten *Memorandum zur Überarbeitung der ländergemeinsamen Anforderungen für die Lehrerbildung,* überarbeitet und ergänzt unter der Leitidee des Unterrichts in inklusiven Lerngruppen für die KMK im Rahmen der Überarbeitung der ländergemeinsamen Anforderungen an die Lehrerbildung im Fach Mathematik (Kersten et al. 2013):

„Um die mit den diversen spezifischen Behinderungen von Schülern in inklusiven Klassen einhergehenden Probleme erfolgreich zu bewältigen, erscheint es zum einen notwendig, die Kompetenzen der dort agierenden Lehrer zu ergänzen, zum anderen durch die grundsätzliche Festlegung eines kooperierenden Teams als Lehrkörper die

erforderliche Zuwendung für die Schülerinnen und Schüler aufzubringen.

Nicht alle notwendigen Kompetenzen lassen sich in einem einzigen Studiengang zusammenfassen und bei den Absolventen in einer Person bündeln. Eher erscheint es erfolgversprechend, die Kompetenzen der für eine Lerngruppe verantwortlichen Teams nach Personen zu diversifizieren und für bestimmte Bereiche an Schulen bestimmte Spezialisten vorzusehen." (S. 1)

Schwerpunkt 5: Diagnosebasierte Förderung

Dieser Schwerpunkt betrifft vorrangig das Ausbildungskonzept und darauf basierend das Konzept der Kompetenzen und der Professionalität von Lehrerinnen und Lehrern in inklusiven Lerngruppen.

Eine differenzierte Förderung von Kindern mit Beeinträchtigungen ist nur auf der Basis einer *fachbezogenen handlungsleitenden diagnostischen Kompetenz* möglich, die auf der einen Seite in einem logistisch realistischen Rahmen innerhalb oder zeitlich nah zum Unterricht möglich ist, auf der anderen Seite geeignet ist, zumindest teilweise gezielte individuelle Förderung zu ermöglichen.

Angesichts der in inklusiven Lerngruppen zu erwartenden Heterogenität ist dieser Punkt von besonderer Bedeutung. Insbesondere vor dem (bereits oben benannten) Hintergrund, dass in einigen Bundesländern sonderpädagogischer Förderbedarf innerhalb der ersten zwei Schuljahre nicht erhoben wird und daher eine substanzielle Beeinträchtigung möglicherweise nicht oder zu spät erkannt wird, sind hier diagnostische Kompetenzen von Bedeutung, die handlungsleitend Unter-

stützung bei unterrichtlichen Entscheidungen bieten. Auch dieser Punkt wurde in dem genannten *Memorandum zur Überarbeitung der ländergemeinsamen Anforderungen für die Lehrerbildung*, überarbeitet und ergänzt unter der Leitidee des *Unterrichts in inklusiven Lerngruppen* für die KMK in besonderer Weise herausgehoben. Dort heißt es (Kersten et al. 2013):

„In jedem Fall sinnvoll erscheint eine Stärkung der Ausbildung zur fachbezogenen Diagnostik und diagnosebasierten Förderung.

Leider ist der Begriff „Diagnostik" in der Gemeinschaft aller an der Lehrerbildung Beteiligten mit unterschiedlichen Deutungen belegt. Gemeint ist an dieser Stelle eine spezifisch auf das Fach Mathematik bezogene Diagnostik, die im Zusammenwirken mit anderen Elementen der Ausbildung Lehrkräfte dazu befähigt, adäquate Fördermaßnahmen für einzelne Schülerinnen und Schüler oder einzelne Gruppen zu konzipieren.

Nicht alle Formen fachbezogener Diagnostik verfügen über diese „Förderergiebigkeit". Insbesondere Formen der Diagnostik, welche nur eine statistisch basierte Verortung der Probanden liefern, bieten vielen Lehrkräften nur eine unzureichende Unterstützung, um daraus in ihrer spezifischen Arbeitssituation passende Fördermaßnahmen abzuleiten." (S. 2)

Kognitive Anregung für Lehrerinnen und Lehrer als Basis zu kognitiver Anregung bei Schülern

Bewusst unterbreiten wir hier keine für den Grundschulunterricht ausgearbeitete Lernumgebung. Vielmehr erscheint es uns sinnvoll, in der Lehrerbildung bestimmte typische oder exemplarische, kognitiv aktivierende

Problemstellungen zu formulieren, die als „*Aufgabengeneratoren*" wirksam werden, aus denen Lehrerinnen und Lehrer Prinzipien und Ideen gewinnen, mit deren Hilfe sie ihrerseits Aufgaben auch für inklusive Lerngruppen konzipieren können.

Wir geben drei Beispiele aus dem Inhaltsbereich *Raum und Form* an. Alle drei betreffen Volumenbestimmungen zu Körpern.

Leitprinzip bei allen drei Aufgaben ist die Idee der *Raumvorstellung*, allerdings auf unterschiedlichen Anspruchsebenen. Die Bildungsstandards zur Mathematik für den Primarbereich lassen sich zum Inhaltsbereich *Raum und Form* sämtlich knapp zusammenfassen in der Formulierung *Raumvorstellung fördern*. In diesem Sinne ist Raumvorstellung die *Kompetenz, räumliche Objekte mental zu sehen und mental ändern zu können*. Dabei ist die Art dieser Änderung unterschiedlich komplex. Diese Kompetenz ist neben dem, was man als Zahlensinn bezeichnet, die basale Kompetenz zur Mathematik in der Grundschule und darüber hinaus (vgl. Wollring 2012).

Bewusst werden daher zu diesen drei Problemen keine Bilder dargestellt.

Problem 1: Würfelvolumen

Problem. Man denke die Strecke vom Würfelmittelpunkt zum Mittelpunkt einer Fläche und nenne deren Länge r. Wie groß ist das Volumen des Würfels, wenn man es mit r darstellt?

Formel. $V = 8\,r^3$

Tragende konstruktive Idee. Aus acht Würfeln kann man einen Würfel bauen, dessen Kantenlänge doppelt so groß, dessen Oberfläche vier Mal so groß und dessen Volumen acht Mal so groß ist wie das des einzelnen Würfels. Das ist die zentrale Idee der „Fröbel-Gabe 3" für Kinder im Kindergarten. Bei der Volumenänderung von Würfeln ist daher die semantische Idee das mentale Bauen und Zerlegen in andere Würfel. Versucht man Fragen zu Volumina von Würfeln oder Quadern nur mit Hilfe von Formeln syntaktisch zu ermitteln, finden sich bei vielen Schülerinnen und Schülern sowie ihren Lehrerinnen und Lehrern erstaunliche Fehler, die auf semantischer Basis nicht erklärbar sind.

Problem 2: Pyramidenvolumen

Problem. Welches Volumen hat eine quadratische Pyramide, deren Seitenlänge und Höhe die Länge a haben?

Formel. $V = 1/3 \cdot a^3$ – meist wird dies mit infinitesimalen Argumentationen hergeleitet.

Tragende konstruktive Idee. Auch hier besteht ein phänomenologischer Aufweis in der Idee, mental zu bauen: Befindet sich die Spitze der Pyramide über einer Ecke, so kann man aus drei solchen Pyramiden einen Würfel bauen. Gefragt ist hier die Kompetenz, sich diesen Bauvorgang aus drei Pyramiden vorstellen zu können. Ferner nützt es zu wissen, dass man die Spitze einer Pyramide parallel zur Grundfläche bewegen kann, ohne dass ihr Volumen sich ändert. Bei dieser Problemstellung sind es geometrische Phänomene, die die Lösungsidee hervorbringen und in denen auch eine wiederholende Entwicklung der Argumentation zutage tritt.

Problem 3: Kugelvolumen

Problem. Wie groß ist der Rauminhalt einer Kugel mit 10 cm Durchmesser?

Formel. Hier kann man die Formel zum Kugelvolumen heranziehen

$$V = 4/3 \cdot \pi \cdot r^3$$

und findet, dass der Rauminhalt etwas mehr ist als ein halber Liter.

Tragende konstruktive Idee. Sinnvoll ist es, sich mit einer angemessen ausgebauten Raumvorstellung folgendes Phänomen vorstellen zu können: Fügt man eine Kugel mit 10 cm Durchmesser in einen umgebenden Würfel mit 10 cm Kantenlänge ein und lässt sie darin „schmelzen", dann füllt sie einigermaßen genau den Würfel bis zur halben Höhe, der Fehler liegt unter 5 %. Dies kann man durch einen Schüttversuch bestätigen.

Diese drei Probleme sollen veranschaulichen, welches Potenzial ein Mathematikunterricht auf semantischer Basis in sich birgt und welche Gefahr ein Mathematikunterricht in sich birgt, der in inklusiven Klassen darauf zielt, allein durch syntaktische Geläufigkeit mathematische Erfolge zu erzielen.

Alle drei Aufgabenstellungen zielen darauf, semantischen Mathematikunterricht in inklusiven Klassen dadurch anzureichern, dass man auch und betont **Phänomene** vorstellt und vorstellbar macht, die aus entsprechenden Erfahrungen gewonnen werden, ein Ansatz, den bereits Wagenschein 1977 als angemessen für einen guten mathematisch-naturwissenschaftlichen Unterricht ausgewiesen hat.

Literatur

DMV, GDM & MNU (2008). *Standards für die Lehrerbildung im Fach Mathematik, Empfehlungen von DMV, GDM, MNU. Deutsche Mathematiker Vereinigung (DMV), Gesellschaft für Didaktik der Mathematik (GDM), Verein zur Förderung des mathematisch-naturwissenschaftlichen Unterrichts (MNU).* Verfügbar unter: http://madipedia.de/images/2/21/ Standards_Lehrerbildung_Mathematik.pdf (Zugriff: 02.04.2015).

Herget, W., Jahnke, T. & Kroll, W. (2001). *Produktive Aufgaben für den Mathematikunterricht in der Sekundarstufe 1.* Berlin: Cornelsen.

Kersten, I., Krauthausen, G., Möller, R., Selter, C., Rinkens, H. D., Wollring, B. (2013). *Memorandum zum Entwurf der ländergemeinsamen Anforderungen zur Lehrerbildung im Fach Mathematik, überarbeitet und ergänzt unter der Leitidee des Unterrichts in inklusiven Lerngruppen.* Unveröffentlichtes Manuskript im Rahmen der UAG Inklusion in der Kultusministerkonferenz.

Korff, N. (2015). *Inklusiver Mathematikunterricht in der Primarstufe: Erfahrungen, Perspektiven und Herausforderungen.* Baltmannsweiler: Schneider Verlag Hohengehren.

Kultusministerkonferenz (2005). *Bildungsstandards im Fach Mathematik für den Primarbereich.* München: Luchterhand.

Wagenschein, M. (1977). Rettet die Phänomene! Der Vorrang des Unmittelbaren. *MNU, 3,* 129–137.

Wollring, B. (2009). Zur Kennzeichnung von Lernumgebungen für den Mathematikunterricht in der Grundschule. In A. Peter-Koop, G. Lilitakis & B. Spindeler (Hrsg.), *Lern-*

umgebungen – Ein Weg zum kompetenzorien-
tierten Mathematikunterricht in der Grundschule
(S. 9–23). Offenburg: Mildenberger.

Wollring, B. (2012). Raumvorstellung entwickeln – Eine zentrale Forderung für mathematische Bildung. *Fördermagazin Grundschule*
(2), 8–12.

3. Gemeinsam lernen – individuell fördern: Differenzierung im inklusiven Mathematikunterricht

Helena Krähenmann, David Labhart, Susanne Schnepel, Meret Stöckli & Elisabeth Moser Opitz

1. Umgang mit Heterogenität im inklusiven Mathematikunterricht

1.1 Offenheit und Strukturierung

Inklusiver Unterricht hat zum Ziel, alle Schülerinnen und Schüler optimal zu fördern. Lehrerinnen und Lehrer stellen sich hier berechtigterweise die Frage, ob und wie dies möglich ist: Können Schülerinnen und Schüler, die mathematische Kompetenzen ohne Probleme erwerben, Lernende mit einer geistigen Behinderung, Kinder mit besonderen Begabungen und solche mit Rechenschwierigkeiten im Mathematikunterricht gemeinsam gefördert werden, ohne dass Unter- oder Überforderung entsteht? Blickt man auf Studien, die sich mit der Leistungsentwicklung im inklusiven Unterricht befassen, dann zeigt sich, dass Kinder mit besonderem Förderbedarf in inklusiven Klassen größere Leistungsfortschritte machen als in Förderschulen oder -klassen. Zudem wirkt sich inklusive Schulung auch nicht negativ auf die Leistungsentwicklung der Lernenden ohne besonderen Förderbedarf aus (Bless 2007; Eckhart, Haeberlin, Sahli Lozano & Blanc 2011; Haeberlin, Bless, Moser & Klaghofer 2003; Rujs & Peetsmaa 2009; Sermier Dessemontet, Benoit & Bless 2011). Dennoch stellen unterschiedliche Lernvoraussetzungen für die Lehrerin/den Lehrer im Schulalltag bei der Unterrichtsvorbereitung und -durchführung eine große Herausforderung dar (Buholzer & Tanner 2012, S. 476). Daraus ergibt sich die Frage, wie Unterricht gestaltet werden kann, damit alle Lernenden profitieren können.

In diesem Zusammenhang kann als „Schlüsselkompetenz" die Fähigkeit zur inneren Differenzierung angesehen werden (Werner & Drinhaus 2012). Klafki und Stöcker haben innere Differenzierung schon vor vielen Jahren gefordert: *„Wenn Unterricht jeden einzelnen Schüler optimal fördern will, wenn er jedem zu einem möglichst hohen Grad von Selbsttätigkeit und Selbständigkeit verhelfen und Schüler zu sozialer Kontakt- und Kooperationsfähigkeit befähigen will, dann muß er im Sinne Innerer Differenzierung durchdacht werden"* (1985, S. 127, kursiv i. O.). Innere Differenzierung kann auf unterschiedliche Art und Weise realisiert werden. Krauthausen und Scherer fassen auf der Grundlage verschiedener didaktischer Werke Vorschläge zur Umsetzung von innerer Differenzierung zusammen:

- „Soziale Differenzierung (Einzel-, Partner- oder Gruppenarbeit)

- Methodische Differenzierung (Lehrgang, Projektarbeit …)

- Mediale Differenzierung (Schulbuch, Arbeitsblätter, Arbeitsmittel, PC)

- Quantitative Differenzierung (gleiche Zeit für unterschiedlichen Inhaltsumfang oder unterschiedliche Zeit für den gleichen Inhaltsumfang)

- Qualitative Differenzierung (unterschiedliche Ziele bzw. Schwierigkeitsstufen)

- Inhaltliche Differenzierung (die Kinder entscheiden selbst über die Auswahl und Reihenfolge der Inhalte)" (Krauthausen & Scherer 2014, S. 17)

Ein anderes Ordnungsschema wird von Peschel (2012, S. 79) gewählt, er unterscheidet zwischen organisatorischer, methodischer und inhaltlicher Offenheit, die in verschiedenen Ausprägungsgraden realisiert werden können (Tab. 3.1). Das Modell enthält verschiedene Formen von Offenheit und Steuerung, diese reichen von einer starken Steuerung durch die Lehrerin/den Lehrer (Offenheit nicht vorhanden) bis hin zu einer Steuerung durch die Schülerinnen und Schüler (Offenheit weitestgehend vorhanden). Dabei wird deutlich, dass Differenzierung von der Lehrkraft gesteuert oder den Lernenden überlassen werden kann. Für den inklusiven Mathematikunterricht ist einerseits eine Öffnung anzustreben, die mit Blick auf das Denken der Kinder im Sinne des aktiv-entdeckenden Lernens unabdingbar ist. „Anstatt für einige wenige Kinder inhaltlich

eingeschränkte und festgelegte Anforderungen zu setzen, werden also erfolgreiche Lernprozesse bei allen Kindern erzielt, indem mathematische Themen (ganzheitlich in fachlich sinnvollen Zusammenhängen strukturiert) aktiv erkundet, eigene mathematische Zugänge entwickelt und schließlich auch eigene Lösungswege produziert werden können" (Häsel-Weide, Nührenbörger, Moser Opitz & Wittich 2014, S. 22). Dies ist auch dann wichtig, wenn die Lernprozesse nicht den Erwartungen entsprechen – z.B. wenn eine Rechenschwäche vorliegt – und die Schülerinnen und Schüler scheinbar komplizierte Lösungswege und Vorgehensweisen wählen. Andererseits halten Gersten, Chard, Jayanthi, Baker, Morphy & Flojo (2009) und Montague (2011) fest, dass Lernende mit Förderbedarf auf einen Unterricht angewiesen sind, der gezielt und strukturiert ist und spezifische Unterrichtsinhalte sowie explizite Fördermaßnahmen enthält. Somit besteht die Herausforderung für den (inklusiven) Mathematikunterricht darin, eine Balance zu finden zwischen Öffnung des Unterrichts einerseits und Strukturierung und gezielter Anleitung andererseits (Scherer & Moser Opitz 2010).

	Organisatorische Offenheit	**Methodische Offenheit**	**Inhaltliche Offenheit**
weitestgehend	Die Kinder arbeiten nach je eigener Arbeitsorganisation.	Lernen basiert auf Eigenproduktionen.	selbstgesteuertes, interessengeleitetes Arbeiten
teils – teils	Die Vorgaben sind in einzelnen Bereichen geöffnet.	In Teilbereichen sind eigene Wege zugelassen.	Auswahl aus einem festen Arrangement
nicht vorhanden	Arbeitstempo, -ort, -abfolge usw. sind durch die Lehrerin/den Lehrer vorgegeben.	Methoden und Lösungswege sind durch die Lehrerin/den Lehrer vorgegeben.	Lerninhalte und Arbeitsaufgaben sind durch die Lehrerin/den Lehrer vorgegeben.

Tabelle 3.1: Organisatorische, methodische und inhaltliche Offenheit, vereinfacht nach Peschel (2012, S. 79f.)

1.2 Herausforderungen aktueller Differenzierungspraxis

In der Praxis stellen sich bezüglich des Umgangs mit innerer Differenzierung verschiedene Herausforderungen. Zur Differenzierung im Mathematikunterricht wird häufig Planarbeit (oft Wochenplanunterricht) eingesetzt (Pauli, Reusser, Waldis & Grob 2003, S. 304). Dies beinhaltet die Möglichkeit, individualisierende Lernziele und -inhalte anzubieten und den Unterricht organisatorisch, methodisch und inhaltlich zu öffnen. In der praktischen Umsetzung zeigen sich aber häufig Schwierigkeiten. Erstens wird bemängelt, dass Wochenpläne oft aus Arbeitsblättern bestehen, die „mehr vom Gleichen" anbieten, methodisch wenig variieren (Krauthausen & Scherer 2014, S. 23) und somit keine Offenheit für das Denken der Kinder zulassen. Zweitens besteht die Gefahr, dass diese Form der Individualisierung zu Vereinzelung führt, da gemeinsame Lern- und Austauschphasen nicht mehr oder nur selten stattfinden (ebd., S. 26). Drittens kann Planarbeit, die in hohem Maß Selbststeuerung erfordert, unter Umständen für Schülerinnen und Schüler mit besonderem Förderbedarf ungünstig sein. Hartke (2002) weist darauf hin, dass offener Unterricht und damit auch Planarbeit für leistungsschwächere Schülerinnen und Schüler nur dann geeignet ist, wenn auch strukturierende Lernhilfen zur Verfügung stehen und die Lernzeit intensiv genutzt werden kann. Planarbeit ist somit zur Differenzierung im inklusiven Unterricht nur sinnvoll, wenn Aufgaben gestellt werden, die offen sind für das Denken der Kinder, wenn das individuelle Arbeiten immer wieder in Phasen der gemeinsamen Reflexion und Interaktion mündet und wenn eine strukturierte Lernbegleitung gewährleistet ist.

In ihrer Kritik an der Umsetzung von „klassischer Differenzierung" bemängeln Krauthausen und Scherer (2014, S. 2f.) zudem, dass in der gängigen Differenzierungspraxis den eigentlichen mathematischen Lerninhalten oft wenig Beachtung geschenkt wird. Viele Vorschläge zur Differenzierung beschränken sich auf Ideen zur Organisation von Lernstationen, Werkstattarbeit und Lerntheken, oft verbunden mit einer großen Materialflut. Um eine inhaltliche Differenzierung vornehmen zu können, ist jedoch die Orientierung am Fach zentral. „Der Einbezug des Fachs und der Fachdidaktik bedeutet dabei nicht die Orientierung an einer starren Fachstruktur, sondern ermöglicht es, ausgehend von fachlichen und fachdidaktischen Überlegungen eine qualitative Differenzierung der Lerninhalte vorzunehmen bzw. die Auswahl von Aufgaben und Vorgehensweisen auf einem fachdidaktischen Hintergrund zu reflektieren" (Moser Opitz 2014, S. 63). Um das tun zu können, müssen mathematische Themen so aufbereitet werden, dass sie auf unterschiedlichen Niveaus bearbeitet werden können. Damit kann erreicht werden, dass der Mathematikunterricht adäquate Lernmöglichkeiten für alle Schülerinnen und Schüler bietet und sowohl *gemeinsames als auch zieldifferentes Lernen* ermöglicht (Müller Bösch & Schaffner Menn 2014). Der gemeinsame Lerngegenstand wird dabei als „Problemkontext" (Krauthausen & Scherer 2007, S. 228) verstanden, der jedem Kind ermöglicht, an eigenen Zielsetzungen zu arbeiten sowie im Austausch mit der Klasse oder Lerngruppe neue Erkenntnisse zu generieren (Müller Bösch & Schaffner Menn 2014).

1.3 Differenzierung unter Einbezug des Fachs

Eine Möglichkeit zur Differenzierung unter Berücksichtigung des Fachs ist die *natürliche Differenzierung* (Wittmann & Müller 2004, S. 15; Krauthausen & Scherer 2014, S. 45ff.). Natürliche Differenzierung umfasst nach Krauthausen und Scherer (2014, S. 5f.) folgende Merkmale:

- Die gesamte Lerngruppe erhält das gleiche Lernangebot.

- Das Lernangebot ist inhaltlich ganzheitlich und hinreichend komplex.

- Das Lernangebot schafft Freiheitsgrade für die Lernenden (Ansatzpunkte und Tiefe einer Bearbeitung, Verwendung von Arbeitsmitteln).

- Soziales Lernen von- und miteinander wird ermöglicht.

Spezifisch an diesem Vorgehen ist, dass die Lehrerin/der Lehrer eine inhaltliche Vorgabe macht (z.B. operativ strukturierte Aufgaben zu Zahlenketten, Rechendreiecken, Zahlenmauern; vgl. Krauthausen und Scherer 2014), die trotzdem eine inhaltliche Öffnung für alle Beteiligten zulässt, indem die Schülerinnen und Schüler beispielsweise den Zahlenraum auswählen, in dem sie ihre Aufgabe bearbeiten. Wichtig ist, dass nach Phasen der Einzel- oder Partnerarbeit eine Reflexion der Ergebnisse im Klassenverband stattfindet.

Natürliche Differenzierung bietet viele Möglichkeiten zum *zieldifferenten und gemeinsamen Lernen*. Oft genügt diese Form der Differenzierung jedoch nicht, insbesondere wenn es darum geht, neue Lerninhalte zu erarbeiten bzw. bestimmte Lerninhalte aufzuarbeiten.

Auch kann es sein, dass einzelnen Schülerinnen und Schülern die Voraussetzungen fehlen, um Aufgabenformate, die für den Einsatz bei der natürlichen Differenzierung vorgeschlagen werden, zu bearbeiten. Beispielsweise ist es für die Bearbeitung von Zahlenketten (Krauthausen & Scherer 2014, S. 123ff.) notwendig, Summen bilden zu können. Nicht alle Schülerinnen und Schüler mit einer intellektuellen Beeinträchtigung verfügen über diese Fähigkeit. Somit ist die innere Differenzierung im Sinne der natürlichen Differenzierung wichtig, soll jedoch ergänzt werden.

Nachfolgend werden dazu Überlegungen dargestellt, die mehrere Differenzierungsaspekte (siehe 1.1) einbeziehen. Erstens geht es um Überlegungen zu individuellen Voraussetzungen und zentralen Lerninhalten (siehe 2.1). Zweitens muss der fachliche und der fachdidaktische Hintergrund – mit Bezug auf die gewählten Zielsetzungen – aufgearbeitet werden, um anschließend eine fachlich begründete Differenzierung vornehmen zu können (siehe 2.2). Drittens muss die Auswahl von geeigneten Arbeitsmitteln und Veranschaulichungen berücksichtigt werden (siehe 2.3). Viertens geht es darum zu überlegen, welche Hilfestellung und Unterstützung für einzelne Lernende oder Gruppen von Lernenden nötig sind, beispielsweise in Form von geeigneten Fragen und Hinweisen. Wichtig ist auch, dass ein methodisches Vorgehen entwickelt wird, bei dem einerseits die Arbeit an individuellen Lernzielen möglich ist und andererseits Interaktion und Reflexion über den Lerngegenstand im Klassenverband gefördert wird (siehe 2.4).

2. Umsetzungsbeispiel: Erweiterung des Zahlenraums

Ein wichtiger Lerninhalt im dritten Schuljahr ist die Erweiterung des Zahlenraums bis 1000. Wir zeigen an diesem Beispiel auf, wie das Thema für *alle* Schülerinnen und Schüler einer heterogenen Klasse zugänglich gemacht werden kann. Dazu stellen wir insbesondere Überlegungen zur Entwicklung mathematischer Kompetenzen und zu zentralen Lerninhalten dar. So muss überlegt werden, welche mathematischen Voraussetzungen für die Erweiterung des Zahlenraums notwendig sind und – mit Blick auf Lernende mit intellektueller Beeinträchtigung – welche Erkenntnisse zur Entwicklung des Zahl- und Mengenverständnisses berücksichtigt werden müssen. Zudem setzen wir uns mit dem fachlichen Hintergrund, dem Einbezug von Arbeitsmitteln und Veranschaulichungen sowie der Unterrichtsorganisation und Lernbegleitung auseinander.

2.1 Überlegungen zu Lernvoraussetzungen und zu wichtigen Lerninhalten

2.1.1 Entwicklungsmodell zum Zahlbegriffserwerb

Krajewski und Ennemoser (2013) haben ein Entwicklungsmodell entworfen, das die Einsicht in das kardinale Zahlverständnis als einen fortschreitenden Prozess versteht, der zuerst in einem kleineren Zahlenraum stattfindet und dann auf höhere Zahlenräume übertragen wird. Das Modell eignet sich insbesondere, um arithmetische Kompetenzen von Kindern mit intellektueller Beeinträchtigung zu beschreiben (Garrote, Moser Opitz & Ratz 2015) und hilft, spezifische Lernziele theoriegeleitet zu bestimmen.

Das Modell umfasst drei Ebenen (vgl. Abb. 3.1), auf denen jeweils Teilkompetenzen beschrieben werden. Dabei handelt es sich zuerst um isolierte Kompetenzen, die nach und nach zu Kompetenzen auf einer höheren Ebene verknüpft werden. Zu den Basisfertigkeiten gehört die Fähigkeit, Mengen aufgrund ihrer unterschiedlichen Ausdehnung oder Fläche bzw. ihres Volumens grob voneinander zu unterscheiden, sowie die Kenntnis der Zahlwörter bzw. der Erwerb der Zahlwortreihe. Diese wird auf der Ebene 1 ohne kardinales Verständnis, als „Vers" gelernt. Das einfache Zahlverständnis auf Ebene 2 beinhaltet die Verknüpfung von Zahlwörtern mit Mengen und das Verständnis dafür, dass 1 oder 2 „wenig" und 100 und 1000 „sehr viel" ist. Kinder wissen oft, dass 100 „viel" ist, ohne bis 100 zählen zu können. Zudem entwickelt sich auf Ebene 2 das präzise Anzahlkonzept bzw. das kardinale Verständnis von Zahlen mit der Vorstellung, dass zum Zahlwort „Vier" genau vier Elemente gehören und die Anzahl der Elemente mit jedem neu dazukommenden Zahlwort um 1 zunimmt („n+1-Strategie"). Auf Ebene 3 wird das relationale Zahlverständnis erworben, d. h. die Einsicht in Zahlbeziehungen. Dazu gehören die Zerlegung und Zusammensetzung von Zahlen (z. B.: 5 setzt sich aus 2 und 3 zusammen) sowie die Differenz zwischen zwei Zahlen (z. B. der Unterschied zwischen 3 und 5 ist 2).

Krajewski und Ennemoser (2013) betonen, dass das Modell zwar als Stufenmodell bezeichnet, aber nicht streng hierarchisch zu verstehen ist. Zudem können bestimmte Kompetenzen auch von der Repräsenta-

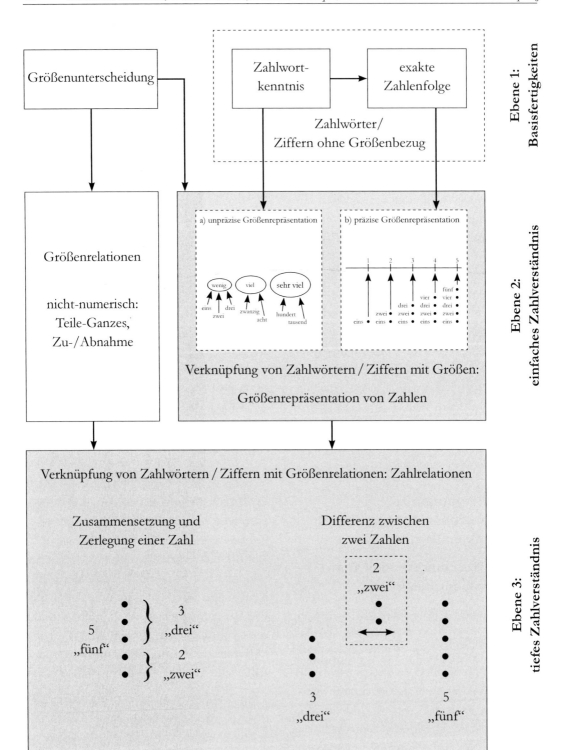

Abb. 3.1: Modell der Zahl-Größen-Verknüpfung nach Krajewski & Ennemoser (2013, S. 43)

tionsform einer Aufgabe abhängig sein, beispielsweise nur im Umgang mit einem Arbeitsmittel vorhanden sein, ohne dieses jedoch nicht oder nur teilweise.

2.1.2 Zentrale Inhalte der Grundschulmathematik

Untersuchungen zeigen, dass rechenschwache Schülerinnen und Schüler oft spezifische Inhalte der Grundschulmathematik nicht verstanden haben und in der Folge in ihren mathematischen Lernprozessen beeinträchtigt sind. Eine wichtige Voraussetzung für die Erarbeitung des Mengenbegriffs ist eine sichere *Zählkompetenz*. Schwache Rechnerinnen und Rechner haben hier oft auch in höheren Schuljahren Schwierigkeiten, vor allem beim verbalen Zählen (Moser Opitz 2013). Für das Bündeln ist auch das strukturierte Zählen (gleich große Gruppen bilden) wesentlich (Scherer & Moser Opitz 2010). Ein weiterer wichtiger Aspekt ist die Einsicht ins dezimale *Stellenwertsystem* (van de Walle 2007). Mehrere Studien weisen darauf hin, dass rechenschwache Schülerinnen und Schüler damit bis in die Sekundarstufe Schwierigkeiten haben (Moser Opitz 2013; Vukovic & Siegel 2010).

2.2 Fachliche und fachdidaktische Überlegungen

Zur Erarbeitung des Zahlenraums gehören verschiedene Aspekte. Insbesondere „muss das Bündeln als grundlegendes und durchgängiges Prinzip deutlich herausgestellt werden. Im Anschluss an das Bündeln wird die Zifferndarstellung entwickelt" (Müller & Wittmann 1984, S. 192). Wir greifen hier beispielhaft das Bündeln in Verbindung mit der Stellenwertschreibweise heraus.

Beim Bündeln werden die Elemente einer vorgegebenen Menge zu gleich mächtigen Gruppen zusammengefasst, sodass eine größere Einheit entsteht. Dies geschieht, bis keine weiteren Gruppen mehr gebildet werden können (Scherer & Moser Opitz 2010). „Allgemein gilt also, dass eine der Basis b entsprechende Anzahl Bündel 1. Ordnung wieder zusammengefasst werden muss zu einem Bündel 2. Ordnung mit jeweils b^2 Elementen, und dies, so lange es möglich bleibt, Bündel n-ter Ordnung zu größeren Bündeln n+1-ter Ordnung zusammenzufassen" (Krauthausen & Scherer 2007, S. 17). So werden z. B. zehn Zehnerbündel zu einem Hunderterbündel (10^2) zusammengefasst.

Eine grundlegende Voraussetzung des Bündelns ist die Zählkompetenz. Um Mengen durch Zählen zu bestimmen, sind nach Gelman und Gallistel (1978) folgende Prinzipien zentral:

- Eindeutigkeitsprinzip: Jedem Objekt wird nur ein Zahlwort zugeordnet (Eins-zu-eins-Zuordnung).

- Prinzip der stabilen Ordnung: Die Reihenfolge der Zahlwörter muss immer die gleiche sein (Zahlwortreihe).

- Kardinalprinzip: Das zuletzt genannte Zahlwort beim Zählen gibt die Menge an.

- Abstraktionsprinzip: Die ersten drei Prinzipien beziehen sich auf eine beliebige Anzahl von Einheiten.

- Prinzip der Irrelevanz der Anordnung: Die Anordnung der Objekte ist für die Anzahl irrelevant.

Ein weiterer wichtiger Schritt ist die Notation der Bündelungsergebnisse. Hier ist die Einsicht ins Stellenwertprinzip von Bedeutung. „Die Position oder die Stelle […] einer Ziffer innerhalb einer Zahl gibt Aufschluss über den Wert dieser Ziffer: Die 2 hat in den Zahlen 12, 527 oder 3209 jeweils einen anderen Wert – einmal sind es zwei Einer, im zweiten Beispiel zwei Zehner, und im dritten Beispiel ist die Ziffer 2 zwei Hunderter ‚wert'" (Krauthausen & Scherer 2007, S. 18). Die wertzuweisenden Stellen sind die Potenzen von 10 (10, 100, 1000, …) und heißen Stufenzahlen. Wenn eine andere Basis als 10 gewählt wird (z. B. 2, 3, 4, …), kann im Zweier-, Dreier- oder Vierersystem gerechnet werden. Rechenoperationen im nicht-dekadischen System gehören nicht zum Inhaltskanon der Grundschule. Das schließt jedoch nicht aus, dass nicht-dekadische Systeme beispielsweise mit besonders begabten Kindern auch erarbeitet werden können. Für (angehende) Lehrpersonen ist die Auseinandersetzung mit anderen Stellenwertsystemen wichtig, damit sie für mögliche Hürden bei der Erarbeitung des Dezimalsystems sensibilisiert werden und diejenigen Lernenden, die sich allenfalls damit auseinandersetzen, auch unterstützen können (Padberg 2007, S. 7).

2.3 Arbeitsmittel und Veranschaulichungen

Auch Arbeitsmittel und Veranschaulichungen bieten die Möglichkeit zum Differenzieren. Dabei ist wichtig, dass überlegt wird, welches Material für welche Aktivität und welchen Lerninhalt am besten geeignet ist (Radatz, Schipper, Dröge & Ebeling 1996). Zur Erarbeitung des Zahlenraums sind neben ikonischen Darstellungen (z. B. Zahlenstrahl, Tausender-, Hunderter- oder Zwanzigerpunktefeld) insbesondere auch Arbeitsmittel

(z. B. Wendeplättchen, Dienes-Material) zur Verfügung zu stellen, die eine enaktive Auseinandersetzung mit dem Bündelungsprinzip ermöglichen (Scherer & Moser Opitz 2010). Dabei ist wichtig, dass eine Verbindung zur symbolischen Notationsweise der Zahlen hergestellt wird. Die Verknüpfung verschiedener Darstellungsmöglichkeiten (Dienes-Material, Stellenwertkarten, Stellenwerttafel) hilft, Abstraktionsprozesse anzuregen und eine schrittweise Ablösung vom Material einzuleiten (ebd.). Um entsprechende Verknüpfungen anzuregen, kommt der sprachlichen Begleitung und der gemeinsamen Reflexion eine wichtige Bedeutung zu.

2.4 Gemeinsamer Lerngegenstand – unterschiedliche Aneignungsniveaus

Auf der Grundlage des Wissens zur Entwicklung des kardinalen Zahlverständnisses und wichtigen Inhalten der Grundschulmathematik (2.1), fachlichen Überlegungen zum Thema Bündeln und Stellenwertsysteme (2.2) sowie zur Bedeutung von Arbeitsmitteln und Veranschaulichungen (2.3) können im Folgenden einige Möglichkeiten aufgezeigt werden, wie in einer Klasse, in der die Erarbeitung des Tausenderraums ansteht, allen Kindern ihren Voraussetzungen entsprechende Lernmöglichkeiten angeboten werden können. Wir beziehen uns dabei auf Erfahrungen und Materialien aus Forschungsprojekten (Stöckli, Moser Opitz, Pfister & Reusser 2014; Projekt SirIus http://www.ife.uzh.ch/research/sbi/forschung/siriusinfo.html) und gehen von folgender Klassensituation aus:

Ein großer Teil der Kinder einer 3. Klasse hat den Zahlenraum bis 100 sicher erarbeitet und kann flexibel addieren, subtrahieren und multiplizieren. Einige Kinder verfügen schon über eine sichere Vorstellung der Zahlen über den Tausenderraum hinaus. Allerdings gibt es drei Kinder, die verfestigt zählend rechnen. Zwei Kinder mit Förderbedarf Lernen weisen gegenüber ihren Mitschülerinnen und Mitschülern einen großen Leistungsrückstand auf – der Zahlenraum bis 100 ist noch nicht sicher erarbeitet. Timo, ein Junge mit einer intellektuellen Beeinträchtigung, kann sicher bis 7 vorwärts zählen, manchmal bis 10. Er kann fünf Objekte abzählen, aber es fällt ihm schwer, jedem Objekt genau ein Zahlwort zuzuordnen. Er liest und schreibt die Ziffern 1 bis 5 und interessiert sich sehr für große Zahlen.

Diese Beschreibung macht deutlich, dass das Lehrplanziel „Erarbeitung des Tausenderraums" nicht von allen Lernenden erreicht werden kann. Timo zeigt beispielsweise gemäß dem dargestellten Modell zur Zahlbegriffsentwicklung (Krajewski & Ennemoser 2013) vor allem Kompetenzen im Bereich der Basisfertigkeiten. Die Erarbeitung von weiteren Basisfertigkeiten (z. B. Zahlen lesen) und des einfachen Zahlverständnisses (Objekte abzählen) scheinen deshalb wichtige Zielsetzungen zu sein. Für zwei andere Kinder steht die grundsätzliche Erarbeitung des Zahlaufbaus und des Stellenwertprinzips im Vordergrund. Trotz dieser Heterogenität können alle Kinder am selben Lerngegenstand arbeiten und sich auf unterschiedlichen Aneignungsniveaus mit den Themen Zählen, Bündeln und der Notation von Zahlen auseinandersetzen.

Im Folgenden werden dazu Möglichkeiten aufgezeigt. Lehrerinnen und Lehrer bieten oft Erarbeitungsmöglichkeiten für drei Leistungsniveaus an (Pool Maag & Moser Opitz 2014). Wilkinson und Townsend (2000) weisen jedoch darauf hin, dass eine größere Anzahl von Niveaus sinnvoll ist und die Gruppen – je nach erreichten Fortschritten – immer wieder neu zusammengesetzt werden sollen. Diesem Umstand versucht das folgende Beispiel Rechnung zu tragen. Differenziert werden kann durch das Arbeiten in unterschiedlichen Zahlenräumen, durch Aufgaben mit unterschiedlichem Anspruchsniveau und durch den Einsatz von Arbeitsmitteln und Veranschaulichungen (unterschiedliche Repräsentationsform).

Während die Inhalte in den hier aufgeführten Beispielen auf den folgenden Seiten vorgegeben sind und selbstgesteuertes Auswählen der Lerninhalte nur eingeschränkt möglich ist, können bezüglich der organisatorischen und der methodischen Gestaltung verschiedene Grade von Offenheit realisiert werden. So ist es beispielsweise gut möglich und auch sinnvoll, dass einige Schülerinnen und Schüler ihre Arbeit selber organisieren (z. B. die Gruppe 1 im Beispiel 1), während es für Gruppe 4 wahrscheinlich wichtig ist, dass die Lehrerin/ der Lehrer anleitet und Hinweise gibt, damit Strategien zum strukturierten Zählen entwickelt werden können. Zudem können die Aufgaben auch in einem unterschiedlichen Grad von Offenheit gestellt werden (z. B. offen bezüglich der Wahl des Zahlenraums, der Arbeitsmittel und Notationsformen usw.).

Weiter müssen Überlegungen angestellt werden, wie trotz Differenzierung und unterschiedlichem Aneignungsniveau gemeinsame Lernmöglichkeiten geschaffen werden können.

Beispiel 1: Zählen und Bündeln	
Zielsetzungen	**Aktivitäten**
Zielsetzung 1: Bündeln in nicht dekadischen Stellenwertsystemen	Gruppe 1: Bündeln mit oder ohne Material, Notation der Zahlen, Vergleichen von Zahlen im Zehnersystem mit Zahlen anderer Systeme
Zielsetzung 2: Zählen und Bündeln im Zahlenraum bis 1000	Gruppe 2: Bündel auf Bildern mit großen Anzahlen (z. B. Kastanien, Vogelschwarm usw.) einzeichnen, Notation der Zahlen oder Legen mit Stellenwertkarten (400, 30, 1)
	Gruppe 3: Bündeln mit Material (Dienes-Material, Muggelsteine usw.), Notation der Zahlen oder Legen mit Stellenwertkarten (400, 30, 1)
	Übungen zum strukturierten Zählen für die zählenden Rechnerinnen und Rechner (z. B. 65 mit Zehnerstäben und Einerwürfeln legen, Zehnerstäbe dazulegen → 75, 85, 95 → zehn Zehner bündeln → 105, 115)
Zielsetzung 3: Den Nutzen des strukturierten Zählens erkennen, Strategien zum strukturierten Zählen entwickeln	Gruppe 4: Größere Mengen von Gegenständen (etwas mehr als 100) zählen, spontane Zählstrategien beobachten, effiziente Strategien (Gruppen bilden) besprechen, Gegenstände strukturiert darstellen (z. B. Zehnergruppen, Zehnerreihen)
Zielsetzung 4: Anzahlen im Zahlenraum bis 10 zählen (präzises Anzahlkonzept)	Timo beteiligt sich an den Zählaktivitäten von Gruppe 3 oder 4, legt z. B. die Gegenstände für ein Zehnerbündel in einen Eierkarton (→ Prinzip der Eindeutigkeit erarbeiten, evtl. Kardinalprinzip, vgl. 2.1.1). Zudem kann er, um seinem Interesse für große Zahlen entgegenzukommen, beim Legen von Zahlenkarten (Hunderterzahlen) einbezogen werden.

Beispiel 2: Zahlen in der Stellentafel notieren und lesen	
Zielsetzungen	**Aktivitäten**
<u>Zielsetzung 1:</u> Notieren von Anzahlen in der Stellentafel, Zahlen lesen	<u>Gruppe 1:</u> Aufgaben wie z. B. 23 H, 35 E, 25 Z, 7 E in der Stellentafel notieren <u>Gruppe 2:</u> Zahlen mit dem Zahlenwinkel am Tausenderfeld darstellen, Zahlen direkt in der Stellentafel notieren, Zahlen lesen <u>Gruppe 3:</u> Zahlen mit dem Zahlenwinkel am Tausenderfeld darstellen, zeichnen (siehe Abb. 3.2, erste Spalte), in der Stellentafel notieren, Zahlen lesen <u>Gruppe 4:</u> Zahlen mit Dienes-Material legen, zeichnen, in verschiedenen Formen notieren (Abb. 3.2), die verschiedenen Notationsformen vergleichen und besprechen
<u>Zielsetzung 2:</u> Lesen von ausgewählten Zahlen und Ziffern	Timo beteiligt sich bei einer der anderen Gruppen, liest einzelne Zahlen, legt auf Anweisung der anderen Kinder Material hin (z. B. drei Zehner).

100			H	Z	E
30	100 + 30 + 7	137	1	3	7
7					

Abb. 3.2: Verschiedene Notationsformen der Zahl 137

2.5 Gemeinsame Lerngelegenheiten und aktive Auseinandersetzung mit dem Lerngegenstand ermöglichen

Im inklusiven Unterricht ist darauf zu achten, dass trotz der unterschiedlichen Lernziele gemeinsames Lernen nicht vernachlässigt wird. Es kann auch in Partner- und Gruppenaktivitäten stattfinden (vgl. den Einbezug von Timo in den Beispielen). Dennoch ist wichtig, dass neben individuellen Arbeitsphasen und der Arbeit in Gruppen oder Paaren immer wieder gemeinsame Klassensequenzen stattfinden, in denen sich die Kinder über den Lerngegenstand und die Lernergebnisse austauschen. Besonders geeignet sind Einstiegs- und Reflexionssequenzen. Der Einstieg in unserem Beispiel kann mit einem Schätzwettbewerb erfolgen. Dabei können verschiedene Strategien zum Bestimmen der Anzahl diskutiert und später ausgeführt werden. In Reflexionsphasen können die Lernenden ihre Erkenntnisse einander mitteilen und diskutieren (Häsel-Weide et al. 2014). Die einzelnen Gruppen präsentieren kurz ihr Vorgehen beim Bündeln und gemeinsam wird besprochen, welche Lösungswege besonders geeignet sind oder von einer anderen Gruppe übernommen werden könnten. Dabei sollte die Lehrerin/der Lehrer das Gespräch strukturieren und die Lernenden durch Nachfragen und Hinweise zum Vergleichen und Diskutieren anleiten (vgl. Tab. 3.2). Diese Form von adaptiver Lernbegleitung ist auch für die Unterstützung während der Arbeitsphasen zentral. Wie in Abschnitt 1.1 beschrieben wurde, ist einerseits wichtig, dass die Schülerinnen und Schüler – im Sinn einer methodischen Offenheit – bei der Bearbeitung von Aufgaben eigene Zugänge und Vorgehensweisen wählen können. Wenn dies jedoch nicht oder nur fehlerhaft gelingt, ist eine geeignete Unterstützung notwendig. Wenn die Kinder in Gruppe 4 im Beispiel 1 von sich aus nicht auf die Idee des Bildens von Gruppen und schließlich der Zehnerbündelung kommen, sollte die Lehrerin/der Lehrer steuernd eingreifen: „Schau mal, ich mache es so: Ich lege immer zehn Würfel in eine Reihe. Dann kann ich besser zählen. Wollt ihr es auch versuchen?" Die „Kunst" liegt darin, solche konkreten Hinweise und Anregungen zu geben, die es den Lernenden ermöglichen, den nächsten Lernschritt selber zu tun. Um eine solche Unterstützung realisieren zu können, ist eine adaptive Lernbegleitung nötig, die Fragen und Hinweise beinhalten kann, wie sie in Tabelle 3.2 aufgelistet sind.

3. Fazit

Die Gestaltung von inklusivem Mathematikunterricht bedeutet für Lehrerinnen und Lehrer eine große Herausforderung. Vorgehensweisen, bei denen für jedes Kind individuelle Aufgaben vorbereitet werden, sind zum einen sehr aufwändig und zum anderen oft zum Scheitern verurteilt (Selter 2006, S. 133). Die Arbeit an einem gemeinsamen Lerngegenstand, der auf verschiedenen

Individuelle Arbeitsphase	Klassengespräche
Beschreibe, was du gemacht hast.	Was fällt euch (bei dieser Aufgabe) auf?
Wo kommst du nicht weiter?	Vergleicht eure Rechenwege/Ergebnisse. Was ist gleich? Was ist anders?
Wie hast du das gemacht?	
Kannst du das mit dem Material zeigen/legen?	Gibt es noch andere Möglichkeiten, wie man das herausfinden kann?
Wie kannst du das aufzeichnen?	Kannst du (uns) mit dem Material zeigen, was du gemacht hast?
Kannst du zeichnen, was du gemacht hast?	
Findest du eine eigene Aufgabe?	Erkläre in eigenen Worten, was Kind A meint.
Erfinde eigene Aufgaben dazu.	Hat jemand einen anderen Vorschlag, wie man vorgehen könnte?
	Welches Vorgehen findet ihr am besten? Warum?

Tabelle 3.2: Fragen und Hinweise zur Lernbegleitung in Anlehnung an Pfister, Moser Opitz & Pauli (eingereicht)

Aneignungsniveaus bearbeitet werden kann, stellt somit eine Entlastungsmöglichkeit dar. Für die Unterrichtsvorbereitung und -planung bedeutet dies, dass zunächst eine fachliche und fachdidaktische Auseinandersetzung mit dem Lerngegenstand stattfinden muss, um differenzierte Lernangebote machen zu können. Nur auf dieser Grundlage können unterschiedliche Zielsetzungen bestimmt und Aufgaben auf verschiedenen Aneignungsniveaus gestellt werden. Auch die individuellen Lernvoraussetzungen können auf dieser Basis präziser formuliert werden. Zudem besteht so auch die Möglichkeit, durch den Einsatz von Arbeitsmitteln Differenzierungsmöglichkeiten anzubieten.

Inklusiver Mathematikunterricht muss einerseits offen sein: Offen für das Denken der Kinder, offen für unterschiedliche Vorgehensweisen und Lerntempi, offen bezüglich Organisation und Methodik, und er kann durchaus auch offen sein bezüglich der Auswahl der Lerninhalte. Andererseits ist Strukturierung notwendig. Diese kann durch die fachliche und fachdidaktisch begründete Auswahl von Lerninhalten und Arbeitsmitteln sowie durch eine geeignete Lernbegleitung erfolgen. Demnach ist die Aufgabe einer professionellen Lehrperson im inklusiven Mathematikunterricht, Offenheit und Strukturiertheit situativ und adaptiv in Planung und Durchführung immer wieder neu – je nach Gruppenzusammensetzung und Lerngegenstand – in ein passendes Verhältnis zu bringen.

Literatur

Bless, G. (2007). *Zur Wirksamkeit der Integration* (3. Auflage). Bern: Haupt.

Buholzer, A., & Tanner, S. (2012). Begabungsförderung im Unterricht. *Erziehung und Unterricht*, 162(5/6), 476–484.

Eckhart, M., Haeberlin, U., Sahli Lozano, C. & Blanc, P. (2011). *Langzeitwirkungen der schulischen Integration*. Bern: Haupt.

Garrote, A., Moser Opitz, E. & Ratz, C. (2015). Mathematische Kompetenzen von Schülerinnen und Schülern mit dem Förderschwerpunkt geistige Entwicklung: Eine Querschnittstudie. *Empirische Sonderpädagogik*, 4(1), 24–40.

Gelman, R. & Gallistel, C. R. (1978). *The child's understanding of number*. Cambridge: Harvard University Press.

Gersten, R., Chard, D. J., Jayanthi, M., Baker, S. K., Morphy, O. & Flojo, J. (2009). Mathematics instruction for students with learning disabilities: A meta-analysis of instructional components. *Review of Educational Research*, 79(3), 1202–1242.

Haeberlin, U., Bless, G., Moser U. & Klaghofer, R. (2003). *Die Integration von Lernbehinderten* (4. Auflage). Bern: Haupt.

Hartke, B. (2002). Offener Unterricht: ein überbewertetes Konzept? *Sonderpädagogik*, 32(3/4), 127–139.

Häsel-Weide, U., Nührenbörger, M., Moser Opitz, E. & Wittich, C. (2014). *Ablösung vom zählenden Rechnen. Fördereinheiten für heterogene Lerngruppen* (2. Auflage). Selze: Kallmeyer Klett.

Klafki, W. & Stöcker, H. (1985). Innere Differenzierung des Unterrichts. In W. Klafki, *Neue Studien zur Bildungstheorie und Didaktik. Beiträge zur kritisch-konstruktiven Didaktik* (S. 119–154). Weinheim: Beltz.

Krajewski, K. & Ennemoser, M. (2013). Entwicklung und Diagnostik der Zahl-Größen-Verknüpfung zwischen 3 und 8 Jahren. In M. Hasselhorn, A. Heinze & W. Schneider (Hrsg.), *Diagnostik mathematischer Kompetenzen* (S. 41–65). Göttingen: Hogrefe.

Krauthausen, G. & Scherer, P. (2007). *Einführung in die Mathematikdidaktik* (3. Auflage). Heidelberg: Spektrum Akademischer Verlag.

Krauthausen, G., & Scherer, P. (2014). *Natürliche Differenzierung im Mathematikunterricht. Konzepte und Praxisbeispiele aus der Grundschule.* Selze: Kallmeyer Klett.

Montague, M. (2011). Effective instruction in mathematics for students with learning difficulties. In C. Wyatt-Smith, J. Elkins & S. Gunn (Eds.), *Multiple perspectives on difficulties in learning literacy and numeracy* (S. 295–313). Dordrecht: Springer.

Moser Opitz, E. (2014). Inklusive Didaktik im Spannungsfeld von gemeinsamem Lernen und effektiver Förderung. Ein Forschungsüberblick und eine Analyse von didaktischen Konzeptionen für inklusiven Unterricht. *Jahrbuch für allgemeine Didaktik,* 4(3), 52–68.

Moser Opitz, E. (2013). *Rechenschwäche / Dyskalkulie. Theoretische Klärungen und empirische Studien an betroffenen Schülerinnen und Schülern* (2. Auflage). Bern: Haupt.

Müller Bösch, C. & Schaffner Menn, A. (2014). Individuelles Lernen in Kooperation am Gemeinsamen Gegenstand im inklusiven Unterricht. In R. Luder, A. Kunz & C. Müller Bösch (Hrsg.), *Inklusive Pädagogik und Didaktik* (S. 75–116). Zürich: Publikationsstelle der PHZH.

Müller, G. N. & Wittmann, E. Ch. (1984). *Der Mathematikunterricht in der Primarstufe* (3. Auflage). Braunschweig: Vieweg.

Padberg, F. (2007). *Einführung in die Mathematik I. Arithmetik.* Berlin: Springer.

Pauli, C., Reusser, K., Waldis, M. & Grob, U. (2003). „Erweiterte Lehr- und Lernformen" im Mathematikunterricht in der Deutschschweiz. *Unterrichtswissenschaft,* 31(4), 291–320.

Peschel, F. (2012). *Offener Unterricht. Idee – Realität – Perspektive und ein praxiserprobtes Konzept zur Diskussion. Teil 1: Allgemeindidaktische Überlegungen.* Baltmannsweiler: Schneider Verlag Hohengehren.

Pfister, M., Moser Opitz, E. & Pauli, C. (eingereicht). *Adaptive teaching practices in inclusive mathematics classrooms: A video study.*

Pool Maag, S. & Moser Opitz, E. (2014). Inklusiver Unterricht – grundsätzliche Fragen und Ergebnisse einer explorativen Studie. *Empirische Sonderpädagogik,* 6(2), 133–149.

Radatz, H., Schipper, W., Dröge, W. & Ebeling, A. (1996). *Handbuch für den Mathematikunterricht. 1. Schuljahr. Anregungen zur Unterrichtspraxis.* Hannover: Schroedel.

Ruijs, N. M. & Peetsma, T. T. (2009). Effects

of inclusion on students with and without special educational needs reviewed. *Educational Research Review*, 4, 67–79.

Scherer, P. & Moser Opitz, E. (2010). *Fördern im Mathematikunterricht der Primarstufe*. Heidelberg: Spektrum Akademischer Verlag.

Selter, C. (2006). Mathematik lernen in heterogenen Lerngruppen. In P. Hanke (Hrsg.), *Grundschule in Entwicklung. Herausforderungen und Perspektiven für die Grundschule heute* (S. 118–144). Münster: Waxmann.

Sermier Dessemontet, R., Benoit, V. & Bless, G. (2011). Schulische Integration von Kindern mit einer geistigen Behinderung – Untersuchung der Entwicklung der Schulleistungen und der adaptiven Fähigkeiten, der Wirkung auf die Lernentwicklung der Mitschüler sowie der Lehrereinstellungen zur Integration. *Empirische Sonderpädagogik*, 3(4), 291–307.

Stöckli, M., Moser Opitz, E., Pfister, M. & Reusser, L. (2014). Gezielt fördern, differenzieren und trotzdem gemeinsam lernen: Überlegungen zum inklusiven Mathematikunterricht. *Sonderpädagogische Förderung heute*, 59(1), 44–56.

van de Walle, J. (2007). *Elementary and middle school mathematics: Teaching developmentally* (4. Auflage). Boston: Pearson Education.

Vukovic, R. K. & Siegel, L. S. (2010). Academic and cognitive characteristic of persistent mathematics difficulty from first through fourth grade. *Learning Disabilities Research & Practice, 25*(1), 25–38.

Werner, B. & Drinhaus, M. (2012). Differenzieren ja – aber wie? Konzept und erste Befunde zur Beschreibung und Erfassung von Differenzierungskompetenzen bei Lehrkräften an Förderschulen. *Zeitschrift für Heilpädagogik*, 63(9), 375–380.

Wilkinson, I. A. G. & Townsend, M. A. R. (2000). From Rata to Rimu: Grouping for instruction in best practice New Zealand classrooms. *The Reading Teacher*, 53, 460–471.

Wittmann, E. Ch., & Müller, G. N. (2004). *Das Zahlenbuch 1. Lehrerband.* Leipzig: Klett.

4. Aufgabenformate für einen inklusiven Arithmetikunterricht

Uta Häsel-Weide & Marcus Nührenbörger

Der Inhaltsbereich *Zahlen und Operationen* ist bei Lehrerinnen und Lehrern in der Grundschule in der Regel sehr beliebt (Wielpütz 1999; vgl. auch den Beitrag von Korff in diesem Band). Im Gegensatz zu den Bereichen *Sachrechnen* oder *Geometrie* – deren Vermittlung komplexer erscheint und die bei Lernenden scheinbar verstärkt Schwierigkeiten verursachen (Sachrechnen) oder aber sehr materialintensiv sind (Geometrie) – ist der arithmetische Bereich aus Sicht der Lehrenden klar gegliedert: Zunächst werden die Lernenden mit Aufgaben im kleineren Zahlenraum konfrontiert, der über die Schuljahre hinweg ausgeweitet wird, sodass auch das Rechnen in den jeweiligen Zahlenräumen erst nach und nach an Komplexität gewinnt.

Im Zusammenhang mit der Öffnung des Mathematikunterrichts oder der Gestaltung von Lernsituationen in heterogenen Klassen wird der hierarchische Aufbau des Bereichs Arithmetik aber als problematisch angesehen. So neigen Lehrerinnen und Lehrer im jahrgangsgemischten wie auch im inklusiven Mathematikunterricht dazu, arithmetische Inhalte in Abteilungen oder aber ausschließlich individualisiert zu unterrichten (Korff 2015; Nührenbörger 2006). Gemeinsames Lernen im Arithmetikunterricht wird plötzlich zum Problem, wohingegen zu Inhalten des Sachrechnens und der Geometrie durchaus Lernszenarien entwickelt oder erdacht werden können, in denen Inhalte von allen Schülerinnen und Schülern gemeinsam erarbeitet werden. So weisen auch Ratz und Wittmann

(2011) mit Blick auf den Arithmetikunterricht darauf hin, dass das Fach Mathematik (insbesondere im Vergleich mit anderen Fächern) als streng hierarchisch gegliedert angesehen werde und Lehrerinnen und Lehrern den Blick auf Zugänge versperre, wie ein inklusiver Mathematikunterricht gestaltet werden könnte.

In diesem Beitrag werden wir uns mit solchen Zugängen beschäftigen und der Frage nachgehen, wie Aufgaben für den Arithmetikunterricht konzipiert werden müssen, damit zielgerichtetes, produktives Arbeiten für alle Kinder in einem inklusiven Unterricht möglich wird.

Lernprozesse im inklusiven Arithmetikunterricht

Der Arithmetikunterricht in der Grundschule ist grundsätzlich modular geprägt: Es gibt wesentliche Inhalte, die aufeinander aufbauen, die aber zugleich strukturell verknüpft sind. Grundlegende Zahl- und Operationsvorstellungen sind beispielsweise die Basis für verständnisvolles Rechnen, der Zwanzigerraum und das kleine Einspluseins Voraussetzungen für weiterführendes additives Rechnen im Hunderterraum sowie eine Grundlage für das Verstehen des Einmaleins. Die Einsicht in halbschriftliche Rechenstrategien erlaubt Zugänge zum Verständnis des schriftlichen Rechnens. Diese hierarchische Struktur ist durchzogen von arithmetischen Grundideen wie der Zahlenreihe, den Rechengesetzen, dem dekadischen System, den Rechenverfahren sowie den arithmetischen Mustern und Strukturen (Wittmann 1995). Letztere stellen das fachliche Grundkonzept für den Mathematikunterricht dar. In den Bildungsstandards werden *Muster und Strukturen* als eigenständige inhaltsbezogene Kompetenz betont, die mit dem Bereich der Arithmetik verknüpft sind (Walther, Selter & Neubrand 2007). Insofern besteht der Kern des Arithmetikunterrichts aus Mustern und Strukturen, die weniger vorgegeben, sondern von den Lernenden aktiv entdeckt werden.

Diese grundsätzliche Annahme zum Mathematiklernen wird allerdings eingeschränkt gesehen, wenn es um Lernende mit Lernschwierigkeiten oder spezifischen Förderbedarfen geht. „Während Eigentätigkeit und allgemein die Förderung zur Selbstständigkeit für viele Lehrpersonen ein wichtiges Unterrichtsprinzip darstellen, kehren sie bei auftretenden Lernschwierigkeiten dennoch zu tradierten Prinzipien zurück. In wohlgemeinter Absicht wird Hilfe […] in bedenkenswerter Form [eingesetzt], indem zu viel geholfen wird und Anforderungen eher vermieden werden, mit langfristigen negativen Konsequenzen" (Scherer 2007, S. 78).

Im inklusiven Arithmetikunterricht besteht somit die Gefahr, dass einzelne Kinder nicht zeitgleich mit anderen Kindern aktiv entdeckend lernen, sondern stattdessen parallel dazu an pränumerischen Inhalten arbeiten, mit Materialien handeln oder reproduktive Übungen zur Nachahmung von Rechenprozeduren und -teilschritten durchführen. Die Aktivitäten der Kinder werden somit beschränkt auf den konkreten Umgang mit Objekten oder auf das rezeptartige Lösen von Aufgaben, ohne dabei entsprechende mathematische Zusammenhänge mit in den Blick zu nehmen.

Natürlich können nicht alle Lernenden zur selben Zeit ein ähnliches Maß an arithmetischem Erkenntnisgewinn erzielen und auch nicht alle Lernenden können in ähnlicher Tiefe arithmetische Zusammenhänge erläutern und begründen. Dies bedeutet aber nicht, dass sie auf unterschiedliche Weise Mathematik lernen: „Lernende mit mathematischen Schwierigkeiten [benötigen] keinen prinzipiell anderen Zugang zum Fach und [unterscheiden] sich in ihrem Lernverhalten qualitativ nicht von ihren Mitschülerinnen und -schülern" (Hußmann, Nührenbörger, Prediger, Selter & Drüke-Noe 2014, S. 2). Forschungsergebnisse belegen, dass auch Kinder mit Förderbedarf im Lernen von einem Unterricht profitieren, der Mathematiklernen als konstruktiven, entdeckenden Prozess versteht und organisiert (Moser Opitz 2008; Scherer 1995). Auch Schülerinnen und Schüler mit Förderbedarf in der geistigen Entwicklung können, wie Ratz (2009) bzw. Ratz und Wittmann (2011) am Beispiel von Denkspielen herausstellen, eigenständige Entdeckungen zu mathematischen Phänomenen machen.

Folglich ist ein kleinschrittiges oder gar hierarchisch linear angelegtes Erlernen des Stoffes unter Isolierung von Schwierigkeiten für den inklusiven Arithmetikunterricht unpassend. Dies würde viele Lernmöglichkeiten außer Acht lassen:

- das aktiv-entdeckende, ganzheitliche (Er-)Finden von Rechen- und Lösungswegen im sozialen Austausch,

- das Deuten von strukturellen Zusammenhängen in symbolisch notierten, bildlich repräsentierten oder materiell dargestellten Objekten sowie

- deren Beschreibungen und Begründungen.

Gleichwohl werden einzelne Kinder gezielte Unterstützung bei der Arbeitsorganisation, beim Lesen der Aufgabenstellung oder beim Darstellen von Ideen benötigen, sodass sie überhaupt in die Lage versetzt werden, die mathematische Entdeckung zu machen oder festzuhalten.

Handlungsleitende, offene und auf Entdeckungen und Beziehungen ausgerichtete Aufgaben ermöglichen zudem eher diagnostische Erkenntnisse über die individuelle Lernstandsentwicklung der Kinder. Besondere Bedeutung kommt also der Lehrkraft zu: Sie hat die mathematischen Bearbeitungsformen aller Kinder im inklusiven Unterricht so zu analysieren, dass sie diagnostische und zugleich mit Blick auf die weitere Förderung handlungsleitende Erkenntnisse über besondere, individuelle Kompetenzen und Schwierigkeiten sowie über den Bedarf an zusätzlicher Unterstützung gewinnen kann (Häsel-Weide & Nührenbörger 2013a, S. 11).

Wenn also die kindliche Leistung nicht allein im Vergleich mit den anderen Kindern gesehen wird, sondern gerade vor dem Hintergrund des Spektrums an mathematischen Lösungsmöglichkeiten, Denkweisen und der persönlichen Entwicklung, wird die Grundlage für adaptive Förderprozesse geschaffen. Die Kompetenzen der Kinder auf ihrer jeweiligen Entwicklungsstufe zu beachten ist gerade auch aus inklusionspädagogischer Perspektive besonders wichtig.

Lernsituationen im inklusiven Arithmetikunterricht

Wenn Lernende in einer Klasse am gleichen arithmetischen Gegenstand arbeiten und aktiventdeckend Gelegenheiten finden, sich den Inhalten handlungs- und materialbezogen oder auf symbolischer Ebene zu nähern, realisieren sich inklusive Lernsituationen zwischen Kindern auf unterschiedliche Weise. Idealtypisch können nach Wocken (1998) drei verschiedene Lernsituationen beschrieben werden:

Koexistente Lernsituationen sind davon geprägt, dass die einzelnen Kinder eher für sich allein arithmetisches Wissen erwerben. Sie arbeiten im Grunde zieldifferent an abgestimmten arithmetischen Inhalten, die ihnen im Rahmen von individuell ausgerichteten Handlungsplänen an die Hand gegeben werden. Die Kinder nehmen sich im Klassenverband also in Koexistenz zueinander wahr, ohne auf inhaltlicher oder sozialer Ebene miteinander in Beziehung zu treten. Individualisierung und innere Differenzierung beruhen zum großen Teil auf dieser Art der Unterrichtsorganisation.

In *subsidiären Lernsituationen* steht der unterstützende Charakter des gemeinsamen Lernens im Vordergrund. Fachliche Hilfe kann kurzfristig und informell (z. B. zur Klärung des Arbeitsauftrags) oder längerfristig und formell gestaltet sein (z. B. durch Experten- oder Helferkinder). Die Lernenden agieren folglich in den jeweils getrennten Rollen als „Expertenkinder" bzw. „Novizen" miteinander und tauschen sich gemeinsam über denselben Inhalt aus. Sie verfolgen dabei nicht nur unterschiedliche soziale Ziele, sondern vor allem auch eigene fachliche Ziele. So geht es bei dem einen Kind um die Fähigkeit, anderen inhaltlich zuzuhören oder eigene Ideen adressatengerecht zu verbalisieren, während das andere einen Zugang zur Bearbeitung der Aufgabe erhalten soll.

In *kooperativen Lernsituationen* sind die Kinder gemeinsam auf inhaltlicher Ebene aktiv. Die kooperativ zu lösenden arithmetischen Inhalte und Prozesse stehen in einem verbindlichen Zusammenhang. Die gemeinsame Arbeit an einer arithmetischen Aufgabenstellung impliziert allerdings nicht, dass die Kinder zielgleich unterrichtet werden. Vielmehr bewegen sich die kooperativen Aktivitäten auf differenten Ebenen der inhaltlichen Annäherung an den gemeinsamen arithmetischen Lerngegenstand (Transchel 2014). In „ihrer höchsten Form wird kooperatives gemeinsames Lernen dann erreicht, wenn die Handlungsziele der Beteiligten sich weitestgehend angenähert haben oder gar ein gemeinsames Ziel angestrebt wird" (Wocken 1998, S. 49). Als kooperative Lernsituationen gelten auch Unterrichtsszenarien, in denen beispielsweise Lernende verteilte Rollen in Projektphasen erhalten oder aber gemeinsam Lernspiele durchführen (vgl. auch Pijls, Dekker & van Hout-Wolters 2007; Tarim & Akdenzi 2008; Yackel, Cobb & Wood 1993).

Die drei Lernsituationen variieren nicht nur von Stunde zur Stunde, sondern auch innerhalb einer Unterrichtsstunde. So ist es denkbar, dass die Lernenden im Sinne der natürlichen Differenzierung (Krauthausen & Scherer 2014; Wittmann 2010) koexistent oder informell subsidiär auf unterschiedlichen Niveauebenen arithmetische Aufgabenformate bearbeiten und eigene Produkte entwerfen.

In einer solchen Lernsituation agieren sie nebeneinander, während sie sich in einer anderen Arbeitsphase auf kommunikativkooperative Weise ihre Arbeitsprodukte und -prozesse gegenseitig vorstellen. Das gemeinsame Ziel bezieht sich letztlich auf den gemeinsamen Gegenstand, weist aber zieldifferente Ausprägungen auf. In diesem Sinne arbeiten die Lernenden an einer gemeinsamen Sache, ohne dass dabei jeder dasselbe zu leisten hat (Feuser 1995).

Die Forderung nach Kooperation und Kommunikation ist aus fachlichen Gründen von zentraler Bedeutung. Denn der Erwerb arithmetischen Wissens ruht fundamental auf dem Austausch miteinander: im Gespräch über Vorgehensweisen und Vorstellungen, bei der Klärung der eigenen Ansichten im Gegenüber und durch die Anregungen der anderen Kinder (Steinbring & Nührenbörger 2010). Freudenthal (1974, S. 166) weist darauf hin, dass insbesondere der Austausch über verschiedene Verständnisstufen bei der gemeinsamen Arbeit mathematische Lernprozesse auslösen kann: Die leistungsschwächeren Schülerinnen und Schüler können sich an den anderen Kindern orientieren, während die leistungsstärkeren durch den reflexiven Blick auf die „niedrigere" Stufe neue Einsichten erhalten. Auch wenn sich Freudenthal (1974) auf die Heterogenität einer „Middenschool", also einer Regelschulklasse der Sekundarstufe in den Niederlanden, bezieht, können aus den fachdidaktischen Ansätzen des produktiven Lernens in der Begegnung von Kindern auf unterschiedlichen Stufen auch für die Grundschule entsprechend positive und produktive Auswirkungen des gemeinsamen Lernens übernommen werden.

Die Lernmöglichkeiten eines jeden Kindes werden durch das Arbeiten am gemeinsamen Gegenstand nicht nivelliert. Vielmehr werden die Schülerinnen und Schüler am gemeinsamen Gegenstand individuell gefördert. „Offenheit und Komplexität sollten dabei für das Verständnis nicht erschwerend, sondern hilfreich sein, da in ganzheitlichen Zusammenhängen mehr Bedeutung und damit mehr Anknüpfungspunkte für individuelle Lösungswege enthalten sind als in isolierten Teilaufgaben" (Scherer 2015, S. 270).

Die Gestaltung eines inklusiven Arithmetikunterrichts wirft folglich besondere Fragen über die Auswahl der Inhalte und das Design der Aufgabenstellungen auf:

- Welche arithmetischen Inhalte sind für welche Kinder von zentraler Bedeutung und inwiefern sind diese für die Kinder vom Fach aus zugänglich?

- Welche Aufgaben bieten das Potential, dass alle Kinder arithmetische Zusammenhänge nicht allein oberflächlich erfahren, sondern bewusst erkennen, nutzen, beschreiben und auch begründen können?

- Welche Aufgaben sind geeignet, den Ansprüchen an inklusives Lernen nach Gemeinsamkeit und Individualisierung nachzukommen?

- Welche Zugänge können allen Kindern in ihrer Verschiedenheit geboten werden, sodass sie eigenständig arithmetische Ideen entwickeln und mit anderen austauschen können?

Inhalte eines inklusiven Arithmetikunterrichts

Die bedeutsamen Inhalte eines inklusiven Arithmetikunterrichts sind deutlich abzugrenzen von basalen Fähigkeiten wie der visuellen und auditiven Wahrnehmung, der visuomotorischen Koordination, der Raumorientierung und Seriation sowie der Sprache und der emotionalen Aspekte. Diese allgemeinen Fähigkeiten beeinflussen zwar den mathematischen Lernprozess, sind allerdings für sich allein genommen nicht grundlegend für den Aufbau arithmetischen Wissens im inklusiven Arithmetikunterricht. Eine Förderung sollte deshalb immer an den arithmetischen Inhalten selbst erfolgen und nicht an vermeintlichen Lernvoraussetzungen der Schülerinnen und Schüler ansetzen (Wember 2007).

Relevant sind Inhalte, die durch die Grundideen der Arithmetik eingerahmt werden. Diese sind „die zentralen Ankerpunkte, um die herum sich das herkömmliche mathematische Wissen und Können erst systematisieren kann. Sie sind unbedingt notwendige Verstehenselemente" (Meyerhöfer 2011, S. 411). Zu nennen sind vor allem das Zahlverständnis in unterschiedlichen Zahlenräumen, das dekadische Verständnis und die Einsichten in grundlegende Operationen und operative Zusammenhänge (vgl. Häsel-Weide, Nührenbörger, Moser Opitz & Wittich 2014; Scherer & Moser Opitz 2010; Selter, Prediger, Nührenbörger & Hußmann 2014).

Während einzelne Kinder die Inhalte im Laufe der Schulzeit weiter vertiefen, benötigen andere mehr Unterstützung, da sich die Basisinhalte für sie als kritische Stellen der mathematischen Lernentwicklung erweisen

(Häsel-Weide & Nührenbörger 2013b). Die Beachtung der besonders kritischen Stellen ermöglicht der Lehrkraft, die individuelle Arbeit des Kindes an den bedeutsamen Inhalten gezielt zu begleiten. So können langfristige und schwerwiegende Schwierigkeiten in der mathematischen Lernentwicklung von vornherein weitgehend vermieden bzw. kompensiert werden. Gleichwohl ist eine geeignete Fokussierung auf die Basisinhalte allein nicht ausreichend für den inklusiven Arithmetikunterricht. Bedeutsam ist ebenfalls, dass den Lernenden ein individuell-adäquater Zugang zum Verstehen der Inhalte, zur aktiven Auseinandersetzung mit den Inhalten und zum sozialen Austausch mit anderen über die eigenen Erkenntnisse angeboten wird. Es ist unverzichtbar, dass allen Lernenden zugetraut wird, die Bedeutungen im System der Beziehungen zwischen den Zahlen und Operationen innerhalb der Zahlenwelt zu erkunden und zu erkennen. „Eine wichtige Aufgabe des Mathematikunterrichts in der Grundschule besteht darin, die begrenzte und auf empirischen Vorstellungen basierende Verständnisgrundlage der Schülerinnen und Schüler auszuweiten, sie angemessen zu gestalten und weiterzuentwickeln. Die Einschränkung auf das mitgebrachte Vorverständnis der Kinder muss in jedem Falle vermieden und überwunden werden" (Steinbring 1999, S. 11).

Beispiel 1: „Stellenwerte verstehen"

Das Verständnis dekadischer Strukturen ist langfristig die Voraussetzung, um grundlegende Zahlvorstellungen aufzubauen, zielgerichtet halbschriftliche Strategien anzuwenden, schriftliche Rechenprozeduren nachzuvollziehen und Dezimalzahlen im Kontext von Größen zu nutzen (z. B. Scherer & Moser Opitz 2010). Gerade für Kinder mit Schwierigkeiten beim Mathematiklernen sind Erkenntnisse über die Beziehungen zwischen Stellenwerten eine inhaltliche Stütze, um sich von auswendiggelernten, schematischen und fehleranfälligen Vorgehensweisen zu lösen und das Wissen um die mathematikeigenen Strukturen für selbstständiges und aktiventdeckendes Lernen nutzen zu können (Mosandl & Nührenbörger 2014). Dazu sind materialintensive Zähl- und Bündelungsaktivitäten wichtig (z. B. „Zähle 100 Kapla-Steine ab und stelle sie so dar, dass andere die Anzahl schnell kontrollieren können." Siehe Abb. 4.1). Die Lernenden können sich gegenseitig beim Abzählen in Einerschritten bis 5 oder bis 10 bzw. in Zehnerschritten bis 100 unterstützen.

Beim Umgang mit dekadisch strukturierten Punktefeldern oder dem Dienes-Material ist es wichtig, Anlässe zu schaffen, sodass Kinder nicht allein die Stellenwerte Einer,

Abb. 4.1: Offene kooperative Aufgabenstellung zu: „Stellt 100 Kaplasteine aus."

Zehner und Hunderter sowie Tausender als eigenständige Objekte erfassen, sondern die Beziehungen zwischen den Stellenwerten (die wiederholte Multiplikation mit bzw. Division durch 10).

Um dekadische Erkenntnisse zu gewinnen und auszubauen, ist es wichtig, ikonische

Darstellungen oder enaktive Handlungen mit abstrakt-symbolischen zu verknüpfen. Selter et al. (2014) schlagen diverse Übungen vor, die in diesem Sinne zu aktiven Entdeckungen des Ent- und Umbündelns in diskursiven Kontexten mit anderen Lernenden herausfordern (vgl. Abb. 4.2).

Bei der Inszenierung eines inklusiven Arithmetikunterrichts bleibt gleichwohl die Frage offen, wie nicht allein für Fördersitzungen, sondern auch für den Klassenverbund Aufgabenstellungen konzipiert werden können, die die modular verknüpften Inhalte verstehensorientiert und zugleich auch kommunikativ ansprechen.

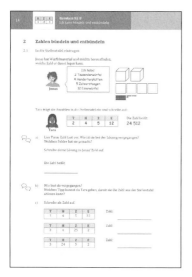

Abb. 4.2: Zahlen bündeln und entbündeln (Selter et al. 2014, S. 14)

Aufgabenformate im inklusiven Arithmetikunterricht

Mathematikunterricht ist zentral von geeigneten Lernangeboten getragen, die im Kern auf „substantiellen Aufgabenformaten" basieren. Zu einem Aufgabenformat können flexible, große Aufgaben gehören, die in der Regel aus

mehreren aufeinander bezogenen, konkreten Aufgabenstellungen und Arbeitsanweisungen bestehen und die durch eine innermathematische oder sachbezogene Struktur verbunden sind (vgl. Hengartner, Hirt & Wälti 2006; Hirt & Wälti 2008; Nührenbörger & Pust 2011; Wittmann 1995; Wittmann & Müller 1990):

- Aufgabenformate repräsentieren zentrale Ziele, Inhalte und Prinzipien des Mathematikunterrichts.

- Sie bieten reichhaltige Möglichkeiten für mathematische Aktivitäten, sodass die mathematischen Tätigkeiten und Erkenntnisprozesse auf unterschiedlichen Ebenen aus der aktiven und produktiven Auseinandersetzung mit den Aufgaben erwachsen.

- Sie können im Sinne der natürlichen Differenzierung (Wittmann 2010) zum Erkunden, Darstellen und Erörtern mathematischer Zusammenhänge genutzt werden und bieten zugleich Raum für sozial-interaktive Auseinandersetzungen der Kinder untereinander.

- Sie sind flexibel und können an individuelle Gegebenheiten angepasst werden, sodass individuelle Entwicklungs- und Lernverläufe realisiert werden.

Diese Kriterien vom Fach aus gelten auch für den inklusiven Arithmetikunterricht (vgl. Häsel-Weide & Nührenbörger 2013c; Scherer 2015). Denn sie gehen von heterogenen Annäherungen an den Stoff aus. Die Aufgabenformate bieten Kindern mit ganz unterschiedlichen Kompetenzen vielfältige Lernmöglichkeiten auf unterschiedlichem, aber mathematisch redlichem Niveau.

Beispiel 2: „Zahlenmauern"

„Zahlenmauern" sind sicherlich eines der bekanntesten substantiellen Aufgabenformate, die in der Grundschule umgesetzt werden (vgl. hierzu vor allem Wittmann & Müller 2012). Die Grundregel lautet, dass benachbarte Zahlen miteinander addiert werden und deren Summe im „Stein" oberhalb der beiden Ausgangssteine notiert wird. Die Anzahl der Grundsteine gibt zugleich die Höhe und somit auch die Anzahl der Stufen und der Aufgaben vor. Zu den Zahlenmauern existieren unterschiedliche operativ- und problemstrukturierte Übungen, die in verschiedenen Klassenstufen immanent und reflexiv bearbeitet werden können (vgl. z.B. Hengartner et al. 2006; Wittmann & Müller 1990; Krauthausen 1995; Scherer 1997). Im Kern geht es immer wieder um strukturelle Erkundungen der Beziehungen zwischen den verschiedenen Steinen in der Mauer – insbesondere zwischen dem Deckstein und den Grundsteinen: Beispielsweise lässt sich der Deckstein bei einer dreistöckigen Mauer als Summe der beiden äußeren Grundsteine und der Verdopplung des mittleren Grundsteins beschreiben (siehe Abb. 4.3).

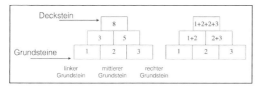

Abb. 4.3: Zahlenmauern

Im Erkundungsfokus von Grundschulkindern liegen beispielgebundene, latent verallgemeinerbare Beweise und Erklärungen der Beziehungen zwischen Grundsteinen und Deckstein. Im inklusiven Arithmetikunterricht können aber womöglich nicht

alle Lernenden entsprechende strukturelle Überlegungen anstellen und diesbezügliche Erkenntnisse gewinnen. Inklusiver Arithmetikunterricht bedeutet nun aber nicht, dass den Kindern operative Übungen mit systematischen Veränderungen einzelner Steine vorbehalten werden – stattdessen sind vorab Fragen zu klären, wie z.B.:

- Was ist an dem Aufgabenformat das für alle Kinder „fachlich Gemeinsame"?

- Welche Bearbeitungsniveaus sind der Sache zugänglich?

- Inwiefern können die bekannten Aufgabenstellungen in der vorliegenden oder aber in erweiterten Konstellationen einen gemeinsamen Gegenstand für die verschiedenen Lernenden darstellen?

- Inwiefern wird die Vielfalt der Gruppe durch Differenzierungsmaßnahmen aus der Sache heraus berücksichtigt und inwiefern können diese Maßnahmen methodisch gestützt werden?

Eine Reflexion der Chancen und Grenzen des Einsatzes substantieller Aufgabenformate muss daher genau in den Blick nehmen, welche Kompetenzen notwendigerweise zur Bearbeitung der Aufgaben erforderlich sind, welche Anforderungen an das Aufgabenverständnis und das selbstständige Arbeiten gestellt werden und welche Spanne in der Aufgabenbearbeitung tatsächlich möglich ist.

Im inklusiven Arithmetikunterricht ist ein Aufgabenformat möglichst so zu strukturieren, dass stoffliche Barrieren für Lernende vermieden werden und alle einen Zugang zur Aufgabenstellung erhalten; das heißt zum Beispiel, dass

- der Zahlenraum im Einstieg klein gehalten wird,

- einige wesentliche Begriffe zur Beschreibung der Zahlen im Aufgabenformat sowie die Grundregeln transparent festgehalten werden,

- zwei- und dreistöckige Mauern parallel angeboten werden sowie

- Eigenproduktionen zugelassen werden (u. a. mit Hilfe von selbstgewählten oder auch vorgegebenen Zahlenkarten oder Plättchenmengen).

Betrachten wir eine typische Aufgabenstellung im Anfangsunterricht: Es sollen verschiedene dreistöckige Zahlenmauern zu einem vorgegebenen Deckstein gefunden werden (Abb. 4.4).

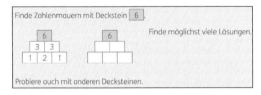

Abb. 4.4: Problemstrukturierte Aufgaben zu Zahlenmauern (Wittmann & Müller 2012, S. 91)

Im inklusiven Arithmetikunterricht könnten nun manche Kinder auch zweistöckige Zahlenmauern zum Deckstein finden (also additive 2er-Zerlegungen konstruieren), die zugleich für andere Kinder einen Anstoß darstellen können, weitere Zerlegungen zu finden. In einer gemeinsamen Reflexion können somit verschiedene Lösungen zusammengetragen und Zahlbeziehungen zwischen Zahlenmauern näher untersucht werden (Abb. 4.5). [1]

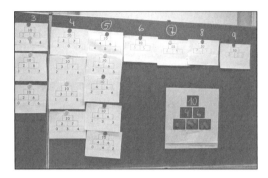

Abb. 4.5: Gemeinsame Reflexion von (zwei- und dreistöckigen) Zahlenmauern zum Deckstein 10

Hier muss kritisch diskutiert werden, welche Möglichkeiten von Interaktion und Kooperation sich tatsächlich ergeben. Es macht einen großen Unterschied, ob die Aufgabenstellung von allen Kinder individuell bearbeitet und in der Reflexion thematisiert wird oder ob die Aufgabenstellung als Partnerarbeit gestellt wird (und worin dann genau die Kooperation besteht) oder ob der Phase der individuellen Bearbeitung eine interaktive Phase folgt, in der die Kinder in einer Rechenkonferenz ihre Beobachtungen austauschen sollen.

Die Flexibilität von arithmetischen Aufgabenformaten für den inklusiven Unterricht

Blickt man auf die Schülerschaft im inklusiven Mathematikunterricht, so unterscheiden sich die Kinder in Bezug auf ihre Leistungsniveaus – und dies in der Regel verstärkt gegenüber nicht-inklusiven Klassen. Kinder mit

[1]   Es sei an dieser Stelle den Kolleginnen Otremba und Wember von der Wartburg-Grundschule Münster gedankt, die im Rahmen eines DZLM-Projekts zu professionellen Lerngemeinschaften im inklusiven Mathematikunterricht die Unterrichtsstunden zu Kapla-Steinen und Zahlenmauern entworfen haben.

gravierenden Schwächen beim (Mathematik) Lernen finden sich in vielen Klassen, ebenso wie Kinder mit Schwächen in der Sprache oder im emotionalen Befinden – also Kinder mit Lern- und Entwicklungsstörungen. Sie machen die größte Gruppe der Kinder mit möglichem Unterstützungsbedarf aus und werden aktuell bereits zu einem großen Anteil inklusiv beschult (Klemm 2013). Wember (2013) beschreibt daher verschiedene Erweiterungs- und Unterstützungsstufen, um Unterricht qualitativ differenziert zu betrachten, sodass Lernende mit unterschiedlichen Ansprüchen und Kompetenzen Zugänge zum Lerngegenstand erhalten. Hiermit sind aber nicht nur mehr oder gar andere Aufgaben für lernschwächere Kinder gemeint. Es geht auch nicht um eine erweiterte qualitative Differenzierung nach verschiedenen Lernstufen, sondern um Aufgaben, die ganzheitlich auf das aktive, vielfältig mögliche Erkennen arithmetischer Zusammenhänge im Basisstoff abzielen. Dazu sind (1) unterschiedliche Bearbeitungsniveaus, die auch elementare Handlungen mit und an didaktischen Materialien aufgreifen sowie bildliche und formale Darstellungen, welche die zentrale mathematische Struktur abbilden, ebenso wichtig wie (2) spezifische Unterstützungen und Erläuterungen durch die Lehrperson.

Unterschiedliche Bearbeitungsniveaus: Kinder mit Förderbedarf im Lernen oder in der geistigen Entwicklung benötigen materielle Zugänge des „Legens" von beispielsweise konkreten Wendeplättchen, ohne dass aber auf die Anforderung, mit den Handlungen die mathematischen Zusammenhänge zu „überlegen", verzichtet wird (Wittmann 1994). In diesem Sinne gilt es, unterschiedliche Repräsentati-

onsebenen und deren Beziehung zueinander zu berücksichtigen.

Es ist aber nicht davon auszugehen, dass die Kinder problemlos mathematische Erkenntnisse in der einen Repräsentationsform auch in einer anderen sehen können, dass sie sozusagen zwischen den Ebenen hin und her übersetzen können (Kuhnke 2013). Gerster und Schultz (2000) machen beispielsweise darauf aufmerksam, dass es für Kinder einen großen Unterschied bedeuten kann, in welcher Darstellungsform ihnen Aufgabenstellungen begegnen. Operationen wie $5 - 3$ können konkret mit Alltagsmaterial durchgeführt werden, ein anderes Mal auch mit Münzen oder Plättchen, wieder ein anderes Mal auf der zeichnerischen Ebene mittels durchzustreichender „Tassen" oder „Kreise" auf dem 10er-Feld. Um gedankliche Verbindungen zwischen den einzelnen Repräsentationsebenen und auch zwischen den unterschiedlichen Repräsentationen auf einer Ebene herzustellen, ist es wesentlich, dass die Lernenden Gelegenheit bekommen, die Handlungen sprachlich zu begleiten, um die in den Handlungen oder Bildern ausgedrückten mathematischen Zusammenhänge verbal auszutauschen und weiterzuentwickeln. Die Versprachlichung kann neben der Bewusstmachung mathematischer Strukturen auch zur unterrichtsintegrierten Sprachförderung genutzt werden (Schröder, Möller & Ritterfeld 2015). Es sollte darauf geachtet werden, dass das mathematische Verstehen im Vordergrund steht und trotz des notwendig zu erlernenden Repräsentationswechsels jede neue Darstellung immer auch ein neuer Lernstoff ist (Wittmann 1993).

Spezifische Unterstützungen und Erläuterungen: Bei der Formulierung von Aufgabenstellungen sollte auf wesentliche mediale und organisatorische Unterstützungsmaßnahmen geachtet werden (Klafki & Stöcker 1976), die Kindern mit Lernschwierigkeiten den Zugang zur Aufgabenstellung ermöglichen und auch für alle anderen hilfreich sind, wenn auch vielleicht nicht zwangsläufig notwendig sein müssen:

- Reizreduzierung im Klassenraum, um Ablenkungen zu vermeiden,

- kurze, klare Struktur der Aufgabenstellung, um zielgerichtetes Arbeiten zu stützen,

- Visualisierung der Phasen und Arbeitsschritte, um die Gedächtniskapazität für das Verstehen der Aufgabenstellung und der Bearbeitungsfolge zu entlasten und zugleich für die Arbeit am Inhalt zu unterstützen,

- sprachlich aktivierende Aufgabenstellungen bzw. methodische Umsetzungen, um sprachfördernde Maßnahmen zu ermöglichen,

- niedrige Zugangsschwelle zur Aufgabenstellung, um frühe Frustrationserlebnisse zu vermeiden.

Weitere mediale oder organisatorische Unterstützungsmaßnahmen für Kinder mit Beeinträchtigungen im Hören, Sehen oder der motorischen Entwicklung (wie z. B. größere Schrift, gut greifbares Material oder auditive Arbeitsanweisungen) sollten in Zusammenarbeit mit der sonderpädagogischen Lehrkraft individuell auf das Kind abgestimmt werden (vgl. z. B. Leuders 2014), um letztlich gemeinsames und individuelles Lernen zu ermöglichen.

Beispiel 3: „Plättchen werfen"

Die im Anfangsunterricht häufig eingesetzte Aufgabenstellung „Plättchen werfen" kann so aufbereitet werden, dass lernschwächere Kinder die geworfenen Plättchen auf die Vorlagen des Arbeitsblattes legen und sortieren können, um die jeweilige Anzahl besser zu bestimmen (Abb. 4.6).

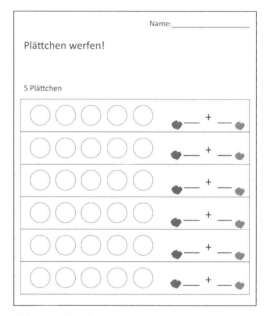

Abb. 4.6: „Plättchen werfen" medial adaptiert

Die farbliche Unterlegung der Summanden ist zudem eine Unterstützung, wenn die Kinder noch Schwierigkeiten haben, die symbolische Zerlegungsaufgabe zu deuten.

Der mathematische Kern der Aufgabe, also die Erkenntnis, dass eine Anzahl auf unterschiedliche Weise in Teilmengen zerlegt werden kann und dabei die Gesamtanzahl konstant bleibt (Konstanz der Summe), bleibt für alle Kinder als zentraler Inhalt erhalten. Auch kann die Aufgabe so gestellt werden, dass erste Erfahrungen zur Häufigkeit beim Werfen der Plättchen gemacht werden.

Die medialen und organisatorischen Unterstützungsmaßnahmen können somit dazu führen, dass mehr Aufgaben gemäß der natürlichen Differenzierung von allen Kindern bearbeitet werden können. Um das Spektrum des gemeinsamen Lernens zu erweitern und auch die Kooperation der Kinder zu strukturieren, können Aufgaben genutzt werden, die gemäß ihrer Inhalte parallelisiert sind (Häsel-Weide et al. 2014; Nührenbörger & Pust 2011).

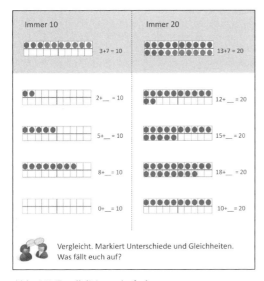

Abb. 4.7: Parallelisierte Aufgaben

Wird im ersten Schuljahr die Ergänzung zu 10 und zu 20 erarbeitet (Abb. 4.7), kann die Parallelisierung zum einen zur Differenzierung eingesetzt werden – evtl. begleitet von weiteren medialen Unterstützungsmaßnahmen wie z. B. konkretes Zwanzigerfeld und Wendeplättchen. Gleichzeitig können durch die parallele Aufgabenstellung vertiefte Einsichten in die Struktur des Dezimalsystems gewonnen werden, indem Kinder die Aufgabenstellungen miteinander vergleichen und Gemeinsamkeiten und Unterschiede herausarbeiten. Der mathematische Kern offenbart

sich gerade in diesem Vergleich und gibt im Sinne des Spiralprinzips den leistungsschwächeren Kindern die Möglichkeit, die Zone ihrer aktuellen Entwicklung zu überschreiten, während leistungsstärkere Kinder durch den Rückbezug die Inhalte „vom höheren Standpunkt" her reflektieren können (Nührenbörger 2009). Dazu sind die Bearbeitungen auf unterschiedlichen Niveaus notwendig und erhalten so eine positive Konnotation – auch in den Augen der Kinder. Beide Dokumente sind für einen Austausch über Gemeinsamkeiten und Unterschiede notwendig.

Fazit

Eine vom Fach und vom Kind aus natürliche Differenzierung bietet viele Möglichkeiten, mit unterschiedlichen Zugängen und Ideen an einer gemeinsamen Aufgabenstellung zu arbeiten. Wenn arithmetische Aufgabenformate (nicht nur) im inklusiven Unterricht so aufbereitet werden, dass die Zugänglichkeit erhöht, der fachliche Anspruch aber beibehalten wird, ergeben sich sinnstiftende Begegnungen zwischen den Kindern, die Gespräche aus dem Fach heraus über das Fach eröffnen – also kooperatives und kommunikatives Lernen initiieren.

Gleichwohl zeigt sich in der inklusiven Unterrichtspraxis, dass die geforderte niedrige Einstiegschwelle bei Aufgabenformaten mit Blick auf Kinder mit massiven Lernschwierigkeiten und zieldifferenter Beschulung nicht immer ausreichen wird. Dies bedeutet aber nicht, dass substantielle Aufgaben für den inklusiven Mathematikunterricht nicht geeignet wären – das Gegenteil ist der Fall: Die Kinder benötigen substantielle Aufgabenformate, um beziehungsreich und verstehensorientiert lernen zu können (vgl. hierzu Häsel-Weide & Nührenbörger 2012; Nührenbörger 2014; Hußmann et al. 2014).

Lehrerinnen und Lehrer müssen aber die besonderen Chancen und Grenzen bzw. die fachlichen Anforderungen des Aufgabenformats klar erkennen. So legt der gewählte Zahlenraum bei operativ- oder problemstrukturierten Aufgabenstellungen eine Untergrenze an notwendigen Kompetenzen zur Bearbeitung der Aufgaben vorab fest – anders als z. B. offene Aufgaben mit Eigenproduktionen.

Letztlich ist inklusiver Arithmetikunterricht immer geprägt von dem Spannungsfeld zwischen individuellem und gemeinsamem Lernen: Die Kinder verfolgen differente Ziele, die zugleich auf einen gemeinsamen Gegenstand ausgerichtet sind. Mit Blick auf die Planung von Unterricht ist daher sorgsam zu überlegen, inwiefern die Lernenden an einem gemeinsamen Gegenstand zieldifferent lernen können und sollen.

Der Begriff der Zieldifferenz (konträr zur traditionellen Ansicht des zielgleichen Unterrichts) weist also auf die Bedeutung unterschiedlicher Lernvoraussetzungen und -zugänge hin. Er sorgt sozusagen dafür, dass sich die Lehrenden im Sinne der „egalitären Differenz" (Prengel 2001) bewusst werden, den Unterricht heterogen zu organisieren, und nicht von gleichen Zielsetzungen ausgehen.

Wird aber „zieldifferentes Lernen" als ausschließlich individualisiertes Lernen an verschiedenen Lernangeboten missverstanden, besteht die Gefahr, dass über eine einseitige Ausrichtung an zieldifferentem Lernen der gemeinsame Gegenstand und das sozial eingebundene fachliche Lernen an substantiellen Aufgabenformaten aus dem Blick gerät. Für das fachliche Lernen plädieren wir dafür, nicht generell von zieldifferentem Lernen zu sprechen. In Relation zu den Anforderungen und Angeboten ist stets die fachliche Zielspanne auszuloten, in der sich verschiedene Kinder einem gemeinsamen Gegenstand individuell annähern können. Die individuellen Ziele, die sich für einzelne Kinder ergeben, weisen zwar auf unterschiedliche Stufen eines Verständnisprozesses hin. Jedoch sind diese differenten Stufen auf die gleiche fachliche Grundidee ausgerichtet, sodass sich letztlich aus dem Fach heraus Formate des Austausches über gewonnene Erkenntnisse zwischen den Kindern ergeben.

Literatur

Feuser, G. (1995). Integration: „Allgemeine Pädagogik" und „Entwicklungslogische Didaktik". In G. Feuser (Hrsg.), *Behinderte Kinder und Jugendliche. Zwischen Integration und Aussonderung* (S. 168–194). Darmstadt: Wissenschaftliche Buchgesellschaft.

Freudenthal, H. (1974). Die Stufen im Lernprozeß und die heterogene Lerngruppe im Hinblick auf die Middenschool. *Neue Sammlung*, 14, 161–172.

Gerster, H.-D. & Schultz, R. (2000). *Schwierigkeiten beim Erwerb mathematischer Konzepte im Anfangsunterricht. Bericht zum Forschungsprojekt „Rechenschwäche – Erkennen, Beheben, Vorbeugen"*. Verfügbar unter: http://phfr.bsz-bw.de/frontdoor/index/index/docId/16 [Zugriff: 27.02.2015].

Häsel-Weide, U. & Nührenbörger, M. (2012). Fördern im Mathematikunterricht, Heft 4. In H. Bartnitzky, U. Hecker & M. Lassek (Hrsg.), *Individuell fördern – Kompetenzen stärken*. Arbeitskreis Grundschule, Band 134. Hemsbach: Beltz.

Häsel-Weide, U. & Nührenbörger, M. (2013a). Fördern im Mathematikunterricht. In H. Bartnitzky, U. Hecker & M. Lassek (Hrsg.), *Individuell fördern – Kompetenzen stärken ab Klasse 3. Heft 2*. Frankfurt/Main: Arbeitskreis Grundschule.

Häsel-Weide, U. & Nührenbörger, M. (2013b). Kritische Stellen in der mathematischen Lernentwicklung. *Grundschule aktuell* (122), 8–11.

Häsel-Weide, U. & Nührenbörger, M. (2013c). Mathematiklernen im Spiegel von Heterogenität und Inklusion. *Mathematik differenziert*, 4(2), 6–8.

Häsel-Weide, U., Nührenbörger, M., Moser Opitz, E. & Wittich, C. (2014). *Ablösung vom zählenden Rechnen. Fördereinheiten für heterogene Lerngruppen* (2. Auflage). Seelze: Klett Kallmeyer.

Hengartner, E., Hirt, U. & Wälti, B. (2006). *Lernumgebungen für Rechenschwache bis Hochbegabte. Natürliche Differenzierung im Mathematikunterricht*. Zug: Klett und Balmer.

Hirt, U. & Wälti, B. (2008). *Lernumgebungen im Mathematikunterricht. Natürliche Differenzierung für Rechenschwache bis Hochbegabte*. Seelze: Klett Kallmeyer.

Hußmann, S., Nührenbörger, M., Prediger, S., Selter, C. & Drüke-Noe, C. (2014). Schwierigkeiten in Mathematik begegnen. *Praxis der Mathematik* (56), 2–8.

Klafki, W. & Stöcker, H. (1976). Innere Differenzierung des Unterrichts. *Zeitschrift für Pädagogik*, 22, 498–523.

Klemm, K. (2013). *Inklusion in Deutschland – eine bildungsstatistische Analyse*. Verfügbar unter: http://www.unesco.de/fileadmin/medien/Dokumente/Bildung/Studie_Inklusion_Klemm_2013.pdf [Zugriff: 26.02.2015].

Korff, N. (2015). *Inklusiver Mathematikunterricht in der Primarstufe. Erfahrungen, Perspektiven, Herausforderungen*. Baltmannsweiler: Schneider Verlag Hohengehren.

Krauthausen, G. (1995). Zahlenmauern im 2. Schuljahr – ein substantielles Übungsformat. *Grundschulunterricht* (10), 5–9.

Krauthausen, G. & Scherer, P. (2014). *Natür-liche Differenzierung im Mathematikunterricht. Konzepte und Praxisbeispiele aus der Grundschule.* Seelze: Klett Kallmeyer.

Kuhnke, K. (2013). *Vorgehensweisen von Grund-schulkindern beim Darstellungswechsel. Eine Untersuchung am Beispiel der Multiplikation im 2. Schuljahr.* Wiesbaden: Springer Spektrum.

Leuders, J. (2014). Zahlen veranschaulichen: Sehen, Hören, Tasten. Veranschaulichun-gen im gemeinsamen Unterricht für Kinder mit und ohne Sehschädigung. *Mathematik differenziert,* 5(4), 40–43.

Meyerhöfer, W. (2011): Vom Konstrukt der Rechenschwäche zum Konstrukt der nicht bearbeiteten stofflichen Hürden. *Pädagogi-sche Rundschau,* 65(4), 401–426.

Mosandl, C. & Nührenbörger, M. (2014). Dekadische Strukturen sicher erkennen und nutzen. *Fördermagazin Grundschule* (4), 13–17.

Moser Opitz, E. (2008). *Zählen, Zahlbegriff, Rechnen. Theoretische Grundlagen und eine empirische Untersuchung zum mathematischen Erstunterricht in Sonderklassen* (3. Auflage). Bern: Haupt.

Nührenbörger, M. (2006). Altersgemischter Mathematikunterricht im Spannungsfeld zwischen voraus- und zurückschauendem Lernen. In R. Hinz & T. Pütz (Hrsg.), *Professionelles Handeln in der Grundschule. Entwicklungslinien und Forschungsbefunde* (S. 183–189). Baltmannsweiler: Schneider Verlag Hohengehren.

Nührenbörger, M. (2009). Interaktive Kon-struktionen mathematischen Wissens – Epistemologische Analysen zum Diskurs von Kindern im jahrgangsgemischten Anfangsunterricht. *Journal für Mathematik-Didaktik,* 30(2), 147–172.

Nührenbörger, M. (2014). Produktives För-dern zwischen individuellem und gemeinsa-mem Lernen. In J. Roth & J. Ames (Hrsg.), *Beiträge zum Mathematikunterricht 2014* (S. 863–866). Münster: WTM-Verlag.

Nührenbörger, M. & Pust, S. (2011). *Mit Unterschieden rechnen. Lernumgebungen und Materialien im differenzierten Anfangsunterricht Mathematik* (2. Auflage). Seelze: Kallmeyer.

Pijls, M., Dekker, R. & van Hout-Wolters, B. (2007). Reconstruction of a collaborative mathematical learning process. *Educational Studies in Mathematics,* 65, 309–329.

Prengel, A. (2001). Egalitäre Differenz in der Bildung. In L. Helma & N. Wenning (Hrsg.), *Unterschiedlich verschieden. Differenz in der Erziehungswissenschaft* (S. 93–107). Opladen: Leske + Budrich.

Ratz, C. (2009). *Aktiventdeckendes Lernen im Mathematikunterricht bei Schülern mit geistiger Behinderung.* Oberhausen: Athena.

Ratz, C. & Wittmann, E. Ch. (2011). Mathe-matisches Lernen im Förderschwerpunkt geistige Entwicklung. In C. Ratz (Hrsg.), *Unterricht im Förderschwerpunkt geistige Ent-wicklung. Fachorientierung und Inklusion als didaktische Herausforderungen* (S. 129–149). Oberhausen: Athena.

Scherer, P. (1995). *Entdeckendes Lernen im Mathematikunterricht der Schule für Lernbehin-derte. Theoretische Grundlegung und evaluierte unterrichtspraktische Erprobung.* Heidelberg: Schindele.

Scherer, P. (1997). Substantielle Aufgabenformate – jahrgangsübergreifende Beispiele für den Mathematikunterricht, Teil I-III. *Grundschulunterricht* (1, 4 & 6) 34–38, 36–38, 54–56.

Scherer, P. (2007). Offene Lernumgebungen im Mathematikunterricht – Schwierigkeiten und Möglichkeiten lernschwacher Schülerinnen und Schüler. In F. Rumpler & P. Wachtel (Hrsg.), *Erziehung und Unterricht – Visionen und Wirklichkeiten* (S. 72–79). Würzburg: vds.

Scherer, P. (2015). Inklusiver Mathematikunterricht der Grundschule – Anforderungen und Möglichkeiten aus fachdidaktischer Perspektive. In T. H. Häcker & M. Walm (Hrsg.), *Inklusion als Entwicklung – Konsequenzen für Schule und Lehrerbildung* (S. 267–284). Bad Heilbrunn: Klinkhardt.

Scherer, P. & Moser Opitz, E. (2010). *Fördern im Mathematikunterricht der Primarstufe.* Heidelberg: Spektrum.

Schröder, A., Möller, T. & Ritterfeld, U. (2015). Unter welchen Bedingungen lernen Kinder mit Spracherwerbsstörungen besonders erfolgreich im Mathematikunterricht? Reflexionen von Expertinnen aus der Schulpraxis. *Zeitschrift für Heilpädagogik*, 66(1), 24–35.

Selter, C., Prediger, S., Nührenbörger, M. & Hußmann, S. (Hrsg.) (2014). *Mathe sicher können. Natürliche Zahlen.* Berlin: Cornelsen.

Steinbring, H. (1999). Offene Kommunikation mit geschlossener Mathematik? *Grundschule* (3), 8–13.

Steinbring, H. & Nührenbörger, M. (2010). Mathematisches Wissen als Gegenstand von Lehr-/Lerninteraktionen. Eigenständige Schülerinteraktionen in Differenz zu Lehrerinterventionen. In U. Dausendschön-Gray, C. Domke & S. Ohlhus (Hrsg.), *Wissen in (Inter-)Aktion* (S. 161–188). Berlin: De Gruyter.

Tarim, K. & Akdenzi, F. (2008). The effects of cooperative learning on Turkish elementary students' mathematics achievement and attitude towards mathematics using TAI and STAD methods. *Educational Studies in Mathematics*, 67(1), 77–91.

Transchel, S. (2014). Entwicklung und Erforschung multiplikativer Aufgabenformate für den Gemeinsamen Unterricht. In J. Roth & A. J. Ames (Hrsg.), *Beiträge zum Mathematikunterricht 2014* (S. 1131–1134). Münster: WTM.

Walther, G., Selter, C. & Neubrand, J. (2007). Die Bildungsstandards Mathematik. In G. Walther, M. van den Heuvel-Panhuizen, D. Granzer & O. Köller (Hrsg.), *Bildungsstandards für die Grundschule: Mathematik konkret* (S. 16–41). Berlin: Cornelsen.

Wember, F. B. (2007). Direkter Unterricht. In U. Heimlich & F. B. Wember (Hrsg.), *Didaktik des Unterrichts im Förderschwerpunkt Lernen. Ein Handbuch für Studium und Praxis* (S. 163–175). Stuttgart: Kohlhammer.

Wember, F. B. (2013). Herausforderung Inklusion: Ein präventiv orientiertes Modell schulischen Lernens und vier zentrale Bedingungen inklusiver Unterrichtsentwicklung. *Zeitschrift für Heilpädagogik*, 64(1), 380–388.

Wielpütz, H. (1999). Qualitätsentwicklung im Mathematikunterricht in der Grundschule. 15 Thesen und ein Vorschlag. *Schulverwaltung Nordrhein-Westfalen,* 10(1) 14–16.

Wittmann, E. Ch. (1993). „Weniger ist mehr": Anschauungsmittel im Mathematikunterricht der Grundschule. In K. P. Müller (Hrsg.), *Beiträge zum Mathematikunterricht 1993* (S. 394–397). Hildesheim: Franzbecker.

Wittmann, E. Ch. (1994). Legen und Überlegen. Wendeplättchen im aktiventdeckenden Rechenunterricht. *Die Grundschulzeitschrift* (72), 44–46.

Wittmann, E. Ch. (1995). Aktiventdeckendes und soziales Lernen im Rechenunterricht – vom Kind und vom Fach aus. In G. N. Müller & E. Ch. Wittmann (Hrsg.), *Mit Kindern rechnen* (S. 10–41). Frankfurt/Main: Arbeitskreis Grundschule.

Wittmann, E. Ch. (2010). Natürliche Differenzierung im Mathematikunterricht der Grundschule – vom Fach aus. In P. Hanke, G. Möves-Buschko, A. K. Hein, D. Berntzen & A. Thielges (Hrsg.), *Anspruchsvolles Fördern in der Grundschule* (S. 63–78). Münster: Waxmann.

Wittmann, E. Ch. & Müller, G. N. (1990). Handbuch produktiver Rechenübungen. Band 1: *Vom Einspluseins zum Einmaleins.* Stuttgart: Klett.

Wittmann, E. Ch. & Müller, G. N. (2012). *Das Zahlenbuch 1.* Leipzig: Klett.

Wocken, H. (1998). Gemeinsame Lernsituationen. Eine Skizze zur Theorie des gemeinsamen Unterrichts. In A. Hildeschmidt & I. Schnell (Hrsg.), *Integrationspädagogik: Auf dem Weg zu einer Schule für alle* (S. 37–52). Weinheim: Juventa.

Yackel, E., Cobb, P. & Wood, T. (1993). Developing a basis for mathematical communication within small groups. *Journal for Research in Mathematics Education. Monograph* 6, 33–44 & 115–122.

5. Aufbau von Grundvorstellungen im inklusiven Mathematikunterricht – Erfahrungen aus der Bielefelder Beratungsstelle für Kinder mit Rechenstörungen

Thomas Rottmann

Eine wesentliche Zielsetzung im inklusiven Mathematikunterricht besteht darin, alle Schülerinnen und Schüler möglichst optimal in ihrem Lernen zu unterstützen. Dies schließt natürlich die Unterstützung bei mathematischen Lernstörungen mit ein.[1]

Schülerinnen und Schüler mit mathematischen Lernstörungen benötigen keinen völlig anderen Unterricht, sondern vielmehr eine gezielte Unterstützung bei der Entwicklung zentraler mathematischer Konzepte. Schipper weist in diesem Zusammenhang – ganz im Sinne eines inklusiven Mathematikunterrichts – darauf hin, dass eine Auseinandersetzung mit typischen Problembereichen wertvolle Hinweise für den Unterricht mit *allen* Schülerinnen und Schülern liefern kann.

„Wir brauchen für sie [Kinder mit Rechenstörungen, T. R.] keine ‚besondere' Mathematikdidaktik, sondern eine Mathematikdidaktik, die sich besonders intensiv auf mathematische Lösungs- und Lernprozesse konzentriert. Gerade die Analyse misslingender Lernprozesse hilft, das Mathematiklernen von Kindern insgesamt besser zu verstehen." (Schipper 2009, S. 329)

In diesem Beitrag werden Förderansätze aus der Beratungsstelle für Kinder mit Rechenstörungen an der Universität Bielefeld vorgestellt, welche im Rahmen von Einzel- und Kleingruppenförderungen intensiv erprobt wurden. Zentral geht es in den Förderungen darum, Kinder mit mathematischen Lernstörungen bei der Entwicklung tragfähiger Grundvorstellungen zu wichtigen arithmetischen Inhalten zu unterstützen. In diesem Beitrag werden Perspektiven aufgezeigt, wie diese Förderansätze auch für die Prävention und Förderung lernschwacher Schülerinnen und Schüler im gemeinsamen Mathematikunterricht genutzt werden können.

1. Die Beratungsstelle für Kinder mit Rechenstörungen an der Universität Bielefeld

An der Universität Bielefeld existiert seit Ende der 1970er-Jahre eine nicht-kommerzielle Beratungsstelle für Kinder mit Rechenstörungen. Ihre zentralen Aufgabenbereiche liegen im Service, in der Forschung sowie in der Lehreraus- und -fortbildung. Eine wöchentliche, telefonische Sprechzeit für Eltern sowie für Lehrerinnen und Lehrer dient i.d.R. als erste Anlaufstelle, wenn eine mathematische Lernstörung vermutet wird. Nach einer qualitativen Erstdiagnose besteht die Möglichkeit, dass Kinder im Grundschulalter für den Zeitraum eines Semesters an der Universität Bielefeld gefördert werden.

---

[1] In der Literatur werden vielfältige Begriffe wie *Rechenschwäche*, *Rechenstörungen* usw. genutzt. Wegen der sehr unterschiedlichen Definition und Begriffsverwendungen wird in diesem Beitrag die allgemeinere Bezeichnung *mathematische Lernstörungen* verwendet (zu einer genaueren Diskussion vgl. Moser Opitz 2007). Unabhängig von der Ursache für die Störung soll damit eine besondere Beeinträchtigung beim Mathematiklernen beschrieben werden.

Diese Förderungen finden im Rahmen einer universitären Lehrveranstaltung für Studierende im Grundschullehramt statt. Nach einer vorbereitenden Blockveranstaltung vor Semesterbeginn, in welcher u. a. Diagnose- und Förderansätze thematisiert werden, übernehmen meist zwei Studierende gemeinsam die Einzelförderung eines rechenschwachen Kindes. Diese Förderungen werden intensiv durch wöchentliche Kleingruppensitzungen (von max. vier Förderpaaren) begleitet, in welchen u. a. anhand der in jeder Förderstunde aufgenommenen Videoaufzeichnungen die Förderarbeit reflektiert und vorbereitet wird.

Inhaltliche Schwerpunkte der Förderarbeit liegen vor allem im arithmetischen Bereich in der Entwicklung nicht-zählender Rechenstrategien für die Addition und Subtraktion zweistelliger Zahlen sowie im Aufbau eines Stellenwertverständnisses. Die Fördermaßnahmen orientieren sich dabei grundlegend an einem Vier-Phasen-Modell zur Entwicklung von Grundvorstellungen (vgl. Abschnitt 4), welches darauf abzielt, ausgehend von konkreten Materialhandlungen mentale Vorstellungen zu Zahlen und Rechenoperationen zu entwickeln.

Neben der Durchführung dieser Einzelförderungen besteht ein Anliegen der Beratungsstelle darin, weitere Modelle für die Prävention und Förderung bei Rechenstörungen zu entwickeln und u. a. im Rahmen von Projekten in der Lehrerfortbildung zu erproben und zu evaluieren. Ein wichtiger Aspekt dabei ist die Erprobung der Förderansätze in schulischen Kleingruppen.

2. Aufbau von Grundvorstellungen

Der Begriff der Grundvorstellungen wurde in der Mathematikdidaktik von vom Hofe (1995) ausführlich dargestellt. Grundvorstellungen können generell „als Elemente der Vermittlung bzw. als Objekte des Übergangs zwischen der Welt der Mathematik und der individuellen Begriffswelt des Lernenden" (vom Hofe 1995, S. 98) betrachtet werden.

Damit sind Grundvorstellungen mathematischer Inhalte vor allem bei Übersetzungsprozessen relevant, wie sie z. B. im Modellierungskreislauf beim Wechsel zwischen „Realität" und „Mathematik" verlangt werden (vom Hofe 2003; vgl. auch Wartha 2007). Wartha und Schulz stellen dies anschaulich am Beispiel der Aufgabe „Sie kaufen eine Fahrkarte, die 24 € kostet und bezahlen mit 50 €. Wie viel müssen sie zurückbekommen?" (Wartha & Schulz 2012, S. 27; Abb. 5.1) dar. Bei dieser Aufgabe ist u. a. die Aktivierung einer passenden Grundvorstellung zur Subtraktion (als Wegnehmen) für die Bezahlsituation notwendig.

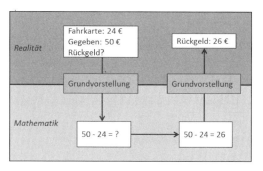

Abb. 5.1: Grundvorstellungsdiagramm bei der Aufgabe „Fahrkartenkauf" (aus: Wartha & Schulz 2012, S. 27)

Wartha (2011) verallgemeinert dieses Modell für weitere Übersetzungsprozesse zwischen unterschiedlichen Darstellungsebenen, in denen ebenfalls eine Aktivierung von Grundvorstellungen notwendig wird (Abb. 5.2).

„In diesem Modell werden (anders als beim bekannten Modellierungskreislauf) nicht nur Übersetzungsprozesse zwischen ‚Mathematik' und ‚Realität' betrachtet, sondern allgemein Übersetzungen zwischen verschiedenen Darstellungsebenen wie Bildern, Handlungen, gesprochenen Symbolen, geschriebenen Symbolen oder realitätsnahen Situationen. Gelingen diese Übersetzungsprozesse, so kann davon ausgegangen werden, dass die entsprechenden Grundvorstellungen aktiviert werden können – dass also ein Verständnis zu Zahlen, Operationen und Strategien vorliegt." (Wartha 2011, S. 8)

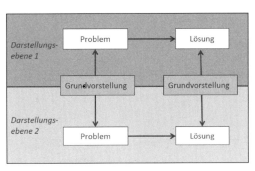

Abb. 5.2: Allgemeines Grundvorstellungsdiagramm (aus: Wartha & Schulz 2012, S. 29)

Vielfältige Beispiele zu Schülerfehlern (Wartha & Schulz 2012; Schipper 2005, 2009; Gerster & Schultz 2000) machen deutlich, dass es Kindern mit mathematischen Lernstörungen offensichtlich nur unzureichend gelingt, tragfähige Grundvorstellungen zu Zahlen sowie zu Rechenoperationen und -strategien aufzubauen und bei der Aufgabenbearbeitung zu aktivieren. Stattdessen wird von diesen Kindern „Mathematik als Regelspiel" (Schipper 2005, S. 36) betrieben.

Ein zentrales Ziel in jedem Mathematikunterricht, gleich ob inklusiv oder nicht-inklusiv unterrichtet wird, muss daher darin bestehen, die Kinder bei dem Aufbau tragfähiger Grundvorstellungen zu unterstützen. Dabei spielt der Einsatz von Material (Abschnitt 3) eine wichtige Rolle, ebenso wie Aktivitäten zur Ablösung von der Materialhandlung (Abschnitt 4).

3. Rolle von Material beim Aufbau von Grundvorstellungen

Dem Material kommen im Arithmetikunterricht sehr unterschiedliche Funktionen zu. Neben der Kommunikations-, Argumentations- und Reflexionshilfe (zur Darstellung und Erläuterung des eigenen Lösungsweges) dient Material als Lösungshilfe (zur konkreten Lösung einer Rechenaufgabe) sowie als Lernhilfe (Schipper 2009, S. 289ff.; vgl. auch Schulz 2014). Die beiden letztgenannten Funktionen sollen hier wegen ihrer besonderen Bedeutung für die Entwicklung von Grundvorstellungen genauer erläutert werden.

3.1 Material als Lösungshilfe

Gerade zu Beginn des Lernprozesses ist Material[2] als *Lösungshilfe* bedeutsam. So ist es beispielsweise bei der Aufgabe 5+3 möglich, diese durch eine entsprechende Materialhandlung zu lösen: Das Kind legt z. B. zu-

---

[2] Die Bezeichnungen *Material* bzw. *Materialien* werden in diesem Beitrag als Oberbegriffe für Arbeitsmittel und Veranschaulichungen verwendet, ohne dabei genauer zwischen den Funktionen als Veranschaulichungsmittel und Anschauungsmittel zu unterscheiden (Krauthausen & Scherer 2007, S. 242ff.).

nächst fünf Plättchen in die Rechenschiffe, anschließend legt es drei weitere Plättchen dazu und bestimmt über die Gesamtanzahl an gelegten Plättchen das Ergebnis der Aufgabe (Abb. 5.3).

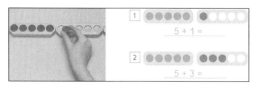

Abb. 5.3: Material (Rechenschiffe) als Lösungshilfe (aus: Rinkens, Rottmann & Träger 2014, S. 27)

Bereits bei dieser (auf den ersten Blick sehr einfachen) Bearbeitung sind wichtige Grundvorstellungen notwendig. Das Kind muss die symbolisch vorgegebene Aufgabe 5+3 in eine geeignete Materialhandlung übersetzen und dabei die Grundvorstellung der Addition als *Hinzufügen* (Wartha & Schulz 2012, S. 31) aktivieren. Schließlich muss es die Gesamtanzahl an Plättchen (bestimmt durch ein Abzählen oder auch durch quasi-simultane Anzahlerfassung unter Ausnutzen der Fünfer-Struktur des Materials) rückübersetzen und das Symbol „8" als Ergebnis angeben (Abb. 5.4).

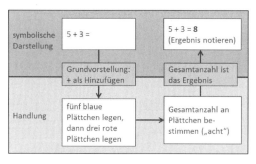

Abb. 5.4: Grundvorstellungsdiagramm bei der Aufgabe 5+3

Besonders für Kinder mit mathematischen Lernstörungen im inklusiven Unterricht erscheint die Ebene der Materialhandlung

extrem wichtig. Scherer und Moser Opitz betonen in diesem Zusammenhang, dass gerade „lernschwache Schülerinnen und Schüler […] für das Kennenlernen von Arbeitsmitteln und Veranschaulichungen, für deren sinnvolle Nutzung und auch für die Verinnerlichungsprozesse genügend Zeit" (Scherer & Moser Opitz 2010, S. 86) benötigen. Ein vorschnelles Verlassen der enaktiven Ebene kann zudem die Entwicklung der wichtigen Grundvorstellungen wie die des *Hinzufügens* (bei der Addition) sowie des *Wegnehmens* (bei der Subtraktion) verhindern (Scherer 2005, S. 18; Krauthausen & Scherer 2007, S. 247).

Wichtig ist dabei jedoch, dass das Material nicht einfach „irgendwie" verwendet wird, sondern dass sinnvolle Möglichkeiten der Materialverwendung herausgefordert werden. Nicht selten nutzen rechenschwache Kinder nicht die den Materialien innewohnenden Strukturen, sondern verwenden diese ausschließlich als Zählhilfe bei zählenden Rechenstrategien (Rottmann & Schipper 2002). Im Unterricht sollten daher gezielt Übungen durchgeführt werden, die auf ein Strukturverständnis des Materials abzielen. Dazu gehören z. B. Übungen zu einer schnellen Zahlauffassung, bei welcher das Material nur kurz für das Kind sichtbar ist und dann wieder abgedeckt wird. Ziel dabei ist es, dass Anzahlen nicht-zählend, sondern auf einen Blick erfasst werden, wobei dem Nutzen der Fünfer- und Zehnerstruktur des Materials eine besondere Bedeutung zukommt (Krauthausen & Scherer 2007). So kann z. B. die Zahl 8 (wie in Abb. 5.3) als fünf und drei Plättchen in den Rechenschiffen erkannt werden oder auch dadurch, dass zwei Plättchen an den vollständig gefüllten Zehner-Rechenschiffen fehlen.

Ebenso sollte thematisiert werden, wie Zahlen schnell, also nicht-zählend, *dargestellt* werden können. Geeignet sind z. B. Übungen, vorgegebene Zahlen an den Fingern schnell durch gleichzeitiges Ausstrecken zu zeigen, ohne dabei die Finger nacheinander abzuzählen (Gaidoschik 2007, S. 44ff.). Auch bei Zahldarstellungen an Materialien sollte geübt werden, diese nicht-zählend vorzunehmen. Nicht jedes Material ist dazu geeignet. Besonders gut lassen sich am Rechenrahmen Zahlen „mit einem Streich" darstellen, indem mehrere Kugeln gleichzeitig geschoben werden. Bei einem Material wie den Rechenschiffen (oder auch dem Zwanziger-Punktefeld) mit Wendeplättchen (vgl. Abb. 5.3) ist jedoch ein Legen einzelner Plättchen nacheinander – und damit ein zählendes Vorgehen – notwendig. Eine Möglichkeit, dieses Vorgehen abzukürzen, besteht bei diesem Material (besonders bei einer linearen Anordnung als „Rechenstreifen") darin, mit einem Stift auf die Position zu zeigen, bis zu welcher die Plättchen gelegt werden müssen (Abb. 5.5). Bei dieser Abwandlung ist dann ebenfalls ein nicht-zählendes Vorgehen möglich, da die Fünfer- und Zehnerstruktur in gleicher Weise wie bei der Zahlauffassung für die Zahldarstellung genutzt werden kann.

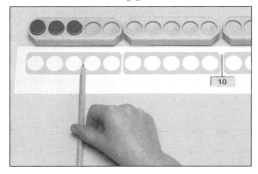

Abb. 5.5: Verkürzte Zahldarstellung am „Rechenstreifen" (aus: Rinkens u. a. 2014, S. 28)

3.2 Material als Lernhilfe

Trotz der Wichtigkeit von Materialhandlungen gerade für die Entwicklung von Grundvorstellungen zu Rechenoperationen sollte die Entwicklung nicht auf einer konkret-handelnden Ebene stehen bleiben. Letztlich soll Material eine *Lernhilfe* darstellen und dazu dienen, *mentale Vorstellungen* zu Zahlen und zu Rechenoperationen und -strategien zu entwickeln.

Um dieses Ziel zu erreichen, müssen zunächst die am Material durchgeführten „Handlungen strukturell mit den angestrebten Strategien übereinstimmen" (Schipper 2003, S. 228). Schipper (2003, S. 228ff.) beschreibt dazu am Beispiel des Rechenrahmens ausführlich verschiedene Materialhandlungen, welche die Entwicklung der Rechenstrategien *schrittweise Rechnen, Verdoppeln nutzen* sowie *gegensinniges Verändern* unterstützen.

Weitergehend sollen Kinder Aufgaben (wenn eben möglich) irgendwann ohne konkrete Handlungen am Material, sondern ausschließlich anhand von anschaulichen Vorstellungen zu solchen Handlungen rein mental lösen (Schipper 2005). Dies gilt auch ganz grundsätzlich für lernschwache Schülerinnen und Schüler, wie Scherer (2005) sowie Scherer und Moser Opitz (2010) betonen. Auch für diese Schülerinnen und Schüler sollte im inklusiven Unterricht das Material nicht als „permanente Krücke" (Schmassmann & Moser Opitz 2008, S. 41) beim Rechnen dienen. Allerdings benötigen diese Kinder oftmals eine gezielte Unterstützung bei der Entwicklung mentaler Vorstellungen zu Zahlen, Rechenoperationen und -strategien. Als geeignet für die Arbeit mit rechenschwachen Kindern hat sich dabei ein Vier-Phasen-Modell gezeigt, welches eine schrittweise Ablösung von der konkreten Materialhandlung unterstützt.

4. Ablösung von der Material-handlung – ein Vier-Phasen-Modell zum Aufbau von Grundvorstellungen

Statt von der konkreten Materialhandlung direkt zu einer Arbeit auf rein symbolischer Ebene zu gelangen, empfiehlt Schipper (2004) ein „behutsames" Vorgehen: Wenn Kinder Aufgaben durch sinnvolle Materialhandlungen (z. B. zu einem schrittweisen Rechnen am Rechenrahmen) und deren sprachliche Begleitung lösen können, sollten sie in einem nächsten Schritt auf das konkrete Durchführen der Materialhandlung verzichten und lediglich mit Blick auf das Material die zur Lösung notwendigen Handlungsschritte beschreiben.

Eine weitere Etappe hin zur Entwicklung einer Kopfrechenstrategie besteht dann darin, eine sprachliche Beschreibung der Lösungshandlung einzufordern, ohne dass das Kind das Material direkt sehen kann. Dazu diktiert es einem Partner, was dieser am Material tun muss. Der Partner führt die Handlung verdeckt aus; dem ersten Kind sind entweder die Augen verbunden oder das Material ist hinter einem Sichtschirm abgedeckt.

Diese „verdeckte Materialhandlung" erscheint auf einen ersten Blick identisch mit einem vollständigen Verzicht auf das Material. Zu einem Arbeiten komplett ohne Material gibt es jedoch einen zentralen Unterschied:

„Das Kind mit den verbundenen Augen [bzw. hinter dem Sichtschirm, T. R.] weiß, dass jemand (nach seinen Anweisungen) *eine Handlung* am Arbeitsmittel vornimmt. Es muss sich daher vorstellen, wie diese Handlung aussieht" (Rottmann 2004, S. 18).

Diesen Prozess der stufenweisen Ablösung von der Materialhandlung haben Wartha und Schulz (2011, 2012) sowie Schipper, Wartha und von Schroeders (2011) sehr anschaulich als „Vier-Phasen-Modell" zum Aufbau von Grundvorstellungen beschrieben (Abb. 5.6).[3]

---

1. Phase:
Das Kind handelt am geeigneten Material.

Die mathematische Bedeutung der Handlung wird beschrieben. Zentral: das Versprachlichen der Handlung und der mathematischen Symbole.

2. Phase:
Das Kind beschreibt die Materialhandlung mit Sicht auf das Material.

Es handelt jedoch nicht mehr selbst, sondern diktiert einem Partner und kontrolliert den Handlungsprozess durch Beobachtung.

3. Phase:
Das Kind beschreibt die Materialhandlung ohne Sicht auf das Material.

Für die Beschreibung der Handlung ist es darauf angewiesen, sich den Prozess am Material vorzustellen. Die Handlung wird – für das Kind nicht sichtbar – noch konkret durchgeführt.

4. Phase:
Das Kind beschreibt die Materialhandlung „nur" in der Vorstellung.

Bei symbolisch formulierten Aufgaben wird der Handlungszusammenhang aktiviert.

Abb. 5.6: Vier-Phasen-Modell zum Aufbau von Grundvorstellungen (aus: Wartha & Schulz 2012, S. 63)

---

[3] Dieses Vier-Phasen-Modell greift dabei Ideen u. a. von Aebli (1976) und Kutzer (1999) auf, welche in ähnlicher Weise stufenweise Verinnerlichungsprozesse von der konkreten zur gedanklichen, vorstellenden Handlung beschreiben. Zu einem Vergleich mit diesen Ansätzen s. auch Schulz (2014, S. 85ff.).

In diesem Modell sind verschiedene Variationen oder Zwischenphasen denkbar. Während Wartha und Schulz für die 2. Phase angeben, dass das Kind einen Partner bei der Durchführung der diktierten Materialhandlung beobachtet, beschreibt Schipper (2004) an dieser Stelle lediglich, dass die Kinder das Material „nur noch anschauen, aber nicht mehr anfassen dürfen" (Schipper 2004, S. 198) – es fehlt jedoch der die Handlung ausführende Partner. Ebenfalls möglich sind Zwischenphasen, in denen die Kinder ihre Beschreibung (wie in der 1. Phase) mit einer konkreten Materialhandlung oder (wie in der 2. Phase) mit Blick auf das Material beginnen, dieses dann für die weitere Beschreibung jedoch abgedeckt wird und im weiteren Verlauf mit verdecktem Material (wie in der 3. Phase) weitergearbeitet wird.

Allgemein kann diese stufenweise Ablösung prinzipiell bei beliebigen Materialien und in unterschiedlichen Inhaltsbereichen (nicht nur bei der Entwicklung von nicht-zählenden Rechenstrategien) genutzt werden. Nachfolgend wird das Vier-Phasen-Modell an drei inhaltlichen Beispielen (*Zahlzerlegungen*, *schrittweises Rechnen* sowie *Zahlen darstellen* bzw. *Stellenwertverständnis*) veranschaulicht. Diese Beispiele wurden ausgewählt, da sie inhaltliche Schwerpunkte der Förderarbeit in der Beratungsstelle für Kinder mit Rechenstörungen aufgreifen und zudem gerade für einen inklusiven Mathematikunterricht als bedeutsam erscheinen.

1. Beispiel: Zahlzerlegungen

Die Entwicklung eines stabilen Teil-Ganzes-Schemas ist für ein erfolgreiches Mathematiklernen von fundamentaler Bedeutung (Resnick 1983). Kinder müssen die Einsicht gewinnen, dass Zahlen keine festen, unveränderlichen Objekte sind, sondern auf verschiedene Weise in Teile zerlegt und aus diesen Teilen wieder zusammengesetzt werden können. Diese Einsicht stellt eine wichtige Basis für das Nutzen von Beziehungen zwischen Aufgaben dar (Häsel-Weide, Nührenbörger, Moser Opitz & Wittich 2013, S. 57).

Eine gut geeignete Aufgabenstellung, um die Zerlegbarkeit von Zahlen in verschiedene Teile erfahrbar zu machen, ist z.B. das Format „Plättchen werfen". Dieses Format bietet im inklusiven Mathematikunterricht Möglichkeiten für eine natürliche Differenzierung mit Unterstützungsmöglichkeiten für lernschwache Schülerinnen und Schüler (vgl. den Beitrag von Häsel-Weide und Nührenbörger in diesem Band).

Über ein grundsätzliches Verständnis der Teil-Ganzes-Beziehungen hinausgehend, stellt das *Automatisieren* der Zahlzerlegungen sämtlicher Zahlen bis 10 (als Basis für die Entwicklung nicht-zählender Rechenstrategien) ein wichtiges Ziel für den Arithmetikunterricht im 1. Schuljahr dar (Schipper 2009, S. 119). Ein gutes Übungsformat zur Unterstützung der Automatisierung sind Zahlzerlegungen an den Fingern, bei denen mit Hilfe eines Stifts die Finger in zwei Teilmengen zerlegt werden (Abb. 5.7)[4]. Das Kind lernt dabei, die Finger nicht dynamisch als Zählhilfe, sondern statisch zu nutzen und die Anzahl der Finger links und rechts vom Stift auf einen Blick zu erfassen. Um die Zerlegung der Zahlen im Unterricht leicht ansprechbar zu machen, bietet es sich an, einen Begriff

---

[4] Ein weiteres gut geeignetes Material für vergleichbare Übungen stellen z.B. Wendeplättchen dar, die in eine Reihe gelegt und mit einem Stift in zwei Teilmengen unterteilt werden.

wie den der „Zahlenfreunde" (bzw. „Zehnerfreunde" für die Zerlegung der 10 und entsprechend „Achterfreunde" usw. für die anderen Zahlzerlegungen) einzuführen.

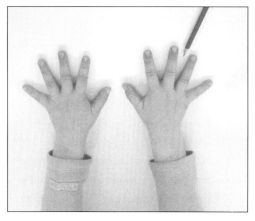

Abb. 5.7: Zerlegung der 10 an den Fingern in 8 und 2 (aus: Rinkens u. a. 2014, S. 23)

Dieses Format eignet sich sehr gut für eine kooperative Arbeit, indem ein Kind eine Zerlegung an den Händen des Partners zeigt und dieser die passende Zerlegung nennt. Dieses Vorgehen entspricht der 1. Phase des Vier-Phasen-Modells (konkrete Handlung am Material). In weiteren Formaten wird auf das konkrete Legen des Stifts verzichtet; ein Kind (oder der Förderer) nennt eine Zahl, der Partner nennt den passenden Zahlenfreund. Dabei liegen die Finger entweder sichtbar auf dem Tisch (2. Phase) oder sind durch ein Tuch o. Ä. verdeckt (3. Phase; vgl. Wartha & Schulz 2012, S. 68f.).

Zur weiteren Automatisierung, wenn die Kinder nur noch in der Vorstellung einen Bezug zum Material herstellen (4. Phase), können gut „Freundebücher" oder Zerlegungskarten eingesetzt werden (Schipper 2009, S. 360; Peter-Koop & Rottmann 2013, 2014).

2. Beispiel: schrittweises Rechnen

Besonders bei der Strategie *schrittweises Rechnen* bei Aufgaben mit Zehnerüberschreitung (z. B. 7 + 6 über 7 + 3 = 10 und 10 + 3 = 13) spielt das sichere und automatisierte Beherrschen der Zahlzerlegungen aller Zahlen bis 10 eine wichtige Rolle. Die Zerlegung der Zahl 10 ist notwendig, um sicher (und nicht zählend) bestimmen zu können, wie viel vom 1. Summanden bis zum nächsten Zehner fehlt; die Zerlegung der anderen Zahlen bis 10 wird bei der Unterteilung des 2. Summanden (im Beispiel die Zerlegung der 6 in 3 und 3) relevant.[5]

Ein gut geeignetes Material für die Umsetzung des schrittweisen Rechnens stellt der Rechenrahmen dar; der besondere Vorteil besteht darin, dass sich an diesem Material auch größere Anzahlen nicht nur (quasi-)simultan erfassen, sondern auch darstellen lassen. Auf der Ebene der konkreten Materialhandlung (1. Phase des Vier-Phasen-Modells) handelt das Kind am Rechenrahmen und beschreibt seine Vorgehensweise. Wichtig ist dabei vor allem, dass das Kind (wenn möglich) keine einzelnen Kugeln, sondern die beiden Teile des 2. Summanden (bzw. des Subtrahenden bei der Subtraktion) jeweils möglichst mit einem „Fingerstreich" am Rechenrahmen schiebt. Zum anderen sollte das Kind bei der Verbalisierung einen expliziten Bezug zur Zahlzerlegung des 2. Summanden herstellen (z. B. „Und die 6 zerlege ich in 3 und 3.").

---

[5] Die Zahlzerlegungen werden auch als Basis für andere nicht-zählende Rechenstrategien benötigt (vgl. Peter-Koop & Rottmann 2013, S. 22f.). Da der Strategie *schrittweises Rechnen* als universelle und fortsetzbare Strategie (vgl. Schipper 2009, S. 132) aber eine besondere Bedeutung zukommt, beschränkt sich dieser Beitrag auf eine genauere Analyse dieser Strategie.

In der Förderarbeit mit rechenschwachen Kindern stellt sich dies als eine typische Hürde heraus: Es gelingt ihnen zwar häufig bereits, eine Zahl (im Beispiel die 6) korrekt zu zerlegen, beim Rechnen nutzen sie diese Zerlegungen aber nicht in geeigneter Weise. So dominiert teilweise das Zerlegen in zwei Hälften, anstatt die Zerlegung in Anhängigkeit vom 1. Summanden zu wählen. Die Zahl 6 wird dann z. B. generell in die Teile 3 und 3 zerlegt; während dies bei der Beispielaufgabe 7+6 passend ist, wäre bei der Aufgabe 9+6 die Zerlegung in 1 und 5 aber deutlich sinnvoller. Um gezielt die Zerlegung von Zahlen und die Strategie schrittweises Rechnen aufeinander zu beziehen, ist es zu Beginn des Lernprozesses sinnvoll, mehrere Aufgaben zu bearbeiten, bei denen z. B. immer 6 addiert wird und dabei jeweils die Art der Zerlegung angegeben werden soll (z. B. „Ich nenne dir Zahlen und du rechnest immer ‚plus 6‘. Sag mir, wie du die 6 dabei zerlegen musst.“).

Im weiteren Verlauf können dann Übungen durchgeführt werden, welche die Ablösung von der Materialhandlung unterstützen. Ein erster Schritt hin zur Entwicklung mentaler Rechenstrategien besteht darin, dass ein Kind dem Partner (oder dem Förderer) beschreibt, wie dieser die Materialhandlung vornehmen soll. Dabei beobachtet das Kind zunächst diese fremd ausgeführte Materialhandlung (2. Phase), anschließend wird die Handlung für das Kind verdeckt hinter einem Sichtschutz (3. Phase) ausgeführt. Ziel dieses Vorgehens ist es, dass das Kind bei der Rechnung auf formaler Ebene selbstständig einen Bezug zu der notwendigen Materialhandlung herstellt und diese rein mental durchführt (4. Phase; vgl. Wartha & Schulz 2012, S. 72).

3. Beispiel: Zahlen darstellen/Stellenwertverständnis

Bereits in Abschnitt 3.1 wurde die Bedeutung von Übungen für eine nicht-zählende Darstellung von Zahlen an einem Material angesprochen. Dabei sind letztlich ebenfalls Zahlzerlegungen und ein Verständnis der Teil-Ganzes-Beziehungen von großer Bedeutung. Dies gilt sowohl für den Zahlenraum bis 10, in welchem vornehmlich die Zerlegungen und Zusammensetzungen mit Ausnutzen der „Kraft der 5“ (z. B. 8 zerlegt in 5 und 3; Krauthausen 1995) von Bedeutung ist, als auch für einen größeren Zahlenraum, in welchem die Zerlegung von Zahlen in ihre Stellenwerte dominiert. Entsprechend verweist Resnick (1983, S. 126) darauf, dass Stellenwertverständnis letztlich auf einer Weiterentwicklung des Teil-Ganzes-Schemas basiert.[6] Nach intensiven konkreten Aktivitäten zum Zählen, Bündeln und Entbündeln von großen Anzahlen gleicher Objekte (vgl. z. B. die Vorschläge zu Kapla-Steinen im Beitrag von Häsel-Weide und Nührenbörger in diesem Band) stellen für eine Festigung des Stellenwertverständnisses die Zehner- bzw. Mehrsystemblöcke ein gut geeignetes Material dar (Abb. 5.8; vgl. auch den Beitrag von Thom in diesem Band).

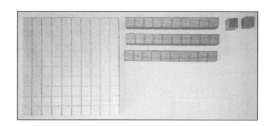

Abb. 5.8: Zehnersystemblöcke

---

[6]   Für eine ausführliche Auseinandersetzung mit dem Stellenwertverständnis und dessen Bedeutung für ein erfolgreiches Mathematiklernen s. Schulz (2014).

Kooperative Übungen zur Darstellung von Zahlen auf unterschiedlichem Abstraktionsniveau lassen sich ebenfalls gut in Anlehnung an das Vier-Phasen-Modell beschreiben (vgl. auch Wartha & Schulz 2012, S. 66f.). Ein Kind (oder der Förderer) gibt eine Zahl vor (als gesprochenes Zahlwort oder mit symbolischer Ziffernschreibweise), das andere Kind stellt in der 1. Phase diese Zahl mit Material dar und beschreibt dies verbal (z. B. „Ich lege drei Zehnerstangen und vier Einerwürfel. Das ist die Zahl 34."). Bei Verwendung der Zehnersystemblöcke sollte als Konvention geklärt werden, dass (analog zur symbolischen Ziffernschreibweise) die Zehner links und die Einer rechts gelegt werden. Gerade zu Beginn empfiehlt es sich zudem, tatsächlich von Zehner-*Stangen* und Einer-*Würfeln* zu sprechen, da so die Begriffe Zehner und Einer konkretisiert und an eine Vorstellung am Material gebunden werden.

Im Sinne der natürlichen Differenzierung können die Kinder die Größe der verwendeten Zahlen anpassen. Für kleinere Zahlen im Zahlenraum bis 20 eignet sich gut der Rechenrahmen (oder die Rechenschiffe mit Plättchen) als Material; bei der Verbalisierung sollte eingefordert werden, dass die Kinder einen Bezug zur Struktur des Materials herstellen (z. B. „Ich schiebe fünf rote und zwei weiße Kugeln am Rechenrahmen. Das ist die Zahl 7."). Leistungsstärkere Kinder können gerade mit den Zehnersystemblöcken leicht auch Zahlen im Zahlenraum über 100 darstellen und dabei die Hunderterplatten und Tausenderwürfel verwenden.

In den weiteren Phasen beschreibt das Kind dem Partner (oder dem Förderer), wie dieser eine Zahl mit dem Material legen soll, entweder mit Blick auf das Material (2. Phase) oder mit durch einen Sichtschutz verdecktem Material (3. Phase). Später sollte bei der Arbeit auf symbolischer Ebene regelmäßig ein Rückbezug auf diese Materialhandlungen in der Vorstellung eingefordert werden (4. Phase). Bei der symbolischen Darstellung von zwei- und mehrstelligen Zahlen können gerade für lernschwache Schülerinnen und Schüler die farbigen Montessori-Zahlenkarten eine hilfreiche Unterstützung darstellen (vgl. Beitrag von Thom in diesem Band).

5. Die Rolle der Sprache bei der Entwicklung von Grundvorstellungen

In den vorgestellten Beispielen wird erkennbar, dass die Sprache bei Fördermaßnahmen im Vier-Phasen-Modell eine wichtige Rolle spielt, da z. B. die Materialhandlungen von den Kindern immer auch sprachlich begleitet werden sollen. Insgesamt ist die Sprache in Fördermaßnahmen aber in mehrfacher Hinsicht bedeutsam.

Zum einen lässt sich Sprache für diagnostische Zwecke nutzen; besonders die Methode des *lauten Denkens* (Schipper 2009, S. 113), bei welcher die Kinder beim Bearbeiten von Aufgaben ihren Lösungsweg sprachlich beschreiben, setzt hier an. Zum anderen wird in der Literatur häufig darauf verwiesen, dass eine sprachliche Begleitung von Materialhandlungen bei der Ablösung von diesen und allgemein bei einem Transfer zwischen verschiedenen Darstellungsebenen eine wichtige Rolle spielt (z. B. Scherer & Moser Opitz 2010, S. 86; Schulz 2014, S. 86). Die sprachliche Begleitung bewirkt eine

Aufmerksamkeitsfokussierung; „Handlungen am Material werden durch Versprachlichungen bewusster" (Schipper 2003, S. 225).

In ähnlicher Weise betont Lompscher (1972) bereits zu Zeiten der DDR, aufbauend auf den Arbeiten sowjetischer Psychologen wie Leontjew (1972) und Galperin (1972), eine *handlungssteuernde Funktion* der Sprache. Das von ihm beschriebene „Schema der Ebenen der Erkenntnistätigkeit" (Abb. 5.9) geht dabei davon aus, dass die Bedeutung der Sprache desto größer wird, je mehr die konkrete Anschauung eines Objektes abnimmt (a.a.O., S. 51ff.).

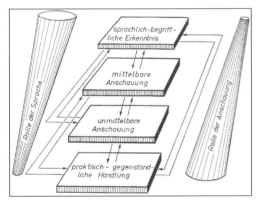

Abb. 5.9: Schema der Ebenen der Erkenntnistätigkeit (aus: Lompscher 1972, S. 52)

Dieses Schema ähnelt in Grundzügen dem Vier-Phasen-Modell; auch Wartha & Schulz (2012) nutzen in ihrem Modell in sämtlichen Phasen Versprachlichungsprozesse, die zunehmend an die Stelle der konkreten Materialhandlungen (im Sinne sprachlicher „Ersatzhandlungen") treten.

Weitgehend ungeklärt ist jedoch, inwiefern auch Kinder mit sprachlichen Beeinträchtigungen von solchen Förderansätzen, die die Sprache als wichtiges Lernmedium nutzen,

profitieren (ggf. sogar in Bezug auf ihre eigene sprachliche Entwicklung). Gerade für den inklusiven Mathematikunterricht besteht hier dringender Forschungsbedarf. Ebenfalls anstrebenswert ist eine genauere Analyse der sprachlichen Muster, die z. B. in Fördersituationen in der Kind-Kind- oder Lehrer-Kind-Kommunikation verwendet werden.[7]

6. Dokumentation von Fördermaßnahmen

Neben der Verwendung des Vier-Phasen-Modells als Grundlage für die Konzeption von Fördermaßnahmen (bzw. von unterrichtlichen Lernaktivitäten) lässt sich dieses Modell ebenfalls für die Dokumentation von Fördermaßnahmen nutzen. Eine solche Dokumentation sollte unbedingt nicht nur Angaben zu den behandelten Themenbereichen enthalten, sondern ebenfalls dazu beitragen, den Lernstand bzw. die Lernentwicklung eines Kindes zu erfassen und festzuhalten. Dabei ist es wichtig, dass nicht primär die Anzahl richtig bzw. falsch gelöster Aufgaben erfasst, sondern vielmehr festgestellt wird, auf welchem „Abstraktionsgrad" die Aufgabenbearbeitung gelingt. Rottmann und Franks (2014) haben dies in einem Protokollraster (Abb. 5.10) umgesetzt, welches in schulischen Fördergruppen erprobt wurde, aber grundsätzlich auch für die Lerndokumentation lernschwacher Schülerinnen und Schüler im inklusiven Mathematikunterricht geeignet ist.

Dieses Protokollraster beinhaltet neben der Angabe des Förderschwerpunkts und einer

---

[7] Zu ersten Analyseansätzen vgl. den Konferenzbeitrag von Kern, Ohlhus und Rottmann (2015).

Beschreibung der Fördermaßnahme ebenfalls eine Information darüber, in welcher Phase bzw. in welchen Phasen des Vier-Phasen-Modells das Kind arbeitet und wie erfolgreich es dabei ist. Mit Hilfe dieses Rasters lässt sich auf qualitativer Ebene die Lernentwicklung festhalten. Es wird z. B. leicht erkennbar, inwiefern es einem Kind gelingt, zunehmend ohne konkrete Materialhandlung (in den höheren Phasen des Vier-Phasen-Modells) zu arbeiten.

Name: _____			Klasse: ___	(Fach-)Lehrerin: _____		
relevante Förderschwerpunkt (FS) □ 1: Zahlwortreihe □ 2: Zahlen schreiben/lesen/erkennen □ 3: Zahlauffassung und Zahldarstellung □ 4: Zahlbeziehungen und Zahlbedeutungen □ 5: Rechnen und Rechenstrategien □ 6: Operationsverständnis □ 7: Sonstiges: _____			**Besonderheiten, typische Fehler und Schwierigkeiten des Kindes**			
Datum	FS	Beschreibung der Fördermaßnahme (inkl. Material)	Phase	„Ergebnis" der Maßnahme (++/+/o/-/--) // weitere Beobachtung	Hinweise zu Weiterarbeit / neue diagnost. Erkenntnisse	

Abb. 5.10: Ausschnitt aus einem Protokollraster zur Dokumentation einer Förderung (aus: Rottmann & Franks 2014, S. 34)

7. Perspektiven für den inklusiven Mathematikunterricht

Die hier vorgestellten Beispiele zu Fördermaßnahmen wurden ursprünglich im Rahmen von Einzelförderungen bei Kindern mit mathematischen Lernstörungen erprobt. In verschiedenen Projekten zu langfristigen Maßnahmen in der Lehrerfortbildung wurden diese Fördermaßnahmen von Lehrerinnen und Lehrern auch in schulischen Kleingruppen angewendet.

Darüber hinaus bieten sich ebenfalls realistische Einsatzmöglichkeiten der vorgestellten Fördermaßnahmen zur Unterstützung lernschwacher Schülerinnen und Schüler im inklusiven Mathematikunterricht. Einerseits lassen sich wichtige Elemente als präventive und fördernde Maßnahmen in den normalen Mathematikunterricht integrieren.

Andererseits bieten sich Möglichkeiten besonders für kooperative Lernsituationen (vgl. den Beitrag von Häsel-Weide und Nührenbörger in diesem Band). Büttner, Warwas und Adl-Amini (2012) weisen allerdings speziell für inklusiven Unterricht darauf hin, dass empirische Befunde zu Effekten von kooperativem Lernen auf die schulische Leistung keineswegs einheitlich einen Vorteil in kooperativen Lernformen aufzeigen können. Tendenziell erscheint eher ein stärker strukturiertes Peer Tutoring (in welchem ein Kind die Rolle der Lehrperson für ein anderes Kind übernimmt) leistungsförderlich (ebd.).[8]

---

[8] Büttner et al. weisen darauf hin, dass auch bei leistungsheterogenen Konstellationen im Peer Tutoring ein Rollenwechsel (zwischen Tutor und Tutee) möglich ist, die Tutorenrolle aber „ein Mindestmaß an kognitiven und metakognitiven Fähigkeiten voraus[setzt]" (Büttner et al. 2012, o.S.).

Gerade die materialgestützten Übungsformate inkl. der Übungen zur Ablösung von der Materialhandlung lassen sich prinzipiell gut in Partnerarbeit (auch im Sinne eines Peer Tutoring) bearbeiten. Allerdings erscheint es hierbei wichtig, dass eine Lehrperson diese Arbeitsphasen begleitet und genau auf die Art und Weise der Materialhandlungen der Kinder achtet, um z. B. bei einer ausschließlichen Verwendung des Materials als Zählhilfe intervenieren und unterstützen zu können.

Auch wenn es durchaus ermutigende Perspektiven für die Übertragung von Ansätzen aus der Arbeit mit rechenschwachen Kindern auf die Unterstützung lernschwacher Schülerinnen und Schüler im inklusiven Mathematikunterricht gibt, so besteht dennoch ein deutlicher Forschungsbedarf gerade im Hinblick auf die Evaluation der Umsetzung von Förderkonzepten z. B. in kooperativen Lernformen sowie im Peer Tutoring.

Literatur

Aebli, H. (1976). *Grundformen des Lehrens* (9., erw. Aufl.). Stuttgart: Ernst Klett Verlag.

Büttner, G., Warwas, J. & Adl-Amini, K. (2012). Kooperatives Lernen und Peer Tutoring im inklusiven Unterricht. *Zeitschrift für Inklusion, 1–2.* Verfügbar unter: http://www.inklusion-online.net/index.php/inklusion-online/article/view/61/61 [Zugriff: 10.03.2015].

Gaidoschik, M. (2007). *Rechenschwäche vorbeugen. Das Handbuch für LehrerInnen und Eltern. 1. Schuljahr: Vom Zählen zum Rechnen.* Wien: öbvhpt.

Galperin, P. J. (1972). Die geistige Handlung als Grundlage für die Bildung von Gedanken und Vorstellungen. In P. J. Galperin, A. N. Leontjew et al., *Probleme der Lerntheorie* (S. 33–49) 3. Aufl. Berlin: Volk und Wissen.

Gerster, H. D. & Schultz, R. (2000). *Schwierigkeiten beim Erwerb mathematischer Konzepte im Anfangsunterricht. Bericht zum Forschungsprojekt Rechenschwäche – Erkennen, Beheben, Vorbeugen.* Freiburg i. B.: Pädagogische Hochschule.

Häsel-Weide, U., Nührenbörger, M., Moser Opitz, E. & Wittich, C. (2013). *Ablösung vom zählenden Rechnen. Fördereinheiten für heterogene Lerngruppen.* Seelze: Klett Kallmeyer.

Kern, F., Ohlhus, S. & Rottmann, T. (2015). *The role of language and embodied practices in promoting basic arithmetic concepts.* Paper presented at the 5th Nordic conference on subject education (NoFa 5), Mai 2015, Helsinki.

Krauthausen, G. (1995). Die ‚Kraft der Fünf' und das denkende Rechnen. In G. N. Müller & E. Ch. Wittmann (Hrsg.), *Mit Kindern rechnen* (S. 87–108). Frankfurt a. M.: Arbeitskreis Grundschule – Der Grundschulverband.

Krauthausen, G. & Scherer, P. (2007). *Einführung in die Mathematikdidaktik.* 3. Aufl. Heidelberg: Elsevier, Spektrum Akad. Verl.

Kutzer, R. (1999). Überlegungen zur Unterrichtsorganisation im Sinne strukturorientierten Lernens. In H. Probst (Hrsg.), *Mit Behinderungen muss gerechnet werden* (S. 15–69). Solms: Jarick Oberbiel.

Leontjew, A. N. (1972). Das Lernen als Problem der Psychologie. In P. J. Galperin, A. N. Leontjew et al., *Probleme der Lerntheorie* (S. 11–32). 3. Aufl. Berlin: Volk und Wissen.

Lompscher, J. (1972). Wesen und Struktur geistiger Fähigkeiten. In J. Lompscher (Hrsg.), *Theoretische und experimentelle Untersuchungen zur Entwicklung geistiger Fähigkeiten* (S. 17–73). Berlin: Volk und Wissen.

Moser Opitz, E. (2007). *Rechenschwäche / Dyskalkulie – Theoretische Klärungen und empirische Studien an betroffenen Schülerinnen und Schülern.* Bern u. a.: Haupt.

Peter-Koop, A. & Rottmann, T. (2013). Einsicht in Teil-Ganzes-Beziehungen – Übungen mit den „Zahlenfreunden". *Fördermagazin Grundschule,* 4, 21–25.

Peter-Koop. A. & Rottmann, T. (2014). *Zerlegungskarten.* Braunschweig: Schroedel.

Resnick, L. B. (1983). A developmental theory of number understanding. In H. Ginsburg (Hrsg.), *The development of mathematical thinking* (S. 109–151). New York: Academic Press.

Rinkens, H. D., Rottmann, T. & Träger, G. (2014, Hrsg.): *Welt der Zahl 1.* Braunschweig: Schroedel.

Rottmann, T. (2004): „Damit helfe ich mir beim Rechnen" – Arbeitsmittel als Hilfen im Lernprozess. *Sache-Wort-Zahl, 32*(65), 15–20.

Rottmann, T. & Schipper, W. (2002). Das Hunderter-Feld – Hilfe oder Hindernis beim Rechnen im Zahlenraum bis 100? *Journal für Mathematik-Didaktik, 23*(1), 51–74.

Rottmann, T. & Franks, J. (2014), Fördern und dokumentieren. *Grundschulmagazin, 82*(1), 31–36.

Scherer, P. (2005). *Produktives Lernen für Kinder mit Lernschwächen – Fördern durch Fordern. Band 1: Zwanzigerraum.* Horneburg: Persen.

Scherer, P. & Moser Opitz, E. (2010). *Fördern im Mathematikunterricht der Primarstufe.* Heidelberg: Spektrum Akademischer Verlag.

Schipper, W. (2003). Lernen mit Material im arithmetischen Anfangsunterricht. In M. Baum & H. Wielpütz (Hrsg.), *Mathematik in der Grundschule – Ein Arbeitsbuch* (S. 221–237). Seelze: Kallmeyer.

Schipper, W. (2004). Von Handlungen zu Operationen: Entwicklung von Strategien des Kopfrechnens aus Handlungen am Material. In B. Ganser (Hrsg.), *Rechenstörungen* (S. 191–200). 5., überarbeitete und erweiterte Aufl. Donauwörth: Auer.

Schipper, W. (2005). *Rechenstörungen als schulische Herausforderung.* Basispapier zum Modul G 4: Lernschwierigkeiten erkennen – verständnisvolles Lernen fördern. Kiel: IPN.

Schipper, W. (2007). Prozessorientierte Diagnostik von Rechenstörungen. In J. H. Lorenz & W. Schipper (Hrsg.), *Hendrik Radatz – Impulse für den Mathematikunterricht* (S. 105–116). Braunschweig: Schroedel.

Schipper, W. (2009). *Handbuch für den Mathematikunterricht an Grundschulen.* Braunschweig: Schroedel.

Schipper, W., Wartha, S. & von Schroeders, N. (2011). BIRTE 2 – *Bielefelder Rechentest für das zweite Schuljahr. Handbuch zur Diagnostik und Förderung.* Braunschweig: Schroedel.

Schmassmann, M. & Moser Opitz, E. (2008). *Heilpädagogischer Kommentar zum Schweizer Zahlenbuch 2.* Zug: Klett & Balmer.

Schulz, A. (2014). *Fachdidaktisches Wissen von Grundschullehrkräften. Diagnose und Förderung bei besonderen Problemen beim Rechnenlernen.* Wiesbaden: Springer Spektrum.

vom Hofe, R. (1995). *Grundvorstellungen mathematischer Inhalte.* Heidelberg: Spektrum Akad. Verlag.

vom Hofe, R. (2003). Grundbildung durch Grundvorstellungen. *Mathematik lehren,* 118, 4–8.

Wartha, S. (2007). *Längsschnittliche Untersuchungen zur Entwicklung des Bruchzahlbegriffs.* Hildesheim: Franzbecker.

Wartha, S. (2011). Handeln und Verstehen. Förderbaustein: Grundvorstellungen aufbauen. *Mathematik lehren,* 166, 8–14.

Wartha, S. & Schulz, A. (2011). *Aufbau von Grundvorstellungen (nicht nur) bei besonderen Schwierigkeiten beim Rechnen.* Handreichungen des Programms SINUS an Grundschulen. Kiel: IPN.

Wartha, S. & Schulz, A. (2012). *Rechenproblemen vorbeugen.* Berlin: Cornelsen.

6. Mathematikdidaktische Prinzipien Montessoris in der inklusiven Regelgrundschule

Sandra Thom

Mit der Ratifizierung der UN-Behindertenrechtskonvention im Jahr 2009 stellte auch Deutschland klar, dass Menschen mit Behinderungen ein uneingeschränktes Recht auf gesellschaftliche Teilhabe besitzen. Ein Beschluss der Kultusministerkonferenz 2011 weist darauf hin, dass sich Schulen auf die unterschiedlichen Voraussetzungen von Kindern und Jugendlichen einzustellen haben und inklusive Bildungsangebote entwickeln müssen (KMK 2011, S. 3). Dies bedeutet für das bisherige deutsche Doppelsystem aus Regel- und Förderschule ein Umdenken durch eine Zunahme an Kindern mit unterschiedlichem Unterstützungsbedarf, die inklusiv und zum Teil zieldifferent an Regelschulen beschult werden. Wie können wir der ohnehin schon bestehenden und nun noch weiter zunehmenden Heterogenität unserer Schulkinder auf der Grundlage curricularer Anforderungen Rechnung tragen?

Hier lohnt ein Blick auf andere Systeme, die bereits länger erfolgreich arbeiten. Dazu zählt auch die Methode Montessoris, die auf Ideen sonderpädagogischer Förderung basiert und hieraus als Methode für alle Kinder dieser Welt (weiter) ausgearbeitet wurde: Auf Inspektionsreisen besuchte die italienische Ärztin Maria Montessori um die Wende zum 20. Jahrhundert Anstalten für geistig beeinträchtigte Menschen („Irrenanstalten") und stellte dabei überrascht fest, dass diese Kinder trotz ihrer Behinderung einen starken Aktivitätsdrang hatten. Was viele andere

um sie herum abstieß – die Kinder spielten mit ihrem Essen als dem Einzigen, was ihnen dafür zur Verfügung stand – brachte die damalige Ärztin und spätere Pädagogin zum Nachdenken. Sie studierte daraufhin die Schriften Édouard Seguins (1812–1880), eines französischen Arztes, der heute als Begründer einer wissenschaftlich-systematischen Geistigbehindertenpädagogik gilt, und stieß durch ihn auf die Aufzeichnungen Jean Itards (1774/5–1838), der neben seinem Wirken mit taubstummen Kindern vor allem durch die Arbeit mit seinem prominentesten Schüler bekannt geworden ist, dem sogenannten „Wolfsjungen", der im Wald von Aveyron ohne Kontakt zu Menschen aufgewachsen war. Itard hatte Materialien und Methoden geschaffen, die Seguin weiterentwickelte und die zum Teil heute noch den Grundstock der bekannten Montessori-Materialien bilden (vgl. u. a. Waldschmidt 2001, S. 18ff.). In Jahrzehnten intensiver Arbeit konzipierte und entwickelte die Pädagogin mit ihren Mitarbeitern neue Materialien, erprobte und ergänzte sie, erforschte ihre Wirksamkeit und modifizierte sie. Uns liegt heute ein Konzept vor, das allen Kindern in selbsttätiger Auseinandersetzung aktiv-entdeckendes Lernen ermöglicht, ohne sich dabei im individualspezifischen Feld der Heterogenität von Schülern mit Unterstützungsbedarf zu verlieren.

Grundlagen von Lernen und Entdeckung

Montessori ging davon aus, dass der Mensch das, was er erlebt und weiß, in Form von direkt abrufbarem Wissen und in Form multisensorieller Erfahrungen und Bilder als eine Art „Eindruck" ganzheitlich in verschiedenen Hirnregionen abspeichert. Dies alles bildet seine kognitive Struktur. Nicht alle Elemente dieser kognitiven Struktur sind ihm dabei vollkommen bewusst, sondern zum Teil un- oder halbbewusst. Sie dienen als Rohmaterial oder Vorratswissen beispielsweise für Entdeckungsprozesse, wie unten am Beispiel Galileis weiter erläutert werden wird.

Dies bedeutet neurowissenschaftlich gesehen, dass es unterschiedliche Arten der Speicherung gibt, z. T. in sprachlicher oder bildlicher Form, in Bewegung usw., ähnlich wie es neurobiologische bzw. neuropsychologische Modelle wie das Triple-Code-Modell Dehaenes (1992) annehmen. Schule hat die Aufgabe der Bewusstmachung und Durchdringung dieser ungegliederten Inhalte der kognitiven Struktur, dieser „Vorerfahrungen", wie man sie im weiteren Sinne auch nennen könnte. Bei Schuleintritt verfügen viele Kinder über Vorerfahrungen zu Zahlen, die aufgegriffen werden können. Bei anderen mathematischen Inhalten ist dies so nicht möglich, weshalb Montessori Repräsentanten einsetzt, die als „materialisierte Abstraktionen" reichhaltige und meist ganzheitliche Erfahrungen in der Mathematik als eine Art Vorratswissen ermöglichen. Auf diese kann die Lehrkraft im Unterricht später zurückgreifen.

Ein Beispiel hierfür ist das „Goldene Perlenmaterial", das im Regelschulunterricht beispielsweise auch in Form des strukturgleichen Mehrsystemmaterials bzw. „Dienes-Materials" genutzt werden kann. Hiermit kann das Kind nicht nur Stellenwertwissen durch Bündeln bzw. Entbündeln zur dezimalen Struktur oder den Stufenzahlen erwerben, sondern Vorerfahrungen zum Flächen- und Volumenbegriff machen, wie Abb. 6.1 mit (im Original verschiedenfarbigem) Mehrsystemmaterial in der Farbe der Zahlenkarten zeigt.

Das Kind nimmt über seine Sinne, der von Montessori sogenannten „Peripherie", die Welt um sich herum auf, die von seinem geistigen Zentrum auf der Basis seiner Sinneswahrnehmung individuell und intraindividuell rekonstruiert wird.

Abb. 6.1: Mehrsystemmaterial mit zugehörigen Karten, stellenweise zerlegt (Farbgebung: Tausender und Einer grün, Hunderter rot und Zehner blau)

Lernen geht demnach mit Vorgängen im Kopf des Menschen vor sich, mit Um- oder Neustrukturierungen der kognitiven Struktur, die aktiv vom lernenden Individuum vorgenommen werden. Kinder lernen über Entdeckungen: Entdeckungen werden als Erweiterung und Veränderung der kognitiven Struktur des Menschen verstanden, wie es Bruner als „Vater" des aktiv-entdeckendes Lernens so fasst: „Ob es ein Schüler ist, der selbständig vorgeht, oder ein Wissenschaftler, der sein wachsendes Gebiet beackert, stets werde ich von der Annahme ausgehen, daß Entdeckung ihrem Wesen nach ein Fall des Neuordnens oder Transformierens des Gegebenen ist. Dies so, daß man die Möglichkeit hat, über das Gegebene hinauszugehen, das so zu weiteren neuen Einsichten kombiniert wird. Sehr wohl können eine ergänzende Tatsache oder Komponenten des Gegebenen diese weitergehende Transformation möglich machen." (Bruner 1973, S. 16).

Montessori sah den Akt der (Nach-)Entdeckung bei Kindern als vergleichbar dem Akt der eigentlichen „großen" Entdeckungen an, die sie ausführlich studiert hatte. Das Besondere bei großen Entdeckern wie Newton oder Galilei ist demnach erstens ihre geschärfte Wahrnehmung bzw. die Fokussierung der Aufmerksamkeit. Im Falle Galileis beispielsweise sahen Tausende von Besuchern im Dom von Pisa die Leuchten von der Decke baumeln, aber er allein nahm ihre stets gleich langen isochronen Schwingungen wirklich als solche wahr. Zweitens ist Entdeckung ein kreativer Akt, mit dem die kognitive Struktur umorganisiert wird: Galilei brachte seine Beobachtung mit früheren Beobachtungen oder Ideen in Verbindung, die ihn möglicherweise schon länger bewusst oder unbewusst umgetrieben hatten, und erkannte, dass die Länge der Aufhängung und nicht etwa z. B. das Gewicht des aufgehängten Gegenstands etwas mit den Schwingungen zu tun haben musste. In einem dritten und letzten Schritt erfolgt ggf. Verstehen. Galilei verstand im hier gewählten Beispiel, dass seine Erkenntnis ein allgemeines Gesetz war (das Pendelgesetz) und die Länge der Aufhängung mit der Dauer der Pendelbewegung in einem bestimmten

proportionalen Verhältnis steht – dies ist eine Schemainduktion auf der Grundlage von Abstraktion. Verstehen als vollständiges Durchdringen, als Integration aller Elemente der kognitiven Struktur als Wissensnetz, bestenfalls auch noch als Regel oder Erkenntnis formulierbar, ist dem Entdecken somit nachgeordnet und muss nicht zwangsläufig erfolgen.

Montessori wollte dieses Entdecken allen Kindern zugänglich machen, denn jedes Kind brachte ihrer Meinung nach die gleichen Grundfähigkeiten mit wie die von ihr so bewunderten naturwissenschaftlichen Genies, nur mit qualitativen Unterschieden. Der menschliche Geist war nach Auffassung Montessoris ein mathematischer: Er war zur Genauigkeit fähig, ebenso zum Ordnen und Vergleichen. Diese Fähigkeiten des mathematischen Geistes nutzte Montessori konsequent, um Kindern durch Lenkung („scaffolding") Lernen durch Entdecken in oben geschilderter Weise zu ermöglichen (vgl. vertiefend hierzu Thom 2010, S. 26ff.). Ihre Erkenntnisse tragen nicht nur dazu bei, Mathematik und vor allem das Lernen von Mathematik besser zu verstehen, sondern können als Grundzüge einer materialorientierten Didaktik das Mathematiklernen von Kindern mit oder ohne Unterstützungsbedarf auch jenseits der häufig beschriebenen und die Regelschule meist exkludierenden Montessori-Freiarbeit fördern. Beispiele mit veränderten Namen aus dem Fachunterricht Mathematik mehrerer integrativer Klassen einer Regelgrundschule ergänzen daher die nachfolgenden Ausführungen zu Montessoris didaktischen Prinzipien für das Lernen von Mathematik durch gelenkte Entdeckung.

Didaktische Prinzipien Montessoris für das Mathematiklernen von Kindern

1. Die Lernumgebung muss vorbereitet werden, Aufmerksamkeit muss vorhanden sein.

Das lernende Kind muss aufmerksam und interessiert an dem Lerngegenstand sein, hierfür gibt es sensible Phasen. Aber auch Montessori (1964, S. 200ff.) kannte bereits Kinder, die „deviiert" waren, sich aus verschiedensten Gründen dem Lernen mehr oder weniger verweigerten bzw. entzogen, wie es heute bei vielen Kindern mit Unterstützungsbedarf im Bereich Emotional-sozialer Entwicklung der Fall ist: Auch ihnen ist Lernen möglich – die Fokussierung ihrer Aufmerksamkeit, die Nutzung lernzuträglicher Situationen, Tage oder auch nur Augenblicke stellen jedoch eine besondere Herausforderung für ihre Lehrer dar. Solche Situationen können gut in einem Unterricht genutzt werden, wenn die anderen Kinder gerade selbstständig Aufgaben z. B. in einem Wochenplan bearbeiten. Durch einen aufgeräumten Arbeitsplatz stehen die Materialien und ihre Handlungen im Fokus; eine solche konzentrationsfördernde Arbeitsatmosphäre stimmt die Kinder auf die Arbeit ein. Andere Kinder dürfen die Lehrerin / den Lehrer indessen nicht ablenken, um diese besondere Arbeit mit einem einzelnen Kind oder einer Kleingruppe nicht zu stören.

2. Benennen statt erklären!

Die Arbeit mit Material ist nicht durch wortreiche Erklärungen gekennzeichnet, sondern durch Handlungen. Alle Figuren, Einheiten, Körper, Operationen, Gegenstände werden benannt – um diese Namen kann sich anschließend eine ganzheitliche Vorstellung bilden (vgl. u. a. Montessori 1913, S. 211ff.). In der Drei-Stufen-Lektion benennt die Lehrerin/der Lehrer zunächst den Gegenstand (z. B.: „Das ist ein Hunderter."), lässt das Kind den entsprechenden Gegenstand erkennen („Bring den Hunderter nach …"/„Zeige auf den Hunderter!") und zuletzt benennen („Was ist das?" – „Ein Hunderter.").

3. (Handlungen mit) Material sind der Schlüssel zur Welt.

Material allein, und sei es noch so ästhetisch, produziert von selbst keine Vorstellungen: Es benötigt zu seiner Wirkkraft Handlungen mit ihm, meist in Form von Aufgaben für die Arbeit des Kindes mit dem Material bzw. zunächst zur Einführung des Kindes in seinen Gebrauch. Daher benötigt jedes Material eine Einführung in seinen Gebrauch, bei der die Lehrerin/der Lehrer zunächst Handlungen initiiert und diese dann quasi delegiert. Kinder bilden Vorstellungen konkret aus der Handlung mit Material heraus. Diese Vorstellungen werden zunehmend abstrakter, bis sich das Kind schließlich vom Material lösen kann, weil es seinen Gegenstand „begriffen" hat.

4. Jede Operation ist eine Handlung.

Operationen werden immer als Handlung durchgeführt: Die Addition ist das Zusammenfügen von Einheiten, beim Multiplizieren wird fortgesetzt hinzugefügt, bei der Division vor allem verteilt. Mathematische Subtraktion bedeutet Wegnehmen, was sich bei der schriftlichen Subtraktion als eine Art Handlungs- bzw. Ergebnisprotokoll des Wegnehmens mit Entbündeln zeigt, eine Vorstellung, die gerade schwachen Rechnern näher liegt als das Ergänzen.

5. Lernen erfolgt immer „operativ".

Durch die konkrete Bearbeitung von Aufgaben mit Material führt das Kind laufend Operationen an Objekten durch und beobachtet Wirkungen, die ggf. noch durch Ordnen deutlicher werden können, wie hier beim Streifenbrett zur Addition (Abb. 6.2), wo das Kind Aufgaben mit dem Ergebnis 10 legen soll, diese ggf. nach Aufforderung ordnet und durch diese wahrnehmungsfördernde Maßnahmen beispielsweise das Gesetz von der

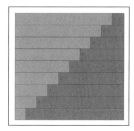

Abb. 6.2: Streifenbrett der Addition: Immer 10!
(Farbgebung: linke Streifen blau, rechte
Streifen rot)

Konstanz der Summe (gegensinniges Verändern) entdecken, nachgeordnet verstehen und teils sogar formulieren kann:

„Einzelheiten lehren bedeutet Verwirrung stiften. Die Beziehung unter den Dingen herstellen bedeutet Erkenntnisse vermitteln." (Montessori 1973, S. 126)

6. (Mathematische) Handlungen müssen interpunktiert werden.

Jede Handlung soll zur Vorstellungsbildung beitragen. Daher müssen Handlungen präzise und zunächst auch in der Wiederholung gleich durchgeführt werden, damit sich das Kind die Handlung einprägt und sich mit dem mathematischen Gegenstand bzw. Inhalt auseinandersetzen kann. Daher erscheinen Handlungen fast schon ritualisiert. Variatio-

nen sind möglich, wenn das Kind selbst nach oder in der selbsttätigen Auseinandersetzung mit dem Material zeigt, dass es den Inhalt „be-griffen" hat. Durch Interpunktion – präzise kurze Handlungen mit deutlichen Absätzen – erfolgt die Aufmerksamkeitsfokussierung des Kindes auf die zentralen Handlungspunkte. Dies erleichtert dem Kind das Arbeiten mit dem Material und die Bildung von Vorstellungen.

7. Operation und Ergebnisfeststellung werden getrennt.

Die Trennung der Aufgabe (1) von der Operation (2) und der Ermittlung des Ergebnisses (3) ist für schwache Rechnerinnen und Rechner besonders wichtig: Wir legen die Summanden zum Beispiel bei einer Addition mit Mehrsystemmaterial zunächst hin. Punkt. Es folgt die Operation, das Zusammenfügen (z. B. schrittweise oder stellenweise, vgl. Erläuterungen unten). Punkt. Dann wird das Ergebnis durch strukturiertes Auszählen, Bündeln usw. ermittelt. Punkt.

Beispiel 1: Thomas addiert einstellige und zweistellige Zahlen.

Thomas ist ein schwacher Schüler im zweiten Schuljahr, er begreift langsam und nutzt trotz ihm bekannter alternativer Strategien immer wieder das zählende Rechnen.

Thomas soll die Aufgabe 31+9 berechnen. Dazu legt er zunächst die 31 mit farbigem Mehrsystemmaterial, bestehend aus drei Zehnerstangen und einem Einerwürfel, holt dann Material für den zweiten Summanden aus der Kiste mit dem Material und legt noch 8 Einerwürfel dazu, bis die 39 daliegt.

Was war passiert?

*Wie ein Echo hallte offenbar noch die „9"
des zweiten Summanden in seinem Kopf
nach, sodass der Einer des Ergebnisses bei
ihm im Kopf als 9 gespeichert wurde.*

*Die Lehrerin fordert Thomas daher auf, zu-
nächst die erste Zahl, dann die zweite Zahl
komplett rechts daneben zu legen. Das tut er
mit ein wenig Unterstützung. Anschließend
addiert er den zweiten Summanden durch
Hinzulegen zum ersten.*

*Die 10 Einer sind genauso viel bzw. lang wie
ein Zehner, daher notiert er für sich sofort
40, ohne die Einer in den Zehner zu bündeln: Er weiß aus dem kleineren Zahlenraum
auch noch, dass die „verliebte Zahl" zur 1
die 9 ist, und kann dies Wissen analog auch
bei der Addition größerer Zahlen für den
Zehnerübergang nutzen.*

*Zunächst wollte Thomas das Material nur
als Rechenhilfe nutzen. Die Trennung von
Aufgabe (beide Summanden hinlegen),
Operation (zusammenfügen) und Ergebnisfeststellung konnte Thomas dann bei seinem
strategischem Vorgehen stützen: Er konnte
die Nähe zur 10 als Ergänzung nutzen und
direkt die 40 als Ergebnis bestimmen.*

Gerade bei zählenden Rechnern ist es sehr
wichtig, solche Stützpunkte als Strategiehilfe
auszubilden. Die Kinder sollten Lösungen
in der Regel eigenständig kontrollieren, was
ihre Entwicklung hin zur Selbstständigkeit
befördert und die Lehrperson für andere Tätigkeiten freisetzt: Sie beobachtet die Kinder,
steht ihnen ggf. unterstützend zur Seite oder
ist einfach nur da, wenn ein Kind ihr erläutern

will, was es gerade entdeckt hat, zum Beispiel
eigene Strategien.

Das Material ist keine Rechenhilfe und das
falsche oder richtige Ergebnis somit kein
Wert an und für sich. Die Arbeit mit dem
Material soll wie im Beispiel bei Thomas die
Entdeckung von Zusammenhängen unterstützen, hier die Ausbildung von Strategien
bei der Addition zweistelliger Zahlen analog
zu den Einerzahlen. In seinem Fall ist die Lehrerin also aufgefordert, einzugreifen, weil er
grundsätzlich falsch mit dem Material umgeht
und hier eine erneute (kleinere) Einführung
in den Materialgebrauch notwendig ist. Daher
weist die Lehrerin Thomas nicht darauf hin,
dass sein Ergebnis falsch ist, sondern legt die
Aufgabe stattdessen einfach noch einmal mit
ihm, aber: mit der korrekten Handhabung,
sodass er selbst zum korrekten Ergebnis
gelangen kann.

8. Muster müssen erkannt und fortgesetzt werden.

Die Fortsetzbarkeit von Mustern nimmt eine
wichtige Rolle ein und die Fähigkeit zum
Mustererkennen wird früh und weitreichend
genutzt: Montessori entwickelte ihre Materialien zum Teil von der Fähigkeit des Kindes
her, auf wahrnehmungs- bzw. gestaltpsy-
chologischer Basis Muster zu erkennen und
fortzusetzen.

Das Stellenwertsystem ist ein Beispiel für
ein solches Muster, das, sofern möglich,
bereits im Vorschulalter in seiner genialen
Einfachheit in geometrischer Repräsentation
wie oben abgebildet eingeführt wird. Die
Einer sind in allen Gruppierungen (Einer,
Ein-Tausender, Ein-Millioner) immer grüne
Kuben, die Zehner immer blaue Stangen
(Zehner, Zehn-Tausender) und die Hunderter

immer rote Platten (Hunderter, Hundert-Tausender). Im Unterricht ist es Kindern bei entsprechender Nutzung der Farben und des Mehrsystemmaterials langfristig möglich, dieses Muster als solches zu erkennen und sich sogar seine Fortsetzung *vorzustellen*, was dadurch zusätzliche Bedeutung erlangt, dass nur die wenigsten Schulen über Mehrsystemmaterial für Stufenzahlen größer als 1000 für die Zahlenraumerweiterung im vierten Schuljahr verfügen.

9. Ordnen und Vergleichen sind die Grundlagen mathematischen Tätigseins.

Das A und O zur Herausarbeitung mathematischer Gesetzmäßigkeiten und zum Erkennen von Mustern sind häufig zu findende Tätigkeiten des mathematischen Geistes: Vergleichen und Ordnen, nach Schweiger (2009) ist Letzteres eine zentrale fundamentale Idee des Mathematikunterrichts, Ersteres als Teil der Analogiebildung Kern menschlichen Denkens.

Die Hundertertafel wird beispielsweise konstruktiv eingeführt: Gemeinsam fängt die gesamte Lerngruppe an, beginnend mit einer leeren großen Hundertertafel und magnetischen Zahlenkarten, was als Inhalt für Kinder im zweiten Schuljahr in der Regel einen sehr hohen Aufforderungscharakter hat. Im Morgenhalbkreis werden als Ritual dieser Woche täglich einige zufällig gewählte Zahlen von Kindern richtig angeordnet, bis die große Hundertertafel vollständig mit Magnetzahlen gefüllt ist. Nach der Einführung in der ersten Stunde erhält jedes Kind zudem als Aufgabe der Woche eine leere DIN-A3-Tafel als Vorlage für die Hundertertafel, ein großes Papier mit ungeordneten Zahlen bis 100 und die Aufgabe, die Zahlen auszuschneiden, zu

ordnen, in die richtige Reihenfolge zu legen und aufzukleben. Im Morgenkreis werden die hierbei gefundenen „Muster" diskutiert, z. B. wo jeweils die Zahlen mit dem Einer stehen usw. Dabei nennen die Kinder auch die Strategien, nach denen sie vorgehen. Diese Hundertertafel dient anschließend als Grundlage zahlloser mathematischer Aktivitäten bis hin zur Addition bzw. Subtraktion durch „Laufen" auf dem Feld.

Beispiel 2: Larissa erobert sich den Hunderterraum.

Larissa hat besonders große Probleme im mathematisch-logischen Bereich. Bei ihr wurde der Unterstützungsbedarf Lernen an der Grenze zum Unterstützungsbedarf Geistige Entwicklung und der Unterstützungsbedarf Emotional-soziale Entwicklung festgestellt. Sie wird zieldifferent beschult. Bei der Zahlbegriffsentwicklung zählt sie immer noch von 1 an; simultane Zahlerkennung oder Zählen in Schritten oder rückwärts gelingt ihr nur materialgestützt und wechselnd erfolgreich je nach Tagesform. Sie arbeitet sehr flüchtig und korrigiert ihre Ergebnisse nicht selbstständig.

Larissa orientiert sich vermutlich auf Grund von Raumwahrnehmungsproblemen kaum auf der Hundertertafel mit seinen vielen Zahlen und der für sie zunächst nicht durchschaubaren Struktur des Hunderterraumes. Sie vertauscht die Ziffern beim Schreiben (Inversion). Larissa benötigt deshalb vor allem eins: mehr Zeit für dieses Material als Lerninhalt und eine Entlastung von der filigranen Arbeit mit den Papierzahlen.

Larissa bekommt daher ein Hunderterbrett und Zahlenchips (Abb. 6.3). Sie bearbeitet Aufgaben verschiedenen Schwierigkeitsgrades, z. B. alle Zahlen mit einer 0 auflegen, die Zahlen bis 50 legen, einzelne Zahlen und ihre Nachbarzahlen und Nachbarzehner legen usw. Zur Fehlerkorrektur hat Larissa einerseits die komplette Lösung auf der Rückseite der Karteikarten, andererseits die links abgebildete vollständige Hundertertafel als Lösungshilfe.

Abb. 6.3: Hunderterbrett mit Kartei und Lösungsbrett

Larissa arbeitet sehr konzentriert an dieser Aufgabe, die ihr einiges abfordert: Sie muss die Zahlenplättchen sortieren und ordnen, dazu muss sie sich an der Reihenfolge der Ziffern orientieren, indem sie sie vergleicht. Sofern die übrigen Kinder in ihrem Wochenplan Zeit haben, arbeiten einige sehr gern mit ihr zusammen an dem Material und vertiefen aus eigenem Interesse ihr Wissen um den Hunderterraum. Das Sortieren der Zahlenplättchen fällt Larissa schließlich zunehmend leichter.

Nach einer Weile verliert Larissa das Interesse: Sie hat das Material und die Struktur der Hundertertafel für sich erschlossen und nutzt fortan die große Hundertertafel

an der Seitenwand des Klassenraumes zur Orientierung und zum Teil für Berechnungen – z. B. für die Einmaleinsreihen, die sie auf dem Weg zur Automatisierung zunächst in Schritten abzählt.

10. Abstraktion ist theoretisch – und empirisch!

Das Bündeln und die Überführung einer Stufenzahl in eine andere muss sich beim Mehrsystemmaterial kein Kind abstrakt vorstellen: Es hat das Material zur Hand und führt die Handlung aus, sodass es das Konzept des Bündelns aus der immer zu wiederholenden Handlung heraus abstrahieren kann. Diese Abstraktion von Handlungen beruht jedoch auf der Zerlegung eines Bewegungsmusters in Einzelteile, was durch Interpunktion wie oben geschildert erleichtert wird. Vergleiche und Abstraktion sind damit nur auf der Basis gespeicherter Bewegungen möglich und somit nach Peschek (1988) eher theoretisch, weil nur aus dem Gedächtnis zu rekapitulieren.

Die oben durch Mehrsystemmaterial dargestellten Stufenzahlen unseres Dezimalsystems können auch durch die Betrachtung der Einheiten und ihren Vergleich abgemessen werden, z. B. indem ich 10 Einer neben 1 Zehner lege, womit eine Abstraktion am Gegenstand direkt und empirisch erfolgt. Zugleich kann der Vergleich der Stufenzahlen auch durch die Vorstellung erfolgen – ich messe mit einem Einer die einzelnen Abschnitte des Zehners ab und bündle dann; an die Gleichmächtigkeit und das Abzählen muss sich ein Kind erinnern! Durch die Arbeit mit dem konkreten Material und durch die hierbei vorgenommenen Handlungen entspricht die mathematische Begriffsbildung in der Konzeption Montessoris diesem erst lange nach ihrem Entstehen vorgebrachten Postulat aktueller Didaktik, das in heutigen Lehrbüchern nach wie vor getrennt behandelt wird: Über das Werden durch die Handlung entsteht das Sein, so wird beispielsweise über die Vorstellung aus der fortgesetzten Addition (zeitlich-sukzessive Vorstellung der Multiplikation) durch das Legen von Perlenstäbchen zugleich die zentrale räumlich-simultane Vorstellung – die Rechteckdarstellung – der Multiplikation generiert (Abb. 6.4).

Diese theoretische Abstraktion der fortgesetzten Addition wird durch die oben erläuterte Interpunktion (+9, +9, +9) erleichtert. Damit werden durch Nutzung theoretischer und empirischer Abstraktion sowohl Kinder mit eher funktionalem Denkstil als auch Kinder mit vorwiegend prädikativem Denkstil (vgl. weiterführend Schwank, Armbrust & Albertus 2003) angesprochen.

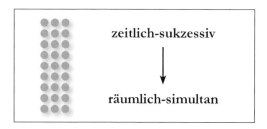

Abb. 6.4: Multiplikation mit Perlenstäbchen

11. Verschiedene Materialien bereichern die Vorstellungsbildung durch mehrere Aspekte.

Wie bei der Multiplikation bilden verschiedene Aspekte häufig erst das Gesamt des mathematischen Begriffs, wenn auch nicht immer alle Aspekte genutzt werden. Beim Zahlbegriffserwerb und vertiefend bei der Zahlenraumerweiterung werden von Montessori mehrere Materialien kombiniert, die jeweils einen Zahlaspekt (ordinaler Zahlaspekt bzw.

Zählzahlaspekt, Kardinalzahlaspekt oder Maßzahlaspekt) in den Vordergrund stellen. In ihrer materialgebundenen Konzeption ist ein Aspekt jedoch selten zu isolieren: Man kann mit dem Material quasi als Maßzahl z. B. die Einheiten „abmessen", mit Zählzahlen die einzelnen Würfel abzählen und so die kardinale Menge der einzelnen Elemente bestimmen („Wie viele sind es insgesamt?"). Diese drei Aspekte durchziehen konsequent die Materialien zur Zahlenraumerweiterung bis 100 bzw. 1000 und ergänzen sich gegenseitig als lineare, kardinale bzw. strukturbezogene Darstellung des jeweiligen Zahlenraumes.

12. Intramodaler Transfer fördert die Abstraktion.

Abstraktion erfolgt damit auch auf der gleichen Darstellungs- bzw. Repräsentationsebene, der enaktiven (Handlungs-)Ebene. Immer wieder genutzte gleiche Farben für den gleichen mathematischen Inhalt und verbindende Handlungen zwischen verschiedenen Materialien führen dazu, dass die Materialien selbst kein vollkommen neuer Lerninhalt sind und die Vielfalt an Materialien auch Kinder mit Unterstützungsbedarf nicht überfordert. Hier helfen die in Anlehnung an Montessoris „ponti di passaggio" sogenannten „Analogiebrücken" (Thom 2010, S. 255ff.), die auf den mathematischen Geist gerichtet sind und bei der Abstraktion helfen: Farben oder verbindende Handlungen können Analogiebrücken darstellen und reduzieren damit den Aufwand für die Einführung eines jeden Materials und helfen Kindern dabei, sich vom konkreten Material zu lösen. Das „Markenspiel" und das zuvor ausgiebig genutzte „Goldene Perlenmaterial" beispielsweise besitzen die gleiche strukturelle Tiefenstruktur, nur, dass das „Goldene Perlenmaterial" analog zum Mehrsystemmaterial die Stufenzahlen des Dezimalsystems kardinalgeometrisch darstellt.

Schwache Schülerinnen und Schüler sowie junge Kinder vermögen diese strukturelle Ähnlichkeit noch nicht zu erfassen.

Über verbindende Handlungen, wie in Abb. 6.5 gezeigt („Das ist eins!" mit Zeigen auf die Einerperle. Und „Das ist eins!" mit Zeigen auf die Einermarke), sowie die Nutzung der den Kindern über Zahlenkarten bereits bekannten Farben für Einer, Zehner, Hunderter und Tausender stellt die Lehrerin/der Lehrer Identitäten her über Oberflächenähnlichkeit, wie anhand der Grafik (Abb. 6.5) deutlich gemacht werden soll.

Das Kind kann die Analogie zum bereits bekannten Perlenmaterial nutzen und ist sofort vertraut mit den zentralen Tätigkeiten Bündeln und Entbündeln beim „Markenspiel", lediglich die Stufenzahlen werden auf eine neue Abstraktionsebene losgelöst von ihrer kardinalen „Größe" geführt, denn die Marken sind alle gleich groß. Damit haben die Kinder einerseits ein neues Material und somit einen neuen Interessenspunkt. Gleichzeitig bleibt die Vertrautheit des Umgangs erhalten, was sich aus psychologischer Sicht positiv auf die Motivation zum Umgang mit dem somit nicht ganz neuen und nicht mehr alten Material auswirkt: Auf diese Weise wird „flow" als nach Csikszentmihalyi (1985) sich selbst verstärkende autotelische Tätigkeit herbeigeführt bzw. ermöglicht.

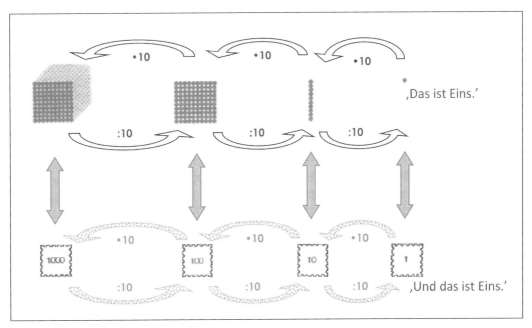

Abb. 6.5: Analogiebrücken zwischen Goldenem Perlenmaterial und Markenspiel (Materialabbildungen aus Montessori 1971, S. 17 und S. 84, modifiziert durch S. T.)

Für die gesamte fundamentale Idee des Stellenwertsystems bestehen solche Analogiebrücken von jedem Material aus: Die Vielzahl an Materialien behindern nicht, sondern ermöglichen so gerade die Ablösung vom konkreten Material und die Schemainduktion der grundlegenden Vorstellungen vom dezimalen Stellenwertsystem.

Im inklusiven Unterricht der Regelschule bietet sich die Nutzung farbiger Mehrsystemmaterialien anstelle des „Goldenen Perlenmaterials" nicht nur wegen des deutlich geringeren Anschaffungspreises auch aus didaktischer Sicht an: Die Stufenzahlen des Dezimalsystems sind bereits eingefärbt (Einer und Tausender grün, Zehner blau, Hunderter rot), sodass die Oberflächenähnlichkeit noch erheblich deutlicher hervortritt. Beim ebenfalls genutzten Zahlenstrahl markieren die Kinder die Zehnerzahlen blau und die Hunderterzahlen rot – das hilft bei der Bestimmung der Nachbarzehner und Nachbarhunderter. Auch der intermodale Transfer zwischen verschiedenen Repräsentationsebenen kann durch die Nutzung der Oberflächenähnlichkeit erleichtert werden.

13. Von der enaktiven zur symbolischen Ebene – durch intermodalen Transfer

Schwerpunkt eines intermodalen Transfers, also des Wechsels der Repräsentationsebenen zur Förderung der Abstraktion bei der Begriffsbildung, ist dabei der Transfer von der hauptsächlich genutzten enaktiv-handelnden Darstellung zur symbolischen: Die Handlungen werden von symbolischen Darstellungen – gesprochenen oder geschriebenen Worten oder der Zifferndarstellung – begleitet. Die ikonisch-bildliche Ebene dient vorwiegend

der Ergebnissicherung. Deutlich wird dies u. a. bei der Nutzung des farbigen Mehrsystemmaterials: Die Kinder zählen die Einheiten aus und legen die Zahlenkarten dazu. Dann werden die Ziffernkarten rechtsbündig zusammengeschoben und es entsteht die symbolische Zahldarstellung in distributiv zusammengesetzter Stellenwertdarstellung (Abb. 6.6).

Abb. 6.6: Mehrsystemmaterial mit Zahlenkarten (zusammengesetzt, Farbgebung: Tausender und Einer grün, Hunderter rot und Zehner blau)

Die Kinder machen dazu viele Übungen, schreiben die Zerlegung als Plusaufgabe (1 000 + 300 + 40 + 5), stempeln die Bilder der Mehrsystemeinheiten und schreiben dann die Zahl in zusammengesetzter Stellenwertschreibweise dazu.

Dabei schreiben die Kinder die Zahlen und Aufgaben in den entsprechenden Farben mit Radierfüllern in Grün, Rot und Blau. So werden sie stets über die Oberflächenähnlichkeit zu den Mehrsystemblöcken daran erinnert, dass die Ziffer hinten nicht eine 5 ist, sondern „5 Einer", die zweite Ziffer von hinten ist dann nicht einfach eine 4, sondern „4 Zehner" oder „40" – beide Sprech- und Schreibweisen werden synchron benutzt. Stellenweises Untereinanderschreiben ist dann eine leichte Übung und die Farben unterstützen diejenigen, die auf Grund von Wahrnehmungsproblemen oder anderen Schwierigkeiten kaum Orientierung im Heft haben. Die Notation von Zahlen orientiert sich dabei eher an ökonomischen Gesichtspunkten: Hat ein Kind bei der Notation mehrerer Zahlen gerade den roten Radierfüller in der Hand, kann es schon einmal sein, dass erst alle Hunderterziffern in allen Zahlen geschrieben werden. Die Kinder schreiben damit nicht die Zahlen, wie sie gesprochen werden, was häufig ein Problem ist bei der „verqueren" deutschen Zahlensprechweise, sondern sie orientieren sich schnell sicher an den Stellenwerten einer vorgestellten und aus dieser Vorstellung heraus abgeleiteten Zahl.

Beispiel 3: Felizitas strukturiert Zehner und Einer.

Felizitas, ein Kind mit Rechenstörung, profitiert von dem Mehrsystemmaterial besonders: Während sie im Zwanzigerraum lange sehr unsicher war und regelrecht „umhertaumelte", findet sie im Hunderterraum in den farbigen Zehnern und Einern sehr schnell Stütze und Orientierung und möchte die Sicherheit des Schreibens „in Farben" trotz des Mehraufwands auch dann nicht aufgeben, als sie es eigentlich schon längst durchdrungen, im wahrsten Sinne des Wortes „begriffen" hat.

Die Nutzung eines großen magnetischen Mehrsystemmaterials erleichtert die Arbeit im Plenum, durch eine entsprechend mit den Mehrsystemsymbolen und -farben gekennzeichnete Stellenwerttafel gelingt der Übergang auf die symbolische Ebene sicher.

Die unbesetzte Stelle ist hierbei kaum ein Problem – sie wird mit einer Null gefüllt, wenn die Zahl geschrieben ist („es ist ja gar kein Zehner da"). Die Arbeit mit einer in der Kopfzeile entsprechend an das Mehrsystemmaterial angelehnten Stellenwerttabelle ermöglicht auch Kindern mit Lernschwierigkeiten das Lösen von Problemaufgaben aus höheren Anforderungsbereichen: „Finde die Zahl mit der größten (kleinsten) Quersumme!" oder „Finde möglichst viele Zahlen mit der Quersumme 9!" sind nur einige der möglichen Aufgabenstellungen, die materialgestützt durch eine kleine, handliche, eigene Stellentafel mit Plättchen auch von Kindern mit Unterstützungsbedarf gelöst werden können: Die Anzahl der Magneten auf der Stellentafel entspricht der Quersumme einer Zahl, die übrigens seither bei Rechenaufgaben als Lösungskontrollhilfe dient.

Die Erarbeitung schriftlicher Rechenverfahren zur Addition und Subtraktion bedeutet für Kinder auf dieser Grundlage nur einen kleinen Schritt und ist mehr eine Frage der Notation als des bereits bei ihnen gefestigten Verständnisses. Damit geht auch die Förderung allgemeiner Kompetenzen wie Problemlösen, Argumentieren oder Kommunizieren einher, die von Montessori natürlich entsprechend der Auffassungen ihrer Zeit niemals expressis verbis erläutert worden ist, aber in mehreren Schriften durchschimmert und auch in einem materialorientierten und individualisierenden Mathematikunterricht nicht zu kurz kommen sollte. Für Kinder mit Unterstützungsbedarf im Bereich Lernen oder Geistige Entwicklung kann es beispielsweise auch und gerade bei zieldifferenter Beschulung ein sehr erhebendes Gefühl sein, ihre Lernmaterialien und -inhalte sowie mögliche Ergebnisse und Erkenntnisse im Plenum den anderen vorzustellen. Dies kann auch Begriffsbildungsprozesse anderer Kinder unterstützen, die möglicherweise gerade am gleichen Inhalt binnendifferenziert oder zieldifferent arbeiten.

Beispiel 4: Larissa erklärt den anderen Kindern ihr Lernmaterial.

Im zweiten Schuljahr wird die Multiplikation ausgiebig erarbeitet. Während Larissa materialgebunden das kleine Einmaleins über die Perlenstäbchen zur Multiplikation und das kleine Multiplikationsbrett herleitet, automatisieren andere Kinder bereits das Einmaleins. Larissa stellt am Ende einer Stunde „im Kinositz" den anderen Kindern das kleine Multiplikationsbrett vor. Sie erläutert, wie es gehandhabt wird, und zeigt, wie sie selbst die Aufgaben löst. Einige Kinder melden sich; sie haben anhand der Beispiele Larissas Ableitungsstrategien der operativen Erarbeitung wiedererkannt und erläutern sie noch einmal. In der nächsten Stunde setzt sich Chantal zu Larissa: Sie tut sich noch schwer mit einigen Einmaleinsreihen, will dies aber nicht zugeben und kaschiert ihre Probleme oft durch lockere Sprüche. In den kommenden Stunden erarbeiten beide unter Larissas Führung gemeinsam einige der schwierigen Einmaleinsreihen, die Chantal bislang noch nicht durchdrungen hatte.

Mathematik entdecken statt nur Rechenhilfen nutzen – Anmerkungen zu einer materialorientierten Mathematikdidaktik

Abstraktion erfolgt sukzessive aufsteigend – das Kind lernt in seinen ihm möglichen Schritten entdeckend in seiner ihm möglichen Geschwindigkeit nach einem an inhaltlichen und psychologischen Aspekten orientierten Spiralcurriculum mit Materialien, die jedes für sich materialisierte Abstraktion sind auf dem Weg hin zu einem abstrakten mathematischen Begriff und der Ablösung vom Material. Die Arbeit mit Lernmaterialien nach Ideen Montessoris lässt und schafft Kindern viel Freiraum, unter anderem für die Entwicklung eigener Strategien, die eine Lehrerin/ein Lehrer durch die genaue Beobachtung von Handlungen der Kinder statt nur ihrer schriftlichen Produkte deutlich erkennen kann.

Beispiel 5: Larissa nutzt Strategien bei der Herleitung des Kleinen Einmaleins

Larissa braucht wie viele Kinder mit dem Unterstützungsbedarf Lernen oder Geistige Entwicklung einfach mehr Zeit für die meisten Inhalte als andere Kinder: Während diese bereits auf anderen Ebenen und mit anderen Materialien die Reihen vertiefen und automatisieren, arbeitet Larissa weiter mit den Perlenstäbchen zur Multiplikation (Abb. 6.7) und speziellen Aufgaben zu den Einmaleinsreihen, die sie sich sukzessive mit Unterstützung durch die Lehrerin erarbeitet.

Abb. 6.7: Perlenstäbchen zur Multiplikation (mit unterschiedlicher Färbung bei verschiedenen Längen)

Larissa arbeitet heute an der Fünferreihe. Sie legt die Aufgabe 5 · 5. Dazu legt sie fünf Fünferstäbchen hin. Dann ermittelt sie das Ergebnis: Larissa zählt strukturiert, indem sie immer zwei Fünfer zu einem Zehner zusammenlegt.

Larissa hat über das andauernde Legen von Stäbchen erkannt, dass zwei Fünfer so viel sind wie ein Zehner, und damit die Grundlage für Verdoppeln bzw. Halbieren als Strategie zum Ableiten der Einmaleinsreihen entdeckt. Nun kann sie diese Strategie zur Ökonomisierung ihrer eigenen Arbeit an vertiefenden Aufgaben anwenden. Gerade über die häufig aufwändige und zum Teil auch langwierige Arbeit mit Material entdecken, entwickeln und nutzen die Kinder materialgeleitet sehr oft „eigene" Strategien, die bei genauer Betrachtung jedoch gängigen Strategien entsprechen.

Rechenkonferenzen oder Strategiekonferenzen dienen immer auch dem Aufzeigen der vielen möglichen Wege, mit denen die Kinder zum Ziel kommen.

Bei Kindern mit sonderpädagogischem Unterstützungsbedarf und zieldifferenter Beschulung ist es sinnvoll, sie gezielt bei der Vertiefung nur einer Strategie zu unterstützen – dies bedeutet aber keinesfalls, dass sie diese nicht aktiv entdecken oder gar mit Hilfe des Materials erläutern könnten, wie und warum sie etwas tun. Im nachfolgenden Beispiel 6 entwickeln Chantal sowie Larissa und Yannick bei der gleichen Problemaufgabe (43 + 26) mit dem gleichen Material selbstständig zwei unterschiedliche Strategien.

Beispiel 6a: Yannick und Larissa entwickeln die Strategie „schrittweise rechnen" bei der Addition im Hunderterraum.

Yannick hat wie Larissa Unterstützungsbedarf in den Bereichen Lernen und Emotional-soziale Entwicklung. Er ist leicht ablenkbar. In dieser Stunde ist für die ganze Klasse eine Rechenkonferenz zur halbschriftlichen Addition zweistelliger Zahlen angesetzt. Die beiden Kinder arbeiten zusammen und haben farbiges Mehrsystemmaterial zur Verfügung.

Ihr erster Schritt besteht darin, die Aufgabe zu legen. Wenn sie allein arbeitet, tut sich Larissa damit schwer und will diesen Schritt oft überspringen. Sie legt in der Partnerarbeit aber die vorgegebene Aufgabe, indem sie beide Summanden auf den Tisch legt (Abb. 6.8).

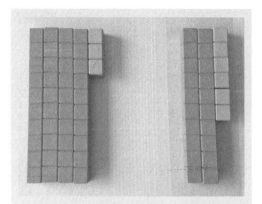

Abb. 6.8: Addition 43+26 (Legen der beiden
Summanden; die Zehner und Einer sind
unterschiedlich gefärbt)

In einem zweiten Schritt legt Larissa schritt-
weise erst die Zehner zum ersten Summan-
den (Abb. 6.9), dann die Einer (Abb. 6.10).
Dann erst ermitteln die beiden Kinder unter
Führung Larissas das Ergebnis. Larissa tippt
laut denkend zunächst auf die Zehnerstan-
gen, dann auf die Einer: „Sechzig. Einund-
sechzig, zweiundsechzig, dreiundsechzig,

Abb. 6.9: Addition 43 + 26 (schrittweises Rechnen
– erst Zehner addieren)

Abb. 6.10: Addition 43+26 (schrittweises Rechnen
– zuletzt die Einer hinzufügen)

vierundsechzig, fünfundsechzig, sechsund-
sechzig, siebenundsechzig, achtundsechzig,
neunundsechzig." Die letzte Zählzahl gibt
die Menge an – sie schreibt ihr Ergebnis
sauber auf.

Larissa zeigt Verständnis für die dezimale
Struktur. Sie kann bis 60 in Schritten (Zehnerschritten) zählen und dann von 60 weiterzählen. Das ist für sie ein großer Entwicklungsschritt, dem noch viele weitere folgen werden.
Die beiden Kinder entdecken gemeinsam für
sich die Strategie des schrittweisen Rechnens
zweistelliger mit einstelligen Zahlen bei der
Addition im Hunderterraum. Yannick nimmt
die Materialien übrigens nach kurzer Zeit nur
noch zur Kontrolle. Er schreibt sich die Zwi-
schenschritte auf und rechnet damit gestützt
im Kopf – wie Montessori immer wieder be-
tonte: Das Material vermittelt Vorstellungen
und Wissen und ist damit nur der Schlüssel
zur Welt. Ziel ist die Ablösung von ihm, nicht
die Arbeit mit ihm.

Beispiel 6b: Chantal entwickelt die Strategie „stellenweise rechnen" bei der Addition im Hunderterraum.

Chantal rechnet selbstständig die gleiche Aufgabe wie Yannick und Larissa, aber Chantal rechnet anders – stellenweise:

Chantal legt erst die Zehnerstäbe zusammen und dann die Einer (Abb. 6.11) – und kann hieraus ebenfalls eine halbschriftliche Notation für sich entwickeln.

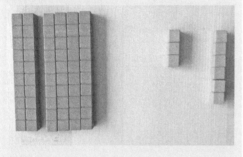

Abb. 6.11: Addition 43+26 (stellenweises Rechnen – Zehner und Einer separat addieren)

Fazit

Montessori beseitigt in ihrem Konzept die Diskrepanz zwischen aktivem Entdecken und direkt-instruktiver Kleinschrittigkeit und löst sie in einem konstruktivistisch-kognitionspsychologischen Lernkonzept auf. Die Methode Montessoris für den Mathematikunterricht gibt der Gestaltung inklusiven Unterrichts Möglichkeiten und Wege an die Hand, Kinder zieldifferent oder zielgleich gemeinsam zu unterrichten:

„Der Weg, auf dem die Schwachen sich stärken, ist der gleiche wie der, auf dem die Starken sich vervollkommnen."

(Montessori 1976, S. 166)

Literatur

Bruner, J. S. (1973). Der Akt der Entdeckung. In H. Neber (Hrsg.), *Entdeckendes Lernen* (S. 15–27). Weinheim: Beltz.

Csikszentmihalyi, M. (1985). *Das Flow-Erlebnis. Jenseits von Angst und Langeweile: im Tun aufgehen.* Stuttgart: Klett-Cotta.

Dehaene, S. (1992). Varieties of numerical abilities. *Cognition,* 44, 1–42.

KMK (2011). *Inklusive Bildung von Kindern und Jugendlichen mit Behinderungen in Schulen. Beschluss der Kultusministerkonferenz vom 20.10.2011.* Verfügbar unter: http://www.kmk.org/fileadmin/veroeffentlichungen_beschluesse/2011/2011_10_20-Inklusive-Bildung.pdf [Zugriff: 27.02.2015].

Montessori, M. (1913). *Selbsttätige Erziehung im frühen Kindesalter.* Stuttgart: Julius Hoffmann.

Montessori, M. (1964). *Kinder sind anders.* (7. Auflage). Stuttgart: Klett.

Montessori, M. (1971). *Psicoaritmetica. L'Aritmetica Sviluppata Secondo le Indicazioni della Psicologia Infantile Durante Venticinque Anni di Esperienze.* Herausgegeben von C. Grazzini. O.O.: Aldo Garzanti.

Montessori, M. (1973). *Von der Kindheit zur Jugend* (2. Auflage.). Herausgegeben von P. Oswald. Freiburg: Herder.

Montessori, M. (1976). *Schule des Kindes.* Freiburg: Herder.

Peschek, W. (1988). Untersuchung zur Abstraktion und Verallgemeinerung. In W. Dörfler (Hrsg.), *Kognitive Aspekte mathematischer Begriffsentwicklung. Arbeiten aus dem Projekt „Entwicklung formaler Qualifikationen im Mathematikunterricht"* (S. 127–190). Wien: Hölder-Pichler-Tempsky.

Schwank, I., Armbrust, S. & Albertus, M. (2003). Prädikative versus funktionale Denkvorgänge beim Konstruieren von Algorithmen. *Zentralblatt für Didaktik der Mathematik,* *35*(3), 79–85.

Schweiger, F. (2009). Ordnen – eine fundamentale Idee. In M. Neubrand (Hrsg.), *Beiträge zum Mathematikunterricht 2009* (S. 863–866). Münster: WTM-Verlag.

Thom, S. (2010). *Kinder lernen entdeckend. Eine hermeneutische Untersuchung zur Konzeption und Realisierung des Mathematikunterrichts Maria Montessoris.* Hildesheim: Franzbecker.

Waldschmidt, I. (2001). *Maria Montessori. Leben und Werk.* München: Beck.

7. Sprache im inklusiven Mathematikunterricht der Grundschule

Kerstin Tiedemann

Dieser Beitrag zeigt zunächst anhand der Bildungsstandards und einiger Schlaglichter aus der Forschung auf, welche bedeutende Rolle der Sprache im inklusiven Mathematikunterricht der Grundschule zukommt (Abschnitt 1 und 2). Dann wird das facettenreiche Phänomen der Sprache anhand einiger Unterscheidungen in Grundzügen theoretisch sortiert (Abschnitt 3). Ergänzend werden Merkmale aufgelistet, die speziell für den Sprachgebrauch im Mathematikunterricht typisch sind (Abschnitt 4). Im Hinblick auf den Unterricht wird dann zunächst dargestellt, auf welchen Ebenen Lernende und Lehrende selbst über Regeln für ihr Sprechen über Mathematik verhandeln (Abschnitt 5) und wie ein sprachsensibler Mathematikunterricht in Planung und Umsetzung gelingen kann (Abschnitt 6).

1. Blick in die Bildungsstandards

Gemäß den Bildungsstandards im Fach Mathematik für den Primarbereich soll Mathematiklernen als eine lebendige Auseinandersetzung mit Mathematik realisiert werden und stets darauf abzielen, dass die Schülerinnen und Schüler eine Entdeckerhaltung und Freude an der Mathematik entwickeln (s. KMK 2005, S. 6f.). Um einen entsprechenden Mathematikunterricht genauer zu fassen, werden fünf allgemeine mathematische Kompetenzen beschrieben, die den Schülerinnen und Schülern vermittelt werden sollen:

- Problemlösen
- Kommunizieren
- Argumentieren
- Modellieren
- Darstellen

Betrachtet man diese allgemeinen mathematischen Kompetenzen genauer, so wird ersichtlich, dass sie nicht nur eine bestimmte Form des Mathematiklernens und -lehrens beschreiben, sondern gleichzeitig der Sprache im Mathematikunterricht eine exponierte Stellung zuweisen. Denn ohne den intensiven Gebrauch von Sprache ist die Förderung und Entwicklung der allgemeinen mathematischen Kompetenzen kaum denkbar.

So ist es beim Problemlösen (und Modellieren) notwendig, den zumeist sprachlich transportierten Kontext zu erfassen. Beim Kommunizieren sollen eigene Vorgehensweisen beschrieben und mathematische Fachbegriffe sachgerecht verwendet werden. Das Argumentieren umfasst die Äußerung eigener Vermutungen und beim Modellieren sollen zu Termen, Gleichungen und bildlichen Vorgaben eigene Sachaufgaben formuliert werden. Beim Darstellen wird gefordert, Darstellungen zu entwickeln, zu vergleichen und zu bewerten.

Diese Bruchstücke aus der Vielfalt der allgemeinen mathematischen Kompetenzen verdeutlichen, dass der Mathematikunterricht, den die Bildungsstandards beschreiben, ein

Unterricht ist, in dem ein reger Austausch über Mathematik stattfindet. Die Lernenden sind in vielfältiger Hinsicht gefordert, eigene sprachliche Äußerungen zu produzieren und die ihrer Mitschüler verstehend zu verfolgen.

Diese Einsicht wird weiter gestützt, wenn man die inhaltsbezogenen mathematischen Kompetenzen betrachtet. Sie sind naturgemäß stärker auf das *Was* der Auseinandersetzung fokussiert und weniger auf das *Wie*; gleichwohl fügen sie sich konsistent in das Bild eines „sprachfreudigen" Mathematikunterrichts ein. Es sollen u. a. Rechenfehler erklärt, räumliche Beziehungen beschrieben, funktionale Beziehungen in Sachsituationen sprachlich beschrieben und Grundbegriffe der Wahrscheinlichkeit gekannt werden. Ganz gleich, ob man sich den Prozess des Mathematiklernens in Teilen auch sprachfrei vorstellen kann oder nicht, die Bildungsstandards klären, dass zumindest ein Großteil des unterrichtlichen Mathematiktreibens und die Diagnose von mathematischen Kompetenzen stets auf den Gebrauch von Sprache angewiesen sind. Für Letzteres müssen die Lernenden uns mitteilen, wie sie denken und welche Vorstellungen sie entwickelt haben, damit wir ihren Lernstand detailliert erfassen und passende Förderangebote entwickeln können. Handlungen allein, z. B. mit Material, reichen dafür oft nicht aus. Gerade in einem inklusiven Mathematikunterricht bedarf nun die Sprache besonderer Beachtung, da die Lernenden sehr unterschiedliche Voraussetzungen mitbringen, um Informationen aus den sprachlichen Äußerungen anderer zu entnehmen und sich selbst sprachlich auszudrücken.

2. Schlaglichter aus der Forschung

Meyer & Prediger (2012) beschreiben, dass die Sprache im Mathematikunterricht in drei Hinsichten relevant ist. So ist sie erstens *Lerngegenstand*, der gezielt erworben werden muss. Schülerinnen und Schüler lernen nicht nur Mathematik, sondern untrennbar damit verbunden auch die Sprache der Mathematik. Dieser Aspekt wurde schon im Hinblick auf die Bildungsstandards thematisiert, als etwa unter der prozessbezogenen Kompetenz des Kommunizierens beschrieben wurde, dass die Schülerinnen und Schüler lernen sollen, Fachbegriffe sachgerecht zu verwenden. Gleichwohl beziehen sich die Anforderungen der Sprache als Lerngegenstand nicht ausschließlich auf die Wortebene. Auch im Hinblick auf die Satz- und Textebene haben die wissenschaftliche Disziplin Mathematik und in Orientierung an ihr auch der Mathematikunterricht sprachliche Eigenheiten entwickelt, die besonders hilfreich sind, um die Objekte, Relation, Zusammenhänge und Prozesse, über die in der Mathematik gesprochen wird, angemessen zu beschreiben (vgl. Maier & Schweiger 1999; Abschnitt 4). Zweitens ist die Sprache im Mathematikunterricht immer auch *Lernmedium* (vgl. Meyer & Prediger 2012, S. 2). Denn ein großer Teil der fachlichen Lernprozesse ist, wie die Bildungsstandards deutlich machen, in Kommunikationsprozesse eingebettet. Lernende diskutieren unterschiedliche Lösungswege, begründen ihre Antwort und stellen Fragen zu Unverstandenem. Lehrpersonen erklären ein schriftliches Rechenverfahren, geben Rückmeldungen zu präsentierten Lösungen und fragen nach Ideen und Vorstellungen der

Schülerinnen und Schüler. Obgleich Lernende und Lehrende sich auch über Handlungen am Material oder über Zeigegesten verständigen können, ist doch ein wesentlicher Teil der Unterrichtskommunikation sprachlich vermittelt. So ist denn auch zu erklären, dass Meyer & Prediger (ebd.) die Sprache drittens als *Lernvoraussetzung und -hindernis* bezeichnen. Wenn Mathematikunterricht im Wesentlichen sprachlich vermittelt ist, dann muss man die Sprache des Unterrichts beherrschen, um ihm folgen zu können. Gelingt es einem hingegen nicht, wird die Sprache zu einer Hürde, die das fachliche Lernen verstellt. Sie wird zu einem Lernhindernis.

Dieser Aspekt ist in den letzten Jahren zunehmend in den Fokus der mathematikdidaktischen Forschung gerückt. Denn internationale Vergleichsstudien wie PISA 2000 oder IGLU 2001 haben gezeigt, dass Lernende mit nicht-deutscher Erstsprache, aber auch solche aus Familien mit einem niedrigen sozioökonomischen Status in Deutschland durchschnittlich schwächere Mathematikleistungen zeigen als ihre Mitschüler (vgl. Deutsches Pisa-Konsortium 2001; Bos et al. 2003). Dieser Befund spiegelt wider, dass diejenigen, die die Lernvoraussetzung *Sprache* nicht in ausreichendem Maße erfüllen, in ihrem fachlichen Lernen eingeschränkt sind. Dieser Befund gilt für den Mathematikunterricht, aber auch für andere Fächer. Immer deutlicher konnte seitens der Forschung herausgearbeitet werden, dass es einen starken Zusammenhang zwischen sprachlichen und fachlichen Kompetenzen gibt (vgl. Chudaske 2012; Gantefort & Roth 2014; Heinze et al. 2011). Mit Blick speziell auf die Mathematikleistungen zeigen Prediger et al. (2013), dass

die Beherrschung der Unterrichtssprache die Leistung sogar stärker beeinflusst als der sozioökonomische Status der Familie oder ein Migrationshintergrund.

Prediger & Wessel (2011) weisen darauf hin, dass die Schwierigkeiten von Lernenden mit nicht-deutscher Erstsprache im Mathematikunterricht von der Forschung bisher einseitig entweder als sprachliche oder als fachliche Schwierigkeiten konzeptualisiert werden. Im Zuge dieser Kritik fordern die Autorinnen ein, dass sich die mathematikdidaktische Forschung der realen Komplexität weiter annähern müsse, indem sie eine integrierte Fach- und Sprachförderung entwickle und erprobe (vgl. auch Schmölzer-Eibinger 2013). Damit ist erneut auf die Doppelrolle der Sprache als Lerngegenstand und Lernmedium verwiesen: Sie wird genutzt, um zu lernen (Lernmedium), und soll gleichzeitig selbst gelernt werden (Lerngegenstand). Dieser vermeintliche Widerspruch kann aufgelöst werden. Einen Weg zeigen Prediger & Wessel (2011) mit ihrer fach- und sprachintegrierten Förderung für den Bereich der Brüche auf. Sie verzichten darauf, die sprachliche und inhaltliche Ebene analytisch zu trennen, und fokussieren auf das Wechseln zwischen unterschiedlichen Darstellungen (vorgegebenes Bild, eigenes Bild und Text) und unterschiedlichen Sprachregistern (Alltags- und Bildungssprache). Die Alltagssprache ist jene Sprache, die die Lernenden im Alltag, etwa in der Familie oder unter Freunden, sprechen, und die Bildungssprache ist jene komplexere Sprache, die der Mathematikunterricht in Aufgabentexten, Lehrererklärungen oder Arbeitsaufträgen von ihnen verlangt (s. Abschnitt 1 und 2). Die Lernenden bringen also aus ihrem außerschulischen Alltag eine Sprache mit in den Unterricht, die als Lernmedium ohne Bedingungen wertgeschätzt und genutzt werden sollte, und genau diese Sprache kann dann in einem sprachsensiblen Mathematikunterricht hin zu einer Bildungssprache verbessert, verfeinert und abstrahiert werden. Wagenschein (1988, S. 137) formuliert: „Mit anderen Worten: dass die Zone der erst stammelnden, dann genauen Muttersprache nicht, wie ein lästiges Vorzimmer, überrannt werden darf, sondern der eigentliche Verweil-Raum sein sollte, aus dem mit letzten Schritten die exakte Fachsprache heraustritt. […] Die Muttersprache ist die Sprache des Verstehens, die Fachsprache besiegelt es, als Sprache des Verstandenen."

3. Sprache theoretisch fassen

Wer die mathematikbezogene Sprache in einem sprachsensiblen Unterricht fördern möchte, sollte zunächst präzise klären, was mit *Sprache* überhaupt gemeint ist. Was ist das, was gefördert werden soll, und wie soll es am Ende aussehen? Was ist das Ziel unseres Förderns? Dazu nachfolgend einige hilfreiche Unterscheidungen.

3.1 Sprachregister

Die Form unserer Sprache ist nicht unabhängig vom Kontext ihres Gebrauchs. Wir sprechen anders, wenn wir uns im Restaurant beim Kellner beschweren, wenn wir mit einem Freund den vergangenen Abend Revue passieren lassen oder wenn wir in einer mündlichen Prüfung wissenschaftliche Einsichten wiedergeben und einordnen. Wir nehmen die Anforderungen der jeweiligen Situation wahr und passen unseren Sprachgebrauch

daran an. Diese funktionale Variante des Sprachgebrauchs bezeichnet Halliday (1978) als *Sprachregister*. So können etwa die Alltags- und die Fachsprache als zwei unterschiedliche Sprachregister unterschieden werden. Die Alltagssprache nutzen wir beispielsweise, wenn wir in einem Café sitzen und uns mit einem Freund an den gestrigen Abend erinnern. Wir haben diese Zeit gemeinsam erlebt und können voraussetzen, dass der andere auch unvollständige, lückenhafte Sätze versteht, weil ihm der Bezugspunkt unserer Schilderungen bekannt ist. Wir können Gestik und Mimik nutzen, um etwa die Form einer Brille oder den Gesichtsausdruck des Gastgebers wiederzugeben, da unser Gesprächspartner uns sieht und die Gestik und Mimik als Sprachmodi ebenfalls wahrnehmen kann. Die Sprache soll in einer solchen Situation vor allem eine schnelle und reibungslose Kommunikation ermöglichen; wir wollen uns mitteilen und daher leicht verständlich sein. Die Intention unseres Sprachgebrauchs ist hingegen eine andere, wenn wir in der Schule oder der Universität mit anderen über ein mathematisches Problem diskutieren. Wenn wir etwa überlegen, warum die Summe der ersten n ungeraden Zahlen immer eine Quadratzahl ergibt, ist es wichtig, dass wir Voraussetzungen und daraus abgeleitete Folgerungen präzise und vollständig darlegen, sodass unsere Diskussionspartner uns folgen und unsere Gedanken aufgreifen und weiterentwickeln können. Eine rasche und reibungslose Kommunikation wird zugunsten einer exakten und umfassenden Darlegung zurückgestellt. An diesen beiden klischeehaft skizzierten Beispielen wird deutlich, dass die Alltags- und die Fachsprache mit unterschiedlichen Intentionen verbunden sind und sich aus diesem

Grund auch durch unterschiedliche Formen und Strukturen auszeichnen. Daher können wir sie nach Halliday (1978) als Sprachregister bezeichnen.

3.2 Schriftlichkeit und Mündlichkeit

Koch & Oesterreicher (1985) unterscheiden zwischen dem Medium und der Konzeption einer sprachlichen Äußerung. Hinsichtlich des Mediums kann eine Äußerung phonisch (mündlich) oder graphisch (schriftlich) vorliegen. Diese Unterscheidung ist dichotom und meist recht einfach vorzunehmen. Ein Lehrer-Schüler-Gespräch im Mathematikunterricht ist medial mündlich und eine Klassenarbeit liegt in medial schriftlicher Form vor. Weniger eindeutig ist die Unterscheidung hinsichtlich der Konzeption. Mit ihr wird die Frage nach den verwendeten Kommunikationsstrategien in den Mittelpunkt gerückt. Der Café-Plausch mit einem Freund ist medial mündlich, aber auch konzeptionell mündlich. Wir nutzen Kommunikationsstrategien, die typisch für die mündliche Kommunikation sind (vgl. Koch & Oesterreicher 1985, S. 20f.): Der Austausch wird spontan organisiert, die Rollen des Sprechers und des Zuhörers sind potentiell jederzeit vertauschbar. Wer eben noch zugehört hat, ist im nächsten Moment der Erzähler, weil ihm zum Gesagten eine passende Anekdote einfällt. Wenn wir etwas nicht verstehen, können wir jederzeit nachfragen. Wir können auch unsere Emotionen zu dem Gesagten ins Gespräch einbringen. Diese spontane Kommunikation in einer Face-to-face-Situation führt aus linguistischer Perspektive häufig zu kurzen, unvollständigen, grammatisch vielleicht sogar fehlerhaften Sätzen. Worte werden mit unscharfen

Bedeutungsfeldern genutzt und Texte stets nur spontan und in Kooperation mit dem zuhörenden Gesprächspartner produziert. Wir können also formulieren: Das Sprachregister der Alltagssprache zeichnet sich durch eine konzeptionelle Mündlichkeit aus. Angemerkt sei jedoch, dass damit nichts über das Medium ausgesagt ist. Konzeptionell mündliche Äußerungen können in medial mündlicher oder medial schriftlicher Form vorliegen: Während das private Gespräch mit dem Freund im Café medial mündlich ist, ist ein Chat oder eine Kurznachricht medial schriftlich. Beide Kommunikationssituationen werden aber gewöhnlich mit Strategien bewältigt, die Koch & Oesterreicher als konzeptionell mündlich bezeichnen würden. Dem stehen konzeptionell schriftliche Kommunikationsstrategien gegenüber (vgl. Koch & Oesterreicher 1985, S. 20f.). Sie sind typisch für die Schriftsprache. Wir können an einen Journalisten denken, der einen Artikel verfasst. Der Adressat seines Textes ist ihm kein persönliches Gegenüber, meist nicht einmal bekannt. Vielmehr sind die Prozesse der Sprachproduktion und der Sprachrezeption voneinander entkoppelt. Der Journalist muss im Prozess des Schreibens die Rezeption bereits planen und dem Leser alle zum Verständnis notwendigen Informationen zur Verfügung stellen. Dabei kann er nicht auf eine geteilte Situation zurückgreifen, sondern muss alle kulturell-situativen Aspekte, die für ein verständiges Lesen erforderlich sind, erläutern. Er muss sich um Exaktheit und Vollständigkeit bemühen. Aus diesem Grund werden die sprachlichen Strukturen komplexer. Um gemeinte Zusammenhänge, Prozesse und Überlegungen darzulegen, wird er Haupt- und Nebensätze, Einschübe und präzise umrissene Begriffe nutzen. Wir sehen also: Die Fachsprache ist ein Sprachregister, das sich durch eine konzeptionelle Schriftlichkeit auszeichnet. Auch an dieser Stelle ist mit der konzeptionellen Einschätzung nichts über das Medium gesagt. Konzeptionell schriftliche Äußerungen können medial mündlich oder schriftlich sein: Der Artikel des Journalisten ist medial schriftlich, ein Referat an der Universität medial mündlich. Beide Kommunikationssituationen werden aber typischerweise mit Kommunikationsstrategien der Schriftlichkeit bewältigt.

Die Unterscheidung zwischen konzeptioneller Mündlichkeit und Schriftlichkeit wird didaktisch bedeutungsvoll, wenn gefragt wird, welche Sprache der Mathematikunterricht von den Lernenden verlangt.

3.3 Bildungssprache

Im Kontext des BLK-Programms FörMig (Förderung von Kindern und Jugendlichen mit Migrationshintergrund) an der Universität Hamburg wurde das Konzept einer durchgängigen Sprachbildung entwickelt, welche sich über alle Jahrgänge und alle Fächer erstrecken soll. Dazu wurde auch beschrieben, welche Sprache in der Institution Schule fächerübergreifend von den Lernenden erwartet wird. Das entsprechende Register wird als *Bildungssprache* bezeichnet, welches in Bildungseinrichtungen und -institutionen, aber auch in Teilen des öffentlichen Diskurses verwendet wird (vgl. Riebling 2013, S. 37). Dabei handelt es sich um eine „schriftsprachlich geprägte Sprache, die durch Komplexität, Abstraktheit, Kontextentbundenheit, Explizitheit und Kohärenz gekennzeichnet ist" (Schmölzer-Eibinger 2013, S. 26; vgl. auch Lange & Gogolin 2010). Ähnlich schreibt Gogolin

(2009, S. 270) diesem Register die „Merkmale formeller, monologischer schriftförmiger Kommunikation" zu. Die Bildungssprache zeichnet sich also wie die Fachsprache durch eine konzeptionelle Schriftlichkeit aus. So werden als Merkmale der Bildungssprache denn auch überwiegend Aspekte benannt, die eher der Schriftlichkeit zuzuordnen sind (vgl. Gogolin & Lange 2010, S. 13):

- klare Festlegung der Sprecherrollen

- stilistische Konventionen (z. B. Sachlichkeit, logische Gliederung)

- Präfixverben (z. B. *erhitzen, sich entfalten*)

- nominale Zusammensetzungen (z. B. *Stromstärke, Aggregatzustand*)

- normierte Fachbegriffe (z. B. *rechtwinklig, Oxidation*)

- explizite Markierungen des Textzusammenhangs (z. B. *daher, aus diesem Grund*)

- Satzgefüge (z. B. Relativsätze, erweiterte Infinitive)

- unpersönliche Konstruktionen (z. B. Passiv-Sätze, Sätze mit *man*)

- Funktionsverbgefüge (z. B. *zur Explosion bringen, einer Prüfung unterziehen*)

- umfangreiche Attribute (z. B. *der sich daraus ergebende Schluss*)

Das Register der Bildungssprache begegnet Lernenden in der Schule in vielfältigen Zusammenhängen, etwa in Prüfungsaufgaben, in Schulbuchtexten, in Lehrer- oder Schüleräußerungen, in didaktisch genutzten Zeitungsartikeln oder Sachtexten. Viele sprachliche Äußerungen im schulischen Unterricht eint, dass sie sich einer konzeptionell schriftlichen Sprache bedienen, um situationsunabhängig verständlich und genau zu sein. Lernende sollen in zunehmender Weise bildungssprachliche Äußerungen kompetent rezipieren, aber auch selbst produzieren können.

Damit wird die Bildungssprache zum Lerngegenstand im Mathematikunterricht. Dafür brauchen die Lernenden gezielte Unterstützung, da sich das Register der Bildungssprache deutlich von dem der Alltagssprache unterscheidet. Es kann nicht erwartet werden, dass sich bildungssprachliche Kompetenzen im Mathematikunterricht von allein und ganz nebenbei entwickeln.

4. Mathematikbezogene Sprache

Riebling (2013, S. 38) beschreibt, dass die Bildungssprache im Verlauf einer Bildungskarriere immer mehr an den jeweiligen wissenschaftlichen Bezugsdisziplinen orientiert und so immer stärker fachspezifisch geprägt sei. Daher braucht es für die Gestaltung eines sprachsensiblen Mathematikunterrichts, der nicht nur die Entwicklung fachlicher Kompetenzen zum Ziel hat, sondern auch das sprachliche Ausdrucksvermögen der Lernenden fördert, neben den dargestellten sprachbezogenen Überlegungen auch eine Klärung der Fachspezifik. Welche besonderen Anforderungen stellt eigentlich die mathematikbezogene Bildungssprache an die Schülerinnen und Schüler? Die nachfolgende, vermutlich unvollständige Liste greift natürlicherweise Merkmale des Registers Bildungssprache auf und konkretisiert sie für den Mathematikunterricht in der Grundschule (vgl. Weis 2013):

- In der Mathematik werden viele Worte mit klar definierten Bedeutungen verwendet. Das Wort „Produkt" etwa bezeichnet das Ergebnis einer Multiplikationsaufgabe, nicht aber das Ergebnis einer Additions-, Subtraktions- oder Divisionsaufgabe. So werden in der Grundschulzeit etwa 500 mathematische Fachbegriffe eingeführt, z. B. *addieren, Quader, Symmetrie, Diagramm.*

- In der mathematischen Fachsprache werden häufig Nominalisierungen verwendet, z. B. *schriftliches Multiplizieren, Überschlag, Zahlzerlegung.*

- Typisch sind auch zusammengesetzte Worte, sogenannte Komposita, z. B. *Würfelgebäude, Dezimalsystem, Tauschaufgabe, Oberfläche.*

- Prozesse oder Handlungen werden häufig mit Präfixverben beschrieben, z. B. *abzählen, aufrunden, ausrechnen.*

- Eine besonders wichtige Rolle spielen in der mathematischen Fachsprache Präpositionen, da mit ihnen vielfältige Bezüge zwischen mathematischen Objekten ausgedrückt werden können, z. B. ***um*** *3 Uhr, 6 ist* ***um*** *2 größer als 4;* ***über*** *dem Haus,* ***über*** *dem Durchschnitt, eine Rechnung* ***über*** *350 €.*

- Satzstrukturen sind vielfach komplex. Sie enthalten Hauptsätze, aber auch Einschübe und Nebensätze, vor allem Konditionalsätze (*Wenn …, dann …*) und Kausalsätze (*…, weil …*).

- Da es für mathematische Einsichten irrelevant ist, wer etwa rechnet, umformt oder folgert, wird zumeist unpersönlich formuliert, z. B. *Wird die erste Zahl um 3 vermindert, so erhält man …*

5. Mathematikbezogene Sprache im Gebrauch

Wir haben bisher gesehen, dass die Bildungssprache im Mathematikunterricht wie in anderen Fächern auch konzeptionell schriftlich ist, sich somit zumeist von der Alltagssprache der Lernenden unterscheidet und sich durch spezifische Fachbegriffe und typische Satzkonstruktionen auszeichnet. Gogolin (2009, S. 270f.) betont, dass die Bildungssprache ein Register sei, das vom erfolgreichen Schüler zwar erwartet werde, das aber nicht notwendigerweise in der alltäglichen Unterrichtskommunikation gebräuchlich sei.

Im Hinblick auf alltäglich stattfindenden Mathematikunterricht konnte Tiedemann (2014) zeigen, dass Lerngruppen im Mathematikunterricht ganz eigene Normen für ihren Sprachgebrauch aushandeln. Jede Lerngruppe bestimmt für sich, was sie als ein angemessenes Sprechen über Mathematik ansieht. Mit welchen sprachlichen Anforderungen und damit auch mit welchen Lerngelegenheiten ein Schüler im Mathematikunterricht konfrontiert wird, hängt also ganz wesentlich davon ab, in welche Lerngruppe er eingebunden ist. Für alle Lerngruppen gilt, dass die Aushandlung sprachlicher Normen grundsätzlich auf zwei unterschiedliche sprachliche Ebenen bezogen sein kann (vgl. Tiedemann, in Vorb.).

Erstens gibt es sogenannte grammatische Normen. Solche Normen regeln, wie die Struktur einer sprachlichen Äußerung im Mathematikunterricht beschaffen sein sollte. Zum Beispiel kann es als eine Norm etabliert werden, bei der Beschreibung von Entdeckerpäckchen immer zuerst den ersten Summanden (*Der erste Summand wird immer um 2 größer.*) und dann den zweiten (*Der zweite Summand wird immer um 2 kleiner.*) zu beschreiben. Weitere Beispiele für grammatische Normen in diesem Kontext wären Regeln, die vorgeben, wie Aussagen über Zusammenhänge in Entdeckerpäckchen auf Satzebene strukturiert sein sollen (z. B. *Wenn man die erste Zahl um 1 erhöht, dann …*). Mit grammatischen Normen wird es zur verbindlichen Regel erhoben, über mathematische Inhalte mit festgelegten sprachlichen Strukturen zu sprechen. Obgleich diese Regeln auf sprachliche Strukturen fokussieren, können sie das mathematische Lernen beeinflussen. Für die Formulierung eines korrekten Wenn-dann-Satzes etwa kommt es nicht nur darauf an, sprachlich korrekte Neben- und Hauptsätze zu formulieren, sondern auch richtig zu entscheiden, was als Prämisse und was als Konklusion zu beschreiben ist. Somit wird augenfällig: Auch wenn die Auseinandersetzung mit Sprache im Mathematikunterricht zunächst „fachfremd" erscheinen mag, so ist sie doch nie vom inhaltlichen Arbeiten zu trennen. Wer in einer Gruppe Mathematik treibt, bedient sich der Sprache, um sich anderen mitzuteilen, und gestaltet auf diese Weise sprachlich Mathematik.

Zweitens gibt es sogenannte pragmatische Normen für den Sprachgebrauch im Mathematikunterricht (vgl. Tiedemann, in Vorb.). Die Pragmatik zielt darauf ab, die Sprache nicht in ihren Strukturen, die unabhängig von konkreten Gebrauchssituationen beschrieben werden können, zu untersuchen, sondern sie gerade in ihrer situativen Verwendung als Kommunikationsmittel zu betrachten. Im Mathematikunterricht gebrauchen wir Sprache, um anderen etwas mitzuteilen, um sie zu überzeugen oder um für uns selbst etwas zu klären. Der Sprachgebrauch ist also jeweils an eine Intention gebunden, sodass auch vom „Sprachhandeln" gesprochen wird. Typische Sprachhandlungen im Mathematikunterricht sind das Beschreiben, das Erklären und das Begründen. Im Hinblick auf solche Sprachhandlungen wird im Mathematikunterricht ausgehandelt, welche Kriterien sie erfüllen sollen. Was macht eine gute Beschreibung aus? Wie formuliert man eine gute Erklärung? Wir könnten etwa formulieren, dass eine gute Beschreibung bildungssprachlich zu formulieren ist, sodass sie unabhängig von der konkreten Unterrichtssituation verständlich und darüber hinaus exakt, allgemein und präzise ist. Bei pragmatischen Normen können wir nicht mehr zwischen „richtig" und „falsch" unterscheiden, wie es bei grammatischen Normen der Fall ist, sondern wir müssen in der Gruppe diskutieren: Ist die fragliche Sprachhandlung mehr oder weniger angemessen? Worauf einigen wir uns?

Die präsentierten theoretischen Blicke auf Sprache allgemein, die festgestellten mathematiktypischen Gebrauchsweisen von Sprache sowie die Idee, dass Lerngruppen mit ihren Mathematiklehrkräften individuell Normen für den Sprachgebrauch im Unterricht aushandeln, bilden die Basis für die nachfolgende Skizze eines sprachsensiblen Mathematikunterrichts.

6. Sprachsensibler Mathematikunterricht

Reich (1989, S. 138) betont, dass Sprachförderung im Fach immer funktional sei. Sie sei niemals Selbstzweck, sondern stets dem fachlichen Lernen verpflichtet. Es ist im Sinne von Mathematiklehrkräften, dem Mathematikunterricht mit der Sprachförderung nicht eine zusätzliche Aufgabe zuzuschreiben, sondern einen Weg aufzuzeigen, der fachliche Lernprozesse unterstützt: die Gestaltung eines sprachsensiblen Mathematikunterrichts. Dabei wird eine Sprachförderung nicht nur jenen zuteil, die in ihren sprachlichen Kompetenzen ganz offensichtlich Unterstützung brauchen, um am Mathematikunterricht teilnehmen zu können, sondern eine sprachliche Unterstützung sollte in einem inklusiven Mathematikunterricht jedem Lernenden angeboten werden, um sein fachliches Lernen zu erleichtern, zu bereichern und zu vertiefen (vgl. Leisen 2010).

6.1 Unterrichtsplanung

Es ist üblich, die inhaltliche Ebene des Mathematikunterrichts zu planen. Dafür formulieren wir ein fachliches Lernziel, differenzieren es in sinnvolle Teilziele und planen mögliche Unterrichtsschritte. Einen sprachsensiblen Mathematikunterricht zu planen, bedeutet, dieser inhaltlichen Planung eine sprachliche Planung zur Seite zu stellen. Kniffka (2010) beschreibt, dass dafür vor der konkreten Unterrichtsplanung zunächst eine sprachliche „Bedarfsanalyse" durchgeführt werden sollte. Dazu bestimmt die Lehrperson, welche sprachlichen Anforderungen der jeweilige mathematische Inhalt an die Lernenden stellt. Es kann etwa gefragt werden: Welche Textarten kommen in der Einheit vor? Enthalten die Texte besondere Schwierigkeiten, etwa komplexe Verweisstrukturen oder neue Fachbegriffe? Gibt es bestimmte grammatische Phänomene, die gehäuft auftreten? Welche Worte werden gebraucht?

Komplementär zur Bedarfsanalyse soll nach Kniffka (ebd.) eine sprachliche Lernstandsanalyse durchgeführt werden: Beherrschen die Lernenden die geforderten sprachlichen Strukturen? Wo brauchen sie Unterstützung?

Bedarfs- und Lernstandsanalyse bilden dann gemeinsam die Grundlage für die Planung eines sprachsensiblen Mathematikunterrichts. Es werden fachliche und sprachliche Lernziele formuliert. Ein Beispiel für ein mögliches sprachliches Lernziel auf Satzebene im Kontext der Entdeckerpäckchen ist: „Die Lernenden können Veränderungen in Entdeckerpäckchen mit Wenn-dann-Sätzen korrekt beschreiben. Beispiel: *Wenn* der erste Summand um 2 erhöht wird und der zweite Summand gleich bleibt, *dann* erhöht sich die Summe um 2." Bei der Formulierung sprachlicher Lernziele ist stets zu beachten, dass die sprachlichen Anforderungen die Wort-, Satz- und Textebene umfassen (können). Passend zu den sprachlichen Lernzielen sollte dann ein Unterstützungsangebot entwickelt werden, welches stets dem fachlichen Lernen verpflichtet ist. Dabei kann die Beachtung der unterschiedlichen sprachlichen Norm wiederum Orientierung bieten. Der Förderschwerpunkt kann auf der Grammatik einerseits oder der Pragmatik andererseits liegen. Zur Illustration wird nachfolgend für jeden der zwei Typen ein Beispiel skizziert.

6.1.1 Förderung der Grammatik

Soll der Förderschwerpunkt ein grammatischer sein, haben Mathematiklehrkräfte eine grammatische Struktur im Blick, die für das Unterrichtsfach Mathematik typisch und daher von Bedeutung ist. Auf der Satz-Ebene

kann es etwa das Ziel sein, dass Schülerinnen und Schüler im Sinne des operativen Prinzips mathematische Operationen und die daraus resultierenden Wirkungen sprachlich korrekt in Form von Wenn-dann-Sätzen beschreiben können. Steht das Aufgabenformat der Entdeckerpäckchen im Mittelpunkt, lassen sich vielfältige Entdeckungen machen:

- Wenn der erste Summand um x erhöht wird und der zweite Summand unverändert bleibt, erhöht sich die Summe um x.

- Wenn der erste Summand um x erhöht und der zweite Summand um x erniedrigt wird, bleibt die Summe konstant.

- Wenn der erste Summand um x erniedrigt und der zweite Summand um y erhöht wird (mit y > x), erhöht sich die Summe um (y − x).

In den genannten Entdeckungen geht es stets darum, einen der Summanden oder beide Summanden zu verändern und die daraus resultierende Wirkung an der Summe zu beobachten. Die Veränderung wird jeweils in einem konditionalen Nebensatz beschrieben (*Wenn* …), die Wirkung im Hauptsatz (…, *dann* …). Genau damit kann nun gespielt werden. Eine Möglichkeit ist es, Wenn-dann-Sätze zu Entdeckerpäckchen zu formulieren und diese den Schülern in zerschnittener Form als Satz-Puzzle anzubieten (Abb. 7.1).

Wenn die erste Zahl um 2 erhöht wird,

Wenn der erste Summand um 4 erniedrigt wird,

Wenn die erste Zahl um 4 erhöht und die zweite um 4 verringert wird,

dann erhöht sich die Summe um 2.

dann bleibt die Summe konstant.

dann wird das Ergebnis um 4 kleiner.

Abb. 7.1: Satz-Puzzle

Der Arbeitsauftrag dazu kann lauten: „Bilde möglichst viele richtige Wenn-dann-Sätze." Bei der Formulierung der Neben- und Hauptsätze hat die Lehrkraft viel Raum, um das Förderangebot der eigenen Lerngruppe anzupassen: Es kann von „Zahl" oder „Summand", von „Summe" oder „Ergebnis" gesprochen werden, es können im Konditionalsatz stets beide Summanden betrachtet werden oder nur einer, es können sprachliche Alternativen oder stets ähnliche Formulierungen gewählt werden, es können auch Puzzle-Stücke ohne passendes Gegenstück eingefügt werden. Unabhängig von der konkreten Ausgestaltung wird mit einem solchen Satz-Puzzle der Fokus auf die beschriebenen Operationen und Wirkungen gerichtet, wodurch die Freiheit der Lernenden für eigene Entdeckungen partiell eingeschränkt wird. Diese Einschränkung kann aber auch als inhaltliches Unterstützungsangebot dienen und sollte bei der Zielsetzung der Lerneinheit berücksichtigt und für die eigenen Zwecke genutzt werden. Soll mehr Raum für eigene Entdeckungen gegeben werden, können freie Kästchen angeboten werden, in die die Lernenden eigene Wenn-dann-Sätze und damit auch eigene Entdeckungen und Überlegungen schreiben können. Bei allen Satz-Puzzles sollte berücksichtigt werden, dass sie in dem, was sie vorgeben, mathematisch hinreichend anspruchsvoll sind, sodass die Suche nach richtigen Wenn-dann-Sätzen immer auch einen inhaltlichen Gewinn darstellt. Das Prüfen möglicher Satzkombinationen sollte dazu führen, dass die Entdeckerpäckchen inhaltlich durchdrungen werden. Nur dann ist die Sprachförderung gut in den Mathematikunterricht zu integrieren.

6.1.2 Förderung der Pragmatik

Soll der Förderschwerpunkt ein pragmatischer sein, geht es darum auszuhandeln, wann eine bestimmte Sprachhandlung innerhalb der Lerngruppe als angemessen erachtet wird. Welchen Kriterien soll sie genügen? Für den Mathematikunterricht typische Sprachhandlungen sind das Beschreiben, das Erklären und das Begründen. Für jede dieser Sprachhandlungen gilt es, in unterschiedlichen inhaltlichen Zusammenhängen und zu unterschiedlichen Zeitpunkten der kindlichen Denkentwicklung zu konkretisieren, was eine „gute" Beschreibung, Erklärung oder Begründung ausmacht. Dabei kann es hilfreich sein, die Einsicht, wann z. B. eine Beschreibung gelungen ist, nicht ausschließlich an die Bewertung der Lehrperson zu knüpfen, sondern den Lernenden Raum zu geben, eigene Kriterien zu entwickeln. Ein Unterstützungsangebot, das diese Erfahrung ermöglicht, ist die Lernumgebung „Baumeister". Dabei arbeiten je zwei Lernende zusammen. Jedes Paar benötigt etwa 20 Holzwürfel und eine aus Pappe gefertigte Trennwand, die auch durch eine Schultasche oder einen Atlas ersetzt werden kann. Die

Lernenden sitzen einander gegenüber, stellen die Trennwand zwischen sich und teilen sich die Holzwürfel gleichmäßig auf. Nun ist einer der Baumeister, der mit seinen Holzwürfeln ein Gebäude auf seiner Seite der Trennwand baut, sodass sein Partner es nicht sehen kann. Der Baumeister ist dann gefordert, seinem Partner sein Bauwerk so genau wie möglich zu beschreiben, sodass dieser es nach seiner Anleitung rekonstruieren kann. Dafür kann den Lernenden als Differenzierungsvariante ein quadratisches Raster angeboten werden, dessen Quadrate kongruent zu den Flächen der Holzwürfel sind. Dann kann der Baumeister das Raster in seinen Beschreibungen wie ein Koordinatensystem nutzen, wenn es ihm mit seinem Partner gelingt, für das Raster eine gemeinsame sprachliche Kodierung zu entwickeln. Diese Lernumgebung bietet sich für einen inklusiven Mathematikunterricht auch deshalb besonders an, weil sie natürlich differenziert. Die Lernenden sind frei, unterschiedliche Bauwerke auszuprobieren, mögliche Knackpunkte ausfindig zu machen und auszuprobieren, wann eine Beschreibung „funktioniert", wann sie also zu einem richtig rekonstruierten Bauwerk auf der anderen Seite der Trennwand führt. Im Anschluss an diese Erkundungsphase ist es sinnvoll, die Lernenden im Plenum zu versammeln und über Kriterien für eine „gute" Beschreibung zu sprechen, sodass die Lernenden voneinander profitieren und ihre Sprachkompetenz durch die Anregungen ihrer Mitschüler weiterentwickeln können. In einer solchen Plenumsphase ist es der Lehrkraft dann auch möglich, sprachliche Mittel einzubringen, die den Lernenden helfen können, ihre Beschreibungen zu verbessern. So können einzelne Wörter („der Würfel", „rechts von"),

aber auch umfangreichere Wendungen („ist höher als", „zwischen den beiden Würfeln") an die Tafel geschrieben oder auf Karten notiert werden. Dabei ist es hilfreich, die Einbettung des sprachlichen Mittels jeweils anzudeuten, Substantive also stets mit Artikel und Präpositionen mit ihrem Anschlusswort anzugeben sowie Konstruktionen beispielhaft auszuformulieren.

6.2 Unterrichtsinteraktion

Gibbons (2002, S. 37ff.) empfiehlt mit einem spezifischen Blick auf Zweitsprachenlernende Prinzipien für das Sprachverhalten der Lehrkraft, die abschließend kurz skizziert werden sollen, da sie allgemein als sprachlernförderlich und somit als hilfreich für einen sprachsensiblen Mathematikunterricht angesehen werden können.

● Lehrer sollten eine Balance zwischen eng und offen gestellten Fragen finden. Enge Fragen verlangen lediglich kurze Antworten seitens der Schüler, ermöglichen es dem Lehrer aber, in kurzer Zeit erworbenes Wissen zu überprüfen. Offen gestellte Fragen verlangen sprachlich komplexere Antworten und erlauben den Lernenden, die thematische Entwicklung des Gesprächs stärker mitzugestalten. Sie sind eine bessere Gelegenheit für die Lernenden, sich in der Produktion längerer, zusammenhängender Äußerungen zu üben.

● Die Unterrichtsinteraktion sollte verlangsamt werden. Das bedeutet ausdrücklich nicht, dass die Lehrkraft ihr Sprechtempo künstlich vermindert, sondern dass die Lernenden ausreichend Zeit bekommen, ihre sprachlichen Äußerungen zu planen. Nach einer gestellten Frage helfen schon einige Sekunden, die die Lehrkraft länger wartet, dass mehr Lernende eine mögliche Antwort gedanklich formulieren und sich dann zu Wort melden können. Bei komplexeren sprachlichen Äußerungen kann es auch hilfreich sein, den Lernenden Zeit zu geben, sich einige Stichpunkte zu notieren und so ihre Äußerung vorzubereiten. Schließlich kann die Verlangsamung der Unterrichtsinteraktion auch dadurch realisiert werden, dass man bei einer Schüleräußerung länger wartet, bevor man sie evaluiert. Mit einer Nachfrage („Kannst du das noch mal ein bisschen genauer erklären?") kann man dem Sprecher etwa zunächst die Möglichkeit geben, sich selbst zu verbessern.

- Gibbons (ebd.) empfiehlt schließlich, stets auf den Inhalt zu reagieren. Die Lehrkraft sollte sich darauf konzentrieren, was der Schüler zu sagen hat, und nicht nur auf die Antwort warten, die sie gern von ihm hören würde. Dazu passend können sprachliche Mängel in einer Schüleräußerung verbessert werden, indem die Lehrkraft korrekte Inhalte wiederholt und dabei unkommentiert das richtige Sprachverhalten vormacht. So werden Lernende nicht durch explizite Hinweise auf sprachliche Fehler frustriert und erhalten dennoch die Gelegenheit, ihr Sprechen über Mathematik zu verbessern.

Die drei von Gibbons (2002) benannten Punkte umreißen allgemein ein förderliches Sprachverhalten der Lehrkraft, das keineswegs ausschließlich, aber eben auch im sprachsensiblen Mathematikunterricht selbstverständlich sein sollte.

Literatur

Bos, W., Lankes, E.-M., Prenzel, M., Schwippert, K., Walther, G. & Valtin, R. (2003). *Erste Ergebnisse aus IGLU. Schülerleistungen am Ende der vierten Jahrgangsstufe im internationalen Vergleich.* Münster: Waxmann.

Chudaske, J. (2012). *Sprache, Migration und schulfachliche Leistung. Einfluss sprachlicher Kompetenz auf Lese-, Rechtschreib- und Mathematikleistungen.* Wiesbaden: VS Verlag für Sozialwissenschaften.

Deutsches PISA-Konsortium (2001): PISA 2000, *Basiskompetenzen von Schülerinnen und Schülern im internationalen Vergleich.* Opladen: Leske + Budrich.

Gantefort, C. & Roth, H.-J. (2014). Schreiben unter den Bedingungen individueller Mehrsprachigkeit. In D. Knorr (Hrsg.), *Mehrsprachige Lehramtsstudierende schreiben.* Münster: Waxmann, S. 54–73.

Gibbons, P. (2002). *Scaffolding language, scaffolding learning. Teaching second language learners in the mainstream classroom.* Portsmouth, NH: Heinemann.

Gogolin, I. (2009). Zweisprachigkeit und die Entwicklung bildungssprachlicher Fähigkeiten. In I. Gogolin & U. Neumann (Hrsg.), *Streitfall Zweisprachigkeit – The Bilingualism Controversy.* Wiesbaden: VS Verlag für Sozialwissenschaften, S. 263–280.

Halliday, M. A. K. (1978). *Language as a social semiotic: The social interpretation of language and meaning.* London: Edward Arnold.

Heinze, A., Herwartz-Emden, L., Braun, C. & Reiss, K. (2011). Die Rolle von Kenntnissen der Unterrichtssprache beim Mathematiklernen. In S. Prediger & E. Özdil (Hrsg.), *Mathematiklernen unter Bedingungen der Mehrsprachigkeit – Stand und Perspektiven der Forschung und Entwicklung*. Münster: Waxmann, S. 11–33.

KMK (2005). *Bildungsstandards im Fach Mathematik für den Primarbereich. Beschluss vom 15.10.2004.* München.

Kniffka, G. (2012). Scaffolding – Möglichkeiten, im Fachunterricht sprachliche Kompetenzen zu ermitteln. In M. Michalak & M. Küchenreuther (Hrsg.), *Grundlagen der Sprachdidaktik Deutsch als Zweitsprache.* Baltmannsweiler: Schneider Verlag Hohengehren, S. 208–225.

Koch, P. & Oesterreicher, W. (1985). Sprache der Nähe – Sprache der Distanz. Mündlichkeit und Schriftlichkeit im Spannungsfeld von Sprachtheorie und Sprachgeschichte. In O. Deutschmann, H. Flasche, A. Kablitz, B. König, M. Kruse, W. Pabst & W.-D. Stempel (Hrsg.), *Romanistisches Jahrbuch, Band 36.* Berlin: Walter de Gruyter, S. 1–43.

Lange, I. & Gogolin, I. (2010). *Durchgängige Sprachbildung. Eine Handreichung.* Münster: Waxmann.

Leisen, J. (2010). *Handbuch Sprachförderung im Fach – Sprachsensibler Fachunterricht in der Praxis.* Bonn: Varus.

Maier, H. & Schweiger, F. (1999). *Mathematik und Sprache.* Wien: Öbv & hpt.

Meyer, M. & Prediger, S. (2012). Sprachenvielfalt im Mathematikunterricht. Herausforderungen, Chancen und Förderansätze. *Praxis der Mathematik, 54*(45), S. 2–9.

Prediger, S., Renk, N., Büchter, A., Gürsoy, E. & Benholz, C. (2013). Family background or language disadvantages? Factors for underachievement in high stakes tests. In A. Lindmeier & A. Heinze (Hrsg.), *Proceedings of the 37th Conference of the International Group for the Psychology of Mathematics Education.* Kiel: PME, S. 4.49–4.56.

Prediger, S. & Wessel, L. (2011). Darstellen – Deuten – Darstellungen vernetzen: Ein fach- und sprachintegrierter Förderansatz für mehrsprachige Lernende im Mathematikunterricht. In S. Prediger & E. Özdil (Hrsg.), *Mathematiklernen unter Bedingungen der Mehrsprachigkeit – Stand und Perspektiven der Forschung und Entwicklung.* Münster: Waxmann, S. 163–184.

Reich, H. H. (1989). Wege zu einem sprachsensiblem Fachunterricht. *Deutsch lernen, 2*(3), S. 131–152.

Riebling, L. (2013). *Sprachbildung im naturwissenschaftlichen Unterricht. Eine Studie im Kontext migrationsbedingter sprachlicher Heterogenität.* Münster: Waxmann.

Schmölzer-Eibinger, S. (2013). Sprache als Medium des Lernens im Fach. In M. Becker-Mrotzek, K. Schramm, E. Thürmann & H.J. Vollmer (Hrsg), *Sprache im Fach. Sprachlichkeit und fachliches Lernen.* Münster: Waxmann, S. 25–40.

Tiedemann, K. (in Vorb.). Mathematiklernen im Sprachbad. In F. Caluori, H. Linneweber-Lammerskitten & C. Streit (Hrsg.), *Beiträge zum Mathematikunterricht 2015.* Münster: WTM.

Tiedemann, K. (2014). Der Gebrauch von Fachsprache im Mathematikunterricht der Grundschule. In J. Roth & J. Ames (Hrsg.), *Beiträge zum Mathematikunterricht 2014*. Münster: WTM, S. 1219–1222.

Wagenschein, M. (1988), *Naturphänomene sehen und verstehen*. Stuttgart: Klett.

Weis, I. (2013). *Sprachförderung PLUS Mathematik. Förderbausteine für den Soforteinsatz im Mathematikunterricht*. Stuttgart: Klett.

8. Den Übergang vom Kindergarten in die Grundschule inklusiv denken und gestalten

Christiane Benz & Axel Schulz

Anspruch und Erwartung

Schon lange bevor die Diskussion über inklusiven Unterricht in der Forschung, in der Lehreraus- bzw. -weiterbildung und in der Öffentlichkeit angestoßen wurde, hat sich die Mathematikdidaktik mit Spiel-, Lern- und Unterrichtsformen auseinandergesetzt, die heterogene Lerngruppen nicht nur berücksichtigen, sondern auch das Potential der Vielfältigkeit dieser Gruppen nutzen (vgl. z. B. Nührenbörger 2013, 2014; Nührenbörger & Pust 2011; Wittmann 2004). Mit anderen Worten: Die Mathematikdidaktik bietet bereits jetzt das Werkzeug für erfolgreiches Lernen in heterogenen Gruppen; zum Beispiel durch Konzepte wie die fortschreitende Schematisierung (Treffers 1983; Selter 2006), die „großen Aufgaben", wie sie in den Bildungsstandards zu finden sind, Rechenkonferenzen etc. Deshalb ist unser Anspruch an diesen Aufsatz auch nicht, neue inhaltliche oder methodische Konzepte zu entwickeln und vorzustellen. Vielmehr geht es um die Betrachtung bereits bestehender mathematikdidaktischer Ideen und Konzepte mit leicht veränderter Perspektive.

Darüber hinaus fokussiert dieser Aufsatz nicht auf spezifische Unterstützungsbedürfnisse, also z. B. aufgrund von Einschränkungen beim Sehen oder Hören. Der Grund hierfür liegt vor allem darin, dass diese spezifischen Bedürfnisse bisher kaum Gegenstand eines breiten wissenschaftlichen Austauschs zwischen Sonderpädagogik und Mathema-

tikdidaktik waren (vgl. aber Leuders 2012, 219ff.) – und dass daher mögliche Unterstützungsmöglichkeiten bisher kaum auf breiter Basis erprobt werden konnten.

Ausgangslage

Bezogen auf das Lernen im Allgemeinen, aber vor allem auch auf mathematische Lernprozesse konnte gezeigt werden, dass diese Lernprozesse von Kind zu Kind nicht auf grundsätzlich unterschiedlichen „Wegen" verlaufen, sondern dass das *Tempo*, mit dem diese Wege beschritten werden, von Kind zu Kind unterschiedlich ist (Schäfer 2005; Moser Opitz 2008; Benz 2005). Dabei ist Lernen nicht als „stufenweises" Voranschreiten zu verstehen, sondern eher als „netzartige" Entwicklung, wobei wichtige Knotenpunkte für alle Kinder gleich sind. Für Kinder einer Altersgruppe heißt dies, dass ein Unterschied von mehreren Entwicklungsjahren festgestellt werden kann (Prengel, Geiling & Carle 2001, S. 20; Moser Opitz 2008; Schipper 1998).

Diese großen Tempounterschiede können in vielen individuellen Bildungsbiografien bisher unter anderem Folgendes bedeuten:

- Kinder, die besonders langsam lernen, werden selektiert und nehmen nicht am Regelunterricht teil, sondern besuchen eine Förderschule. Diese Selektion erfolgt meist erst mit dem Eintritt in die Schule: Der Anteil von Förderkindern in sogenannten Regelkindergärten ist sehr viel größer als der

Anteil dieser Kinder in sogenannten Regelschulen (Albers & Lichtblau 2014, S. 9). ODER

- Diese Kinder entwickeln Vermeidungsstrategien, um im Regelunterricht zu bestehen. Diese Vermeidungsstrategien können sich entweder direkt auf den Lerngegenstand beziehen (z. B. bei der Aufgabe 82 – 35 durch das Vertauschen der Einer des Minuenden und Subtrahenden, um einen Zehnerübergang zu vermeiden; Radatz 1980) und sind nachgewiesenermaßen nicht tragfähig und fortsetzbar (s. u.). Oder es handelt sich um Vermeidungsstrategien im weiteren Sinne: Die Kinder versuchen, sich „unsichtbar" zu machen, oder verhalten sich besonders auffällig, um ein Nicht-Können zu vertuschen. UND/ODER

- Diese Kinder werden (trotzdem) im Regelunterricht ihrer Schullaufbahn abgehängt (Wartha & Schulz 2012; Gaidoschik 2008; Wartha, Rottmann & Schipper 2008; Grotlüschen & Riekmann 2011). In diesem Zusammenhang zeigen Studien zu Rechenstörungen in der weiterführenden Schule, dass Kinder mit großen Problemen beim Rechnenlernen ohne angemessene Unterstützung nur langsame (bis gar keine) *Lernfortschritte* machen (Schäfer 2005, Moser Opitz 2008).

Eine wünschenswerte und u. E. notwendige Alternative wäre es, wenn sich die Bildungseinrichtungen an das Lerntempo der Kinder anpassten. Dies kann selbstredend erst gelingen, wenn die bildungsadministrativen Vorgaben sich an ihren eigenen Forderungen nach einem inklusiven Schulsystem orientieren. Denkbare Formen dieser Anpassung

können unter anderem folgende sein: „Bildungshäuser", in denen Lerngruppen von der Vorschule bis zum Schulabschluss begleitet werden, mit individueller Verweildauer. Eine andere (weniger utopische) Möglichkeit bietet die „Glättung" des Übergangs vom Kindergarten in die Grundschule – und genau dieser Übergang wird im vorliegenden Artikel unter mathematikdidaktischer Perspektive betrachtet.

Leitideen – individuell, aber gemeinsam

Im inklusiven Mathematikunterricht kann die grundlegende Frage nicht mehr die sein, was Kinder lernen *sollen* – also welche Kompetenzen am Ende des vierten Schuljahres von allen Kindern erworben sein sollen (z. B. die in den Bildungsstandards formulierten Kompetenzen). Stattdessen sollte die Frage handlungsleitend sein, was Kinder lernen *können* – also welche Lernangebote ihnen im Laufe ihrer Bildungsbiografie auf ihrem Niveau gemacht werden können. Mit anderen Worten: Wenn alle Kinder gemeinsam und auf ihrem Niveau, geprägt von ihren individuellen Stärken und Bedürfnissen lernen sollen (so der Anspruch einer inklusiven Pädagogik), ist die Orientierung an Zielvorgaben, die von *allen* Kindern gleichermaßen erreicht werden sollen, undenkbar.

Stattdessen scheint die Orientierung an Merkmalen bzw. Prinzipien inklusiven Lernens sinnvoll, die zwar bisher vor allem für *integrativen* Unterricht bzw. für (besonders) heterogene Lerngruppen formuliert wurden, aber ebenso gültig sind für das Lernen in inklusiven Gruppen. So betonen Gasteiger und Benz, dass alle Kinder die Chance haben sollten, mathematische Kompetenzen nicht isoliert, sondern integriert zu erwerben, nämlich:

- integriert in ihren Alltag bzw. in den Alltag der Kindertagesstätte (der Schule),

- integriert in einen gemeinsamen Lernprozess mit anderen Kindern und Erwachsenen, also in Kooperation miteinander und

- integriert in den persönlichen mathematischen Bildungsprozess, also auf dem jeweiligen Entwicklungsniveau und bezogen auf die individuellen Denk- und Handlungskompetenzen (vgl. Gasteiger & Benz 2012, S. 108; vgl. auch Korten in Vorb.).

Korten betont in diesem Zusammenhang zudem, dass dabei erst der gemeinsame Gegenstand, also der mathematische Inhalt, das gemeinsame Lernen aller Kinder ermöglicht. Der gemeinsame Gegenstand sollte dabei eingebettet sein in eine strukturierte und reichhaltige Lernumgebung (vgl. Korten in Vorb.).

Diese Forderungen können als grundlegend angesehen werden, um eine inklusive Förderung in Mathematik zu ermöglichen, da hiermit der Heterogenität der Lerngruppe Rechnung getragen wird und im Vordergrund steht, was Kinder in ihrem individuellen und im gemeinsamen Lernprozess lernen können.

Besonders gut gelingen kann gemeinsames Lernen nach diesen Prinzipien, wenn im Elementar- und Primarbereich Folgendes berücksichtigt wird (vgl. Gasteiger 2010, S. 97f.):

- bewusstes Aufgreifen von Lernanlässen im Alltag (d.h. auch im Spiel), wobei das Anknüpfen an Alltags- und Spielerfahrungen der Kinder den Ausgangspunkt bilden sollte,

- geplantes Bereitstellen von mathematisch reichhaltigen Lernumgebungen, die das Potential haben, auf verschiedenen Niveaus bearbeitet zu werden.

Vor diesem Hintergrund sollen im Folgenden Möglichkeiten aufgezeigt werden, wie der Übergang vom Elementar- in den Primarbereich „geglättet" werden kann, und zwar bezogen auf das individuelle Mathematiklernen. Dazu werden Beispiele aus dem Elementarbereich vorgestellt, die in dieser Form oder leicht abgewandelt durchaus im Unterricht oder Alltag der Primarstufe Anwendung finden können.

Ein mathematischer Blick im Alltag

Um Alltags- bzw. Spielerfahrungen der Kinder aufgreifen zu können, benötigen Erzieherinnen und Erzieher sowie Lehrerinnen und Lehrer einen „mathematischen Blick" bzw. eine „mathematische Brille". Dieser mathematische Blick sollte zum einen mathematische *Lernchancen* erkennen können, die sich in Alltagssituationen bieten, zum anderen aber auch das mathematische Denken und Handeln der Kinder in Alltagssituationen erfassen können im Sinne einer informellen *Diagnostik*.

Charakteristisch für die folgenden Beispiele ist, dass diese *nicht* als Lehrgang strukturiert an die Kinder herangetragen werden. Stattdessen liegt ihr Potential gerade darin, dass diese Aktivitäten sich aus Alltagssituationen ergeben – und somit bedeutsam sind. Ein anschauliches Beispiel für diesen Unterschied ist die Beschäftigung mit dem Thema „Zeit": In jedem Schulbuch gibt es Seiten zum Tagesablauf und zum Lesen der Uhr. Doch das Besprechen und Bearbeiten dieser Seiten bietet bei weitem nicht so viele (individuelle) Lernchancen wie der tägliche Umgang mit dem Thema: Eine Uhr im Klassen- bzw. Gruppenraum wird z. B. beim gemeinsamen Sprechen über *Zeitpunkte* (Schulbeginn, Frühstückszeit, Ende der vierten Stunde oder einer Arbeitszeit) und über *Zeitspannen* (Dauer der Pause, wie lange noch bis Schulschluss, Dauer einer Arbeits- oder Spielzeit) genutzt.

Zahlen und Anzahlen

Besonders reichhaltige (Alltags-)Situationen sind solche zur *Anzahlbestimmung* und *Anzahlerfassung*, die sich im Kindergarten und im Schulalltag häufig ergeben. Sie können bei der *Beobachtung* der Zählkompetenzen bzw. der schnellen Anzahlerfassung und -darstellung hilfreich sein und andererseits zur *Förderung* dieser Kompetenzen genutzt werden: bei Gruppeneinteilungen, beim Einsammeln und Austeilen von Materialien, beim Stellen von Stühlen für den Stuhlkreis, bei der Feststellung, ob alle Kinder da sind bzw. wie viele Kinder heute anwesend sind, bei der Frage, wie viele Kinder noch mit zum Spielen kommen sollen, etc.

Raum und Form

Mindestens ebenso ergiebig sind Situationen, mit denen die *räumliche Orientierung* und das *räumliche Vorstellungsvermögen* der Kinder geschult bzw. beobachtet werden können. Hier geht es vor allem um das bewusste Bewegen im Raum und das bewusste Handeln mit (Alltags-)Objekten: „Du sitzt links neben Miriam.", „Das Klettergerüst ist hinter der Rutsche.", „Bitte stell deine Tasche in die Ecke neben der Tür.", „Warum bist du dir sicher, dass dies deine Federmappe ist und nicht die von Paul? Beschreib mal!" etc. Hier kann neben räumlichen Relations- und Eigenschaftsbegriffen (vor, hinter, unter, neben, spitz, lang, kurz, dünn, …) auch die Wahrnehmung des Raums thematisiert werden.

Größen

Auch andere mathematische Inhalte können gut in Alltagssituationen aufgegriffen werden: Bezüglich mathematischer Größen ergeben sich vor allem im Bereich der *Zeit* beim Tagesablauf, Stundenplan, bei Geburtstagen zahlreiche Anknüpfungspunkte, ohne dass die Thematisierung dieser Bereiche extra vom Schulbuch angeregt werden müsste (s. o.). Auch *Längen* und das Vergleichen von Längen spielen im Alltag der Kinder eine Rolle: auf dem Schulweg, im Sportunterricht, beim Vergleich der Körpergröße, beim Spielen im Freien etc. *Masse* und *Volumina* werden beim Kochen und Backen gemessen und beim freien Spiel z. B. mit Sand erlebt.

Prozessbezogene Kompetenzen

Die Tatsache, dass der Alltag von Kindern voller mathematisch reichhaltiger Situationen ist, bedeutet nicht, dass diese Situationen von den Kindern auch automatisch „gesehen" und „genutzt" werden. Aufgabe der Lehrperson bzw. der Erzieherin/des Erziehers ist es daher, die mathematischen Aspekte dieser Situationen zum gemeinsamen Inhalt zu machen – am besten durch Impulse und Gesprächsanlässe: „Was hast du gemacht?", „Ginge das auch anders?", „Beschreib noch-

mal!", „Bist du dir sicher?", „Warum?" etc.
Wenn diese Aufgabe ernstgenommen wird,
werden automatisch die prozessbezogenen
Kompetenzen der Kinder gefordert und
gefördert, da sie ermutigt und aufgefordert
werden, auch selber nach dem „Warum" zu
fragen, Lösungswege zu hinterfragen, eigene
Ideen zur Problemlösung zu entwickeln, ihre
Ideen und Vorgehensweisen zu beschreiben,
zu begründen und zu argumentieren (KMK
2005, S. 7f.).

Lernchancen bei Spielen nutzen und weiterentwickeln

Die spielerische Wiederholung und die Variation bieten bei Spielen ein großes Potential für mathematische Lernchancen (vgl. Wittmann 2004, S. 59). Hauser (2013, S. 175f.) hebt in diesem Zusammenhang die besondere Chance des Spiels hervor, verschiedene Lernniveaus anzusprechen, und betont darüber hinaus, wie wichtig es ist, „dass die Spiele gut auf die frühen mathematischen Fähigkeiten der Kinder angepasst sind und unterschiedliche mathematische Fertigkeiten fördern".

Es liegen zahlreiche, empirische internationale Studien vor, die belegen, dass im Kontext verschiedener Spielformen eine erfolgreiche mathematische Förderung stattfinden kann. Insgesamt lässt sich bei der Analyse der verschiedenen Studien „festhalten, dass besonders, aber nicht nur leistungsschwächere Kinder vom gezielten Einsatz ausgewählter Gesellschaftsspiele und mathematischer Lernspiele profitieren – vor allem wenn sie dabei intensive sprachliche und inhaltliche Begleitung durch eine erwachsene Begleitperson erfahren" (Benz, Peter-Koop & Grüßing 2015, S. 41).

Ein Beispiel: Mensch ärgere dich nicht

Beim Spielen von Gesellschaftsspielen ergeben sich mathematische Lernchancen allein durch die Spielhandlung und es können durch Interaktionen mit anderen Spielern bzw. Spielleitern zusätzlich Lernchancen geschaffen werden. Gasteiger zeigt exemplarisch, welche mathematischen Lernchancen sich beim Spielen von „Mensch ärgere dich nicht" ergeben können (Gasteiger & Benz 2012, S. 112ff.). Schon allein die Spielhandlung „Würfeln und Weiterziehen" bietet Kindern verschiedene Möglichkeiten zum mathematischen Kompetenzerwerb. Sie können schon bei der Anzahlfeststellung der Würfelaugen unterschiedlich vorgehen: Zum einen können sie die Würfelpunkte simultan erkennen oder einzeln abzählen, manche Kinder benötigen hierbei vielleicht noch die Unterstützung der Mitspieler, die mit ihnen gemeinsam die Punkte abzählen, eventuell auch mit Zeigen auf die einzelnen Punkte. Auch beim Weiterziehen können die Kinder unterschiedlich vorgehen. Es können alle Felder einzeln nur mit den Augen oder durch Berühren der einzelnen Felder gezählt werden. Vielleicht ziehen einige Kinder schon strukturiert in Zweierschritten weiter, andere kennen die Anordnung der Felder bzw. die Struktur auf den Spielplänen und wissen, dass „an der langen Seite immer 5 Felder" sind und nutzen dies für ihren nächsten Zug. Gasteiger konnte nachweisen, dass das Spielen von derartigen Gesellschaftsspielen zum mathematischen Kompetenzerwerb von Kindern beitragen kann (Gasteiger 2013). Sie weist allerdings auch auf die Bedeutung der Interaktionen zwischen den Kindern und den Spielleitern hin (Gasteiger 2014). Eine erwachsene Person kann durch eine Begleitung der Spielhandlungen und durch weiterführende Impulse wie „Vielleicht kannst du einen Gegner rauswerfen?", „Welche Zahl würdest du dir jetzt wünschen?" etc. zu mathematischen (Denk-) Handlungen anregen.

Reichhaltige Spiel- und Lernumgebungen

Bisher wurde gezeigt, dass die bewusste Wahrnehmung mathematischer Lernanlässe im *Schul- und Kindergartenalltag* und bei Spielen förderlich für die mathematische Bildung *aller* Kinder ist. Mathematische Förderung sollte sich jedoch nicht auf diese Angebote reduzieren. Eine gezielte Förderung einzelner Kompetenzbereiche, bei der Kinder auf verschiedenen Leistungsniveaus profitieren können, kann in reichhaltigen Spiel- und Lernumgebungen erfolgen. Sie sind durch folgende Merkmale gekennzeichnet (vgl. Krauthausen & Scherer 2010; für weitere Beispiele zu reichhaltigen Lernumgebungen vgl. Moser Opitz in diesem Band; Gasteiger & Benz 2012; Benz et al. 2015; London & Tubach 2013):

- Alle Kinder können in einer Lernumgebung auf ihren verschiedenen Leistungsniveaus arbeiten.

- Alle Kinder können sich zunehmend selbstständig mit den Anforderungen in der Lernumgebung auseinandersetzen.

- Die Kinder entscheiden über die Wahl der Lösungswege und Hilfsmittel.

- Kinder haben die Möglichkeit, im Austausch voneinander zu lernen, und können dabei prozessorientierte Kompetenzen erwerben (vgl. auch Gasteiger & Benz 2012, S. 112).

Auch wenn mit isolierten Fertigkeitstrainings teilweise Erfolge bei rechenschwachen Kindern erzielt werden konnten, stellen sie nicht das Mittel der Wahl für heterogene Lerngruppen sowohl in der Kita als auch in der Schule dar (vgl. Hauser 2013; Gasteiger 2010). Spiel- und Lernumgebungen sind dadurch gekennzeichnet, „dass sie prinzipiell darauf ausgerichtet [sind], den Lernenden individuelle Spielräume und eigene Lernwege zu eröffnen. Um ein Bild zu benutzen: Eine [Spiel- und] Lernumgebung kann mit einer Landschaft verglichen werden, die auf verschiedene Weise durchwandert werden kann" (Wittmann 2004, S. 54).

Gleiches Material in großer Menge

Eine Möglichkeit für offene Erkundungs-, Spiel- und Lernumgebungen bietet der Ansatz, Mathematik mit gleichem Material in großer Menge zu „erfinden" (Lee 2010). Hier werden den Kindern gleichartige Materialien in großer und doch zu bewältigender Menge zur Verfügung gestellt. Das Material soll „dabei durch die Gleichheit seiner Teile in Größe und Form die gleichschrittige Wiederholung der natürlichen Zahlen veranschaulichen" und darüber hinaus die Möglichkeit bieten, Geometrie und Arithmetik miteinander zu verbinden (Hülswitt 2006, S. 105). Der Grundsatz der Gleichheit bezieht sich bei diesem Ansatz auf Größe und Form, d.h., die einzelnen Elemente können, müssen aber nicht, identisch sein (zum Beispiel farblich). Im offenen Ansatz von Lee bekommen die Lernenden den Impuls, Mathematik zu erfinden (vgl. Le Bohec 1994). Dieser offene Auftrag kann zu einer sehr großen Bandbreite an mathematischen Aktivitäten führen und benötigt von Seiten der Lehrenden eine große

Kompetenz, die mathematischen Strukturen in den Erfindungen der Kinder zu sehen und diese auch gemeinsam mit den Kindern zu thematisieren.

Das Bauwerk in Abb. 8.1 kann sowohl unter arithmetischen als auch unter geometrischen Aspekten thematisiert werden. Hier einige Beispiele: die Anzahlen der Würfel (aller Würfel, der Würfel in den einzelnen Stockwerken, der sichtbaren Würfel etc.) über verschiedene Möglichkeiten der Anzahlbestimmung (Zählen, Addition, Multiplikation, Quadratzahlen etc.), die anzahlmäßige Veränderung von Stockwerk zu Stockwerk (hierbei können Teile-Ganzes-Überlegungen eine wichtige Rolle spielen), die Form der einzelnen Bestandteile (Würfel), Stockwerke (Quader bzw. Quadrat) bzw. des Bauwerks (Pyramide), die Höhe der Pyramide, die Raum-Lage-Beziehungen der Bestandteile der Pyramide, Symmetrieeigenschaften der Stockwerke bzw. Pyramide etc.

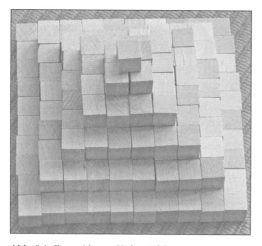

Abb. 8.1: Pyramide aus Holzwürfeln

Ein Beispiel: Eier und Schachteln

Eine zielorientierte und dennoch für verschiedene Leistungsniveaus offene Lernumgebung auf der Basis des gleichen Materials in großer Menge kann leicht durch weitere Strukturierungshilfen und Aufgabenstellungen erweitert werden. Dies soll hier am Beispiel einer großen Menge von Plastikeiern und verschiedenen Eierschachteln verdeutlicht werden (vgl. z. B. Benz 2010a, b, 2011; Benz et al. 2015).

Mathematische Kompetenzen, die erworben werden *können*, sind:

- Erwerb der Zahlwortreihe,

- zählende Anzahlbestimmungen (auf verschiedenen Entwicklungsstufen),

- nicht-zählende Anzahlbestimmungen (durch Simultan- und Quasi-Simultanerfassung oder Nutzen erster Rechenstrategien),

- Übersetzung von Anzahlen konkreter Materialien in ikonische und symbolische Darstellungen (Aufbau von Grundvorstellungen zu Zahlen und Anzahlen),

- Teil-Ganzes-Beziehungen von Anzahlen und Übersetzung der Beziehung in ikonische und symbolische Darstellungen,

- Raum-Lage-Beziehungen durch die verschiedenen Anordnungen der Eier in der Schachtel.

Im Folgenden werden am Beispiel der „Eier und Schachteln" Möglichkeiten und Chancen der *freien Beschäftigung* mit dem Material und auch eher angeleitete Aktivitäten vorgestellt.

Freies Spiel – Anregungen und Impulse

In der freien Erprobungsphase und im freien Spiel mit den Materialien können die Kinder verschiedene Entdeckungen machen bzw. durch Impulse auf „Entdeckungspotential" aufmerksam gemacht werden. Die Menge an Eiern und die Eierschachteln eignen sich für verschiedene Zählanlässe und Anzahldarstellungen, sodass die Kinder sowohl eine ordinale als auch kardinale Zahlvorstellung aufbauen können. Die Möglichkeiten zur Strukturierung von Anzahlen können dabei helfen, dass die Kinder eine Teil-Ganzes-Vorstellung von Zahlen entwickeln. Bei der Sechser-Eierschachtel können die Kinder z. B. entdecken, dass sechs Eier hineinpassen, in jeder Reihe drei und jeweils zwei Eier untereinander, also ergibt sich die Anzahl von sechs Eiern beispielsweise aus drei und drei, aber auch aus zwei und zwei und zwei Eiern. Ähnliche Beobachtungen können natürlich bei der Zehner-Schachtel oder der Dreißiger-Palette gemacht werden. Das Befüllen der Eierschachteln vermittelt Einsichten in die Zerlegung von Anzahlen. Im Fall der Zehner-Eierschachteln können die Kinder feststellen: „Vier Eier sind schon drin, sechs passen noch rein." Entdeckungen im Zahlenraum über Zehn sind vor allem mit den Zehnerschachteln möglich, da hier die Bündelungsidee des dezimalen Stellenwertsystems implizit thematisiert wird: Verpackt man 23 Eier, werden zwei Zehner-Schachteln voll und es bleiben drei Eier übrig oder kommen in die nächste Schachtel.

Auch hier können wie bei den Alltagssituationen viele Fragen und Impulse zahlreiche Möglichkeiten zur Förderung (und Diagnose) verschiedener mathematischer Kompetenzen

bieten (z. B. Anzahldarstellung, Anzahlwahrnehmung, zählende und nicht-zählende Anzahlerfassung, Raum-Lage-Beziehungen).

- Wie viele Eier sind in den Kartons? Kann man auch ohne zu zählen erkennen, wie viele das sind? Warum hast du hier leicht (oder nicht so leicht) erkannt, warum es sechs Eier sind?

- Kann man schnell erkennen, wie viele Eier einsortiert sind?

- Kannst du mir sagen, wie viele Eier im vollen Karton sind, ohne alle Eier einzeln zu zählen?

- Wie kann man sechs Einer (oder eine andere beliebige Anzahl) in die 10er-Eierschachtel einordnen? Welche Muster können dabei entstehen?

Angeleitete Aktivitäten – Memory

Das Material dient nun weiteren Aktivitäten, z. B. für ein Memoryspiel mit Eierkartons (vgl. Benz 2011). Für einen flüssigen Spielverlauf sollten die Anzahlen schnell erkannt werden. Zum Herstellen der Memorypaare können die Kinder dafür jeweils in zwei Eierschachteln die gleichen Anzahlen einsortieren. Eine Differenzierung bezüglich der verschiedenen Leistungsniveaus kann bereits in der Auswahl der Größe der Schachteln bestehen (Zehner- oder Sechserschachteln).

Beim Herstellen der Memorypaare kann weiter differenziert werden, indem die Paare entweder aus zwei *gleichen Anordnungen* einer Menge bestehen oder auch Paare aus zwei *verschiedenen Anordnungen* der gleichen Menge gebildet werden (vgl. dazu eine eher konventionelle Sechs und eine sehr individuelle Sechs in Abb. 8.2).

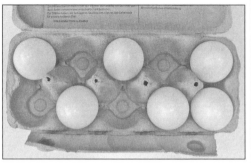

Abb. 8.2: Sechs Eier in unterschiedlicher Anordnung

Hier entstehen unterschiedliche Anforderungen an die Kinder. Bei gleichen Anordnungen muss lediglich das gleiche „Bild" wiedererkannt werden, während bei unterschiedlichen Anordnungen das Paar nur über eine Anzahlbestimmung und einen Anzahlvergleich ermittelt werden kann. Eine weitere Variation in der Leistungsanforderung beim Bilden und Suchen von Paaren kann darin bestehen, dass jeweils eine konkrete *Anzahl* und die dazugehörige symbolische *Notation* ein Paar bilden, wobei die symbolische Notation einerseits lediglich aus dem Zahlzeichen bestehen kann oder andererseits aus einem passenden Term zur Anzahldarstellung der Eier in der Schachtel (vgl. Abb. 8.3).

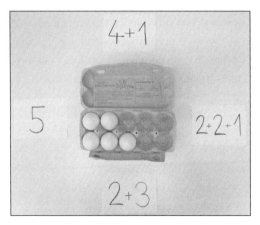

Abb. 8.3: Eierschachtel und Termkärtchen

Die Kinder öffnen jeweils zwei Schachteln bzw. eine Schachtel und ein Kärtchen und sollen feststellen, ob sie ein Paar haben, das die gleiche Anzahl aufweist.

Bei der Vorbereitung und bei der Durchführung des Spiels können Impulse und Fragestellungen, wie sie oben bereits angeführt wurden, erneut Möglichkeiten zur Förderung und Diagnose bieten.

Angeleitete Aktivitäten – Ich sehe was, was du nicht siehst

Dieses Spiel kann man in einer einfachen Variation mit geöffneten Schachteln spielen. Dazu werden verschiedene Anzahlen in die Schachteln gelegt. Hier gibt es nun einige Variationen der „Befüllung". Die Kinder können die Mengen von eins bis zehn gemeinsam in die Zehner-Eierschachteln legen, sodass immer zuerst die obere Reihe gefüllt ist (vgl. Abb. 8.4). So werden die Anzahlen bis zehn mit Fünferstruktur dargestellt. Oder man stellt den Kindern völlig frei, wie die Anzahlen in den Schachteln dargestellt werden (vgl. Abb. 8.2).

Sind die verschiedenen Kartons befüllt, kann mit den Kindern ein gemeinsames Gespräch über das Aussehen der verschiedenen Zahlbilder stattfinden.

Ein Kind beschreibt eine Anordnung in einer Schachtel, indem es die Anordnung verbal übersetzt. Es gibt verschiedene Möglichkeiten: Es können befüllte Reihen und Plätze und/oder leere Reihen und Plätze beschrieben werden. Die Anordnung in Abb. 8.4 kann z. B. so beschrieben werden:

- Die obere Reihe ist ganz voll. In der unteren Reihe ist nur ein Ei. Das Ei ist ganz links.

- Die obere Reihe ist ganz voll. In der unteren Reihe sind vier Plätze leer bzw. in die untere Reihe können noch vier Eier hineingelegt werden.

- Es sind noch vier Plätze leer bzw. in die untere Reihe passen noch vier Eier.

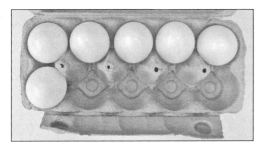

Abb. 8.4: Sechs Eier in einer Zehnerschachtel

Wird *nicht* die Regel vorgegeben, dass zuerst die obere Reihe zu befüllen ist, können auch andere Anordnungen beschrieben werden. Eine Anzahl von sieben Eiern kann z. B. so angeordnet sein wie in Abb. 8.5.

Abb. 8.5: Sieben Eier in einer Zehnerschachtel

Mögliche Beschreibungen wären dann: „Oben sind drei und unten sind vier Eier.", „Es fehlen noch drei Eier." oder genauer „Unten links sind vier Eier, der letzte Platz ist frei. Oben sind der erste und der dritte Platz von links frei, die übrigen sind voll." Diese Beispiele vermitteln einen Eindruck von den Differenzierungsmöglichkeiten bei diesen Beschreibungen.

Diese Beschreibungen können auch in Terme mit Zahlzeichen und Rechenzeichen übersetzt werden – für die Anordnung in Abb. 8.5 zum Beispiel folgende Terme: $1 + 2 + 4$ (die einzelnen Gruppierungen zeilenweise gelesen) oder $3 + 4$ („obere" plus „untere" Reihe) oder $1 + 2 + 1 + 2 + 1$ (Gruppierungen waagerecht gelesen) oder $10 - 3$ (die drei fehlenden werden von der möglichen Gesamtzahl subtrahiert). Beim Spiel mit offenen Schachteln haben die Kinder die Möglichkeit, die konkreten Anzahlen zu sehen. Durch die Verbindung von Darstellung und sprachlicher Beschreibung (bzw. notiertem Term) kann der Aufbau von Grundvorstellungen zu Zahlen, Zahlbeziehungen und Operationen gefördert werden (vgl. Wartha & Schulz 2012).

Für eine Variation des Spiels mit *geschlossenen* Schachteln, nimmt sich ein Kind eine geschlossene Schachtel, öffnet diese und beschreibt die Anordnung. Ein weiteres Kind, das die Anzahl auf Grund der Beschreibung ermitteln soll, muss sich in dieser Spielvariante die Zahldarstellung bereits vorstellen und hat keine Möglichkeit zur konkreten Anzahlwahrnehmung und konkret zählender Anzahlbestimmung (eine vereinfachte Variante kann das Nachbauen der Beschreibung sein). Die Anzahlbestimmung im Kopf kann dabei wieder auf verschiedene Arten erfolgen: Bei der Beschreibung „Oben sind vier und unten sind vier." ist z. B. das Alleszählen im Kopf oder mit den Fingern denkbar, ebenso wie das Weiterzählen im Kopf von der 4 aus oder die rechnerische Lösung der Aufgabe 4 + 4 bzw. das Auswendigwissen des Doppelten von vier.

Fazit

Im vorliegenden Beitrag wurde versucht, bereits bestehende Konzepte und erprobte Lernumgebungen für den Elementarbereich unter der Perspektive eines Übergangs von der Elementar- in die Primarstufe darzustellen, und zwar mit besonderem Schwerpunkt auf dem inklusiven Lernen. In diesem Zusammenhang bemerken Albers und Lichtblau (2014), dass das einzelne Kind bei diesem Übergang von einer spielzentrierten in eine lernzentrierte Umwelt mit anderen Raum- und Zeitstrukturen wechselt, wobei die pädagogische Konzeption der Primarstufe an curricularen Zielkriterien ausgerichtet ist (ebd., S. 16). Erklärtes Ziel dieses Beitrags war es daher, didaktische Möglichkeiten aufzuzeigen, um diesen Übergang zu „glätten" – denn wenn die Lernprozesse und die jeweiligen Lernniveaus der einzelnen Kinder ernstgenommen werden, müssen die Lernumgebungen (im weitesten Sinne) der Schule und der vorschulischen Einrichtungen einander angepasst werden. Hierbei ist eine Orientierung an den Inhalten und Konzepten des Elementarbereichs unbedingt wünschenswert: Eine „Verschulung" des Kindergartens scheint in diesem Zusammenhang wenig zielführend.

Dieses Ziel kann jedoch in der Breite erst erreicht werden, wenn „rechtliche Rahmenbedingungen, organisationale Strukturen und nicht zuletzt konkretes pädagogisches Handeln gezielt evaluiert […]und an die sich verändernden Bedingungen angepasst werden" (Albers & Lichtblau 2014, S. 9).

Literatur

Albers, T. & Lichtblau, M. (2014). *Inklusion und Übergang von der Kita in die Grundschule: Kompetenzen pädagogischer Fachkräfte.* München: Weiterbildungsinitiative Frühpädagogische Fachkräfte. WiFF Expertisen, Band 41.

Benz, C. (2005). *Erfolgsquoten, Rechenmethoden, Lösungswege und Fehler von Schülerinnen und Schülern bei Aufgaben zur Addition und Subtraktion im Zahlenraum bis 100.* Hildesheim: Franzbecker.

Benz, C. (2010a). *Minis entdecken Mathematik.* Braunschweig: Westermann.

Benz, C. (2010b). Strukturen auf der Spur. In D. Bönig, B. Schlag & J. Streit-Lehmann. (Hrsg.), Bildungsjournal Frühe Kindheit: *Mathematik, Naturwissenschaft & Technik* (S. 78–83). Berlin: Cornelsen.

Benz, C. (2011). Den Blick schärfen. In M. Lüken & A. Peter-Koop. *Mathematischer Anfangsunterricht – Befunde und Konzepte für die Praxis* (S. 7–21). Offenburg: Mildenberger.

Benz, C., Peter-Koop, A. & Grüßing, M. (2015). *Frühe mathematische Bildung. Mathematiklernen der Drei- bis Achtjährigen.* Heidelberg: Springer.

Gaidoschik, M. (2008). Rechenschwäche in der Sekundarstufe: Was tun? *Journal für Mathematikdidaktik 29,* (3/4), 287–294.

Gasteiger, H. (2010). *Elementare mathematische Bildung im Alltag der Kindertagesstätte. Grundlegung und Evaluation eines kompetenzorientierten Förderansatzes.* Münster: Waxmann.

Gasteiger, H. (2013). Förderung elementarer mathematischer Kompetenzen durch Würfelspiele – Ergebnisse einer Interventionsstudie. In G. Greefrath, F. Käpnick & M. Stein (Hrsg.), *Beiträge zum Mathematikunterricht 2013* (S. 336–339). Münster: WTM-Verlag.

Gasteiger, H. (2014). Mathematische Lerngelegenheiten bei Würfelspielen – Eine Videoanalyse im Rahmen der Interventionsstudie MaBiiS. In J. Roth & J. Ames (Hrsg.), *Beiträge zum Mathematikunterricht 2014* (S. 399–402). Münster: WTM-Verlag.

Gasteiger, H. & Benz, C. (2012). Mathematiklernen im Übergang – kindgemäß, sachgemäß und anschlussfähig. In S. Pohlmann-Rother & U. Franz (Hrsg.), *Kooperation von KiTa und Schule. Eine Herausforderung für das pädagogische Personal* (S. 104–120). Köln: Wolters Kluwer.

Grotlüschen, A. & Riekmann, W. (2011). *Leo. – Level-One Studie Literalität von Erwachsenen auf den unteren Kompetenzniveaus.* Hamburg: Universität Hamburg. Verfügbar unter: http://blogs.epb.uni-hamburg.de/leo/files/2011/12/leo-Presseheft_15_12_2011.pdf [Zugriff: 01.02.2015].

Hauser, B. (2013). *Spielen. Frühes Lernen in Familie, Krippe und Kindergarten.* Stuttgart: Kohlhammer.

Hülswitt, K. (2006). Mit Fantasie zur Mathematik: Freie Eigenproduktionen mit gleichem Material in großer Menge. In M. Grüßing & A. Peter Koop (Hrsg.), *Die Entwicklung* mathematischen Denkens in Kindergarten und Grundschule. Beobachten – Fördern – Dokumentieren (S. 103–121). Offenburg: Mildenberger.

Korten, L. (in Vorb.). *Entwicklung und Erforschung einer dialogischen Lernumgebung für den inklusiven Mathematikunterricht – Theoretische Überlegungen und empirische Befunde.* Dissertationsprojekt, TU Dortmund.

Krauthausen, G. & Scherer, P. (2010). *Umgang mit Heterogenität. Natürliche Differenzierung im Mathematikunterricht der Grundschule.* http://www.sinus-an-grundschulen.de/fileadmin/uploads/Material_aus_SGS/Handreichung_Krauthausen-Scherer.pdf [Zugriff: 01.02.15].

Kultusministerkonferenz (2005). *Bildungsstandards im Fach Mathematik für den Primarbereich.* München: Luchterhand.

Le Bohec, P. (1994). *Verstehen heißt Wiedererfinden. Natürliche Methode und Mathematik.* Bremen: Pädagogik-Kooperative.

Lee, K. (2010). *Kinder erfinden Mathematik. Gestaltendes Tätigsein mit gleichem Material in großer Menge.* Weimar: Verlag Das Netz.

Leuders, J. (2012). *Förderung der Zahlbegriffsentwicklung bei sehenden und blinden Kindern.* Wiesbaden: Springer Spektrum.

London, M. & Tubach, D. (2013). Zahlbeziehungen mit Würfeltürmen erkunden und vertiefen. Spiel- und Lernumgebung von der Kita in die Grundschule. *Fördermagazin Grundschule, 36* (4), 12–16.

Moser Opitz, E. (2008). *Zählen, Zahlbegriff, Rechnen. Theoretische Grundlagen und eine empirische Untersuchung zum mathematischen Erstunterricht in Sonderklassen.* Bern: Haupt.

Nührenbörger, M. (2013). Mathematikhaltige Erzählanlässe – Vernetzungen zwischen Kita und Grundschule. In A. S. Steinweg (Hrsg.), *Mathematik vernetzt* (S. 26 – 41). Bamberg: UBP.

Nührenbörger, M. (2014). Produktives Fördern zwischen individuellem und gemeinsamem Lernen. In J. Roth & J. Ames (Hrsg.), *Beiträge zum Mathematikunterricht* (S. 863 – 866). Münster: WTM-Verlag.

Nührenbörger, M. & Pust, S. (2011). *Mit Unterschieden rechnen. Lernumgebungen und Materialien im differenzierten Anfangsunterricht Mathematik.* 2. Auflage. Seelze: Kallmeyer.

Prengel, A., Geiling, U. & Carle, U. (2001). *Schulen für Kinder. Flexible Eingangsphase und feste Öffnungszeiten in der Grundschule.* Bad Heilbrunn: Klinkhardt.

Radatz, H. (1980). *Fehleranalysen im Mathematikunterricht.* Braunschweig: Vieweg.

Schäfer, J. (2005). *Rechenschwäche in der Eingangsstufe der Hauptschule. Lernstand, Einstellungen und Wahrnehmungsleistungen. Eine empirische Studie.* Hamburg: Verlag Dr. Kovač.

Schipper, W. (1998). „Schulanfänger verfügen über hohe mathematische Kompetenzen." – Eine Auseinandersetzung mit einem Mythos. In A. Peter-Koop (Hrsg.), *Das besondere Kind im Mathematikunterricht der Grundschule* (S. 117 – 131). Offenburg: Mildenberger.

Selter, Ch. (2006). Mathematik lernen in heterogenen Lerngruppen. In P. Hanke (Hrsg.), *Grundschule in Entwicklung. Herausforderungen und Perspektiven für die Grundschule heute.* Münster: Waxmann.

Treffers, A. (1983). Fortschreitende Schematisierung – ein natürlicher Weg zur schriftlichen Multiplikation und Division. *Mathematik lehren, 1* (1), 16 – 20.

Wartha, S., & Schulz, A. (2012). *Rechenproblemen vorbeugen. Grundvorstellungen aufbauen – Zahlen und Rechnen bis 100.* Berlin: Cornelsen Scriptor.

Wartha, S., Rottmann, T. & Schipper, W. (2008). Wenn Üben einfach nicht hilft. Prozessorientierte Diagnostik verschleppter Probleme aus der Grundschule. *mathematik lehren, 25* (150), 20 – 25.

Wittmann, E. Ch. (2004). Design von Lernumgebungen für die mathematische Frühförderung. In G. Faust, M. Götz, H. Hacker & H.-G. Roßbach (Hrsg.), *Anschlussfähige Bildungsprozesse im Elementar- und Primarbereich* (S. 49 – 63). Bad Heilbrunn: Klinkhardt.

9. Mathematische Diagnostik in der Schuleingangsphase – ein Überblick über gängige Verfahren und Tests

Thomas Rottmann, Julia Streit-Lehmann & Sebastian Fricke

Auswahl an Diagnoseinstrumenten

In diesem Beitrag geben wir einen kurzen Überblick über gängige, aktuelle Diagnoseinstrumente. Damit möchten wir die Auswahl eines für den eigenen Bedarf und die Verwendung im inklusiven Mathematikunterricht geeigneten Verfahrens erleichtern.

Aktuell gibt es auf dem Markt (noch) keine speziellen Diagnoseinstrumente für den Einsatz im inklusiven Unterricht. Daher nehmen wir jeweils eine Einschätzung bestehender Instrumente im Hinblick auf ihre Einsatzmöglichkeiten auch in inklusiven Settings vor. Wir beschränken uns auf Tests und Verfahren zu (vorwiegend) arithmetischen Inhalten, welche für den Einsatz in der Schuleingangsphase geeignet sind. Die Darstellungen erfolgen sehr komprimiert für jedes Verfahren auf einer Doppelseite, um eine schnelle und einfache Orientierung zu bieten. Zwangsläufig verzichten wir dabei auf eine Detailanalyse, geben aber Erfahrungen und Einschätzungen aus der eigenen praktischen Erprobung der Instrumente wieder.

Folgende Diagnoseinstrumente werden vorgestellt:

- MARKO-D
- TEDI-MATH
- OTZ
- EMBI „Zahlen und Operationen"
- FIPS
- DEMAT 1+ und
- Diagnostisches Interview „Zahlen und Rechnen bis 100"

Die Auswahl ist keineswegs vollständig, umfasst aber gängige Verfahren, welche auch überregional verbreitet sind. Zudem repräsentiert sie eine möglichst große Bandbreite an unterschiedlichen Diagnoseansätzen, die beispielhaft für andere, hier nicht berücksichtigte Instrumente steht.

Zielsetzungen mathematischer Diagnostik

„Ohne Diagnostik kann Unterricht nicht erfolgreich sein." (Schipper, Wartha & von Schroeders 2011, S. 22)

Dieses Zitat formuliert etwas plakativ eine wichtige Zielsetzung von Diagnostik im Mathematikunterricht: Sie soll eine Grundlage für erfolgreiches Lernen darstellen. Gerade in Bezug auf inklusiven Mathematikunterricht erscheint dies bedeutsam. *Alle* Kinder sollen im gemeinsamen Unterricht *auf ihrem individuellen Niveau* möglichst optimal lernen. Für die bestmögliche Unterstützung ist eine genaue Kenntnis des Lernstands mit den jeweiligen Stärken und Schwächen des Kindes wichtig.

Diese Ausrichtung der Diagnose auf Unterricht bzw. auf Förderung lässt sich als *Förderdiagnostik* oder *Pädagogische Diagnostik* bezeichnen und umfasst „alle diagnostischen Tätigkeiten, durch die bei einzelnen Lernenden Voraussetzungen und Bedingungen planmäßiger Lehr- und Lernprozesse ermittelt, Lernprozesse analysiert und Lernergebnisse festgestellt werden, um individuelles Lernen zu optimieren" (Ingenkamp & Lissmann 2008, S. 13). Im gemeinsamen Unterricht ist diese förderdiagnostische Ausrichtung immer dann von besonderer Bedeutung, wenn es um die Konzeption von Unterstützungsmaßnahmen für lernschwache Schülerinnen und Schüler geht.

Neben der pädagogischen Perspektive kann mit Diagnostik die Zielsetzung des Leistungsvergleichs verbunden werden (Schipper 2009, S. 338f.). Dabei geht es primär darum, die individuelle Leistung eines Kindes zu den Leistungen einer Vergleichsgruppe in Beziehung zu setzen und einzuordnen. Dies erscheint vor allem in einem Forschungskontext, aber z. B. auch bei „Etikettierungstests" zur Feststellung einer „Dyskalkulie" (Schipper 2007) von Bedeutung.

Merkmale von Diagnoseinstrumenten

Instrumente für mathematische Diagnostik unterscheiden sich grundlegend im Hinblick auf die berücksichtigten Inhaltsbereiche (z. B. Geometrie, Arithmetik, Bruchrechnung) und die relevanten Altersstufen (von der Vorschule bis zur Sekundarstufe und darüber hinaus). Selbst bei einer Beschränkung auf arithmetische Inhalte der Schuleingangsphase zeigen sich noch deutliche Unterschiede zwischen den Instrumenten in Bezug auf die Art der

Durchführung und auf die berücksichtigten Themenbereiche.

Ein gerade für die schulische Diagnostik zentraler Unterschied zwischen den verschiedenen Instrumenten liegt in der Ausrichtung der Diagnostik. Voneinander abzugrenzen sind dabei die produktorientierte und die prozessorientierte Diagnose (vgl. Schipper 2007; Rottmann 2009; Wartha & Schulz 2012). Wesentliches Kennzeichen einer prozessorientierten Diagnose ist es, dass die Lösungsprozesse (d. h. die Strategien und Lösungswege bei der Aufgabenbearbeitung) im Mittelpunkt des Interesses stehen, während bei der produktorientierten Diagnose primär auf die Anzahl der richtig bzw. falsch gelösten Aufgaben geachtet wird.

Diese Ausrichtung auf eine Prozess- bzw. Produktorientierung ist eng verbunden mit der Zielsetzung der Diagnoseinstrumente. In aller Regel zielen prozessorientierte Verfahren auf eine Förderdiagnostik, während mit produktorientierten Tests ein Leistungsvergleich vorgenommen wird.

Für die Beschreibung und den Vergleich der Diagnoseinstrumente berücksichtigen wir folgende Bereiche und Fragen:

- *Zielsetzung*: Liegt die primäre Zielsetzung der Diagnose in einer Förderdiagnostik oder in einem Leistungsvergleich? Wird eine spezielle Zielsetzung (z. B. Diagnose einer Rechenstörung, Auffinden von „Risikokindern") ausgewiesen?

- *Ausrichtung*: Ist das Instrument produkt- oder prozessorientiert? Richtet sich der Analysefokus auf Strategien und Lösungswege oder auf die Anzahl richtig bzw. falsch gelöster Aufgaben?

- *Grad der Normierung*: Sind die Aufgaben, die Formulierungen der Fragestellungen und die Auswertung fest vorgegeben? Können oder müssen Veränderungen daran vorgenommen werden?

- *Altersstufe*: Für welche Altersstufen kann das Diagnoseinstrument genutzt werden? Gibt es Erweiterungen des Instruments für höhere Klassenstufen?

- *Dauer*: Welcher zeitliche Aufwand muss für die Durchführung des Instruments eingeplant werden?

- *Durchführung*: Handelt es sich bei dem Diagnoseinstrument um ein Gruppen- oder Einzeltestverfahren? Wird das Verfahren als Paper-Pencil-Test, als Interview oder computergestützt durchgeführt?

- *Materialeinsatz*: Handelt es sich um ein materialgestütztes Diagnoseinstrument? Welche (didaktischen) Materialien werden verwendet?

- *Themenbereiche*: Welche arithmetischen Inhaltsbereiche werden überprüft? Welche weiteren Inhaltsbereiche werden berücksichtigt?

- *Sprachliche Anforderungen*: Wie ist die sprachliche Komplexität der Aufgabenstellungen zu beurteilen? Werden Begriffe verwendet, die für Kinder mit eingeschränkten (deutschen) Sprachkenntnissen schwer verständlich sind? Erfordern die Bearbeitungen hauptsächlich verbale Antworten der Kinder?

- *Vor- und Nachteile*: Welches sind die zentralen Vor- und Nachteile des Instruments, besonders in Bezug auf die Verwendung im inklusiven Mathematikunterricht?

Nachfolgend werden die genannten sieben Verfahren und Tests jeweils auf einer Doppelseite vorgestellt. Für einen einfachen Vergleich werden abschließend wesentliche Merkmale der beschriebenen Diagnoseinstrumente in einer tabellarischen Übersicht zusammengefasst.

MARKO-D: Mathematik- und Rechenkonzepte im Vorschulalter – Diagnose

Kurzbeschreibung

Der MARKO-D (Ricken, Fritz-Stratmann & Balzer 2013) gehört zu den standardisierten Einzeltestverfahren. Er wurde für Kinder im Alter von vier bis sechseinhalb Jahren konzipiert, ist in Halbjahresschritten normiert und erfasst das Niveau der arithmetischen Entwicklung der Kinder. Im Gegensatz zu den anderen in diesem Kapitel vorgestellten Testverfahren ist der MARKO-D rasch-skaliert. Gleiche Rohwertsummen, die aber durch unterschiedliche Items entstanden sind, werden daher unterschiedlich interpretiert. So soll festgestellt werden, auf welcher Niveaustufe sich ein Kind aktuell befindet. Neben dieser qualitativen Auswertung ist es außerdem möglich, das individuelle Testergebnis eines Kindes mittels Prozenträngen und T-Werten auch quantitativ auszuwerten.

Nach Angaben der Autoren kann der MARKO-D zur Erfassung des aktuellen Entwicklungsstands, zur Planung und Evaluation von Fördermaßnahmen und für qualitative bzw. quantitative wissenschaftliche Untersuchungen genutzt werden. Er besteht aus 55 Items, die sich dem Kompetenzstufenmodell von Fritz und Ricken (2009) zuordnen lassen. Die zugrundeliegende Theorie, das Vorgehen bei der Testkonstruktion und die psychometrischen Eigenschaften werden im Manual dargestellt. Außerdem wird jedes Item beschrieben und einer Niveaustufe zugeordnet. Genaue Anweisungen bezüglich der Testdurchführung, Auswertung und Interpretation (sowohl qualitativ als auch quantitativ) finden sich ebenfalls im Manual.

Inhaltlich werden die Bereiche Zählfertigkeiten, Addition und Subtraktion kleiner Mengen, Ordnen von Mengen, Vorgänger und Nachfolger von Zahlen, Teil-Ganzes-Beziehungen und Mengenbildung (Mengen mit Material legen) abgedeckt. Der Zahlenraum bis 10 wird dabei nicht überschritten. Ein Interview dauert nach Angaben der Autoren zwischen 20 und 30 Minuten.

Testdurchführung und Handhabbarkeit

Die Aufgaben des MARKO-D sind eingebettet in eine Rahmenhandlung. Geführt von zwei Eichhörnchen lösen die Kinder die gleichen Aufgaben wie die Tiere. Die verbalen Aufgabenstellungen sind im Wesentlichen durch Bilder oder Material unterstützt.

Neue Aufgabenformate werden mit Beispielen eingeführt. Das Aufgabenformat und der Schwierigkeitsgrad alternieren über den gesamten Test. Die Kinder bearbeiten, unabhängig von ihrem Alter, sämtliche Aufgaben. Der Gesamtumfang erscheint angemessen; eine Untersuchung bei der Testkonstruktion belegte für alle getesteten Kinder auch am Ende des Tests noch eine hohe Motivation (Ricken et al. 2013, S. 21).

Für die Testdurchführung werden Aufgabenkarten, rote und blaue Plättchen, ein Protokollheft und das Aufgabenbuch benötigt. Das Aufgabenbuch ist so aufgebaut, dass der Testleiter auf einer Seite die Aufgabenstellung sehen und ablesen kann, während das Kind auf der anderen Seite ggf. einen Stimulus erfährt (oder auf eine leere Seite blickt). Die Antworten werden während der Testdurchführung in einem Protokollheft notiert. Die anschließende Auswertung ist unkompliziert gestaltet und erfolgt sowohl quantitativ als auch qualitativ auf einem separaten Ergebnisbogen. Je richtig gelöster Aufgabe erhält das Kind einen Punkt. Auf dem Ergebnisbogen sind für jede Niveaustufe die zugehörigen Aufgaben aufgelistet und werden bei korrekter Lösung angekreuzt. Sind 75 % oder mehr der möglichen Items auf einer Stufe korrekt gelöst, gilt dieses Niveau als erreicht. Im Manual sind genaue Informationen zur Interpretation und zum Umgang mit den Testergebnissen zu finden.

Beispielaufgaben

Die Aufgabenformulierung zu Item 19 und 20 (Abb. 9.1) lautet: *„Item 19: Hier sind noch mal Sterne. In welcher Reihe sind hier mehr? Item 20: Und wie viele sind es mehr?"* Diese Beispiele verdeutlichen den alternierenden Schwierigkeitsgrad. Während in Item 19 von zwei Mengen, die sich visuell deutlich unterscheiden, die größere gezeigt werden soll,

Abb. 9.1: Mengenvergleich (Ricken, Fritz-Stratmann & Balzer 2013, Item 19 und 20, MARKO-D Testheft)

ist das Ermitteln der Lösung zu Item 20 wesentlich komplexer. Hierbei geht es um die Differenz zweier Mengen, die entweder durch Zählen oder Rechnen ermittelt werden kann. Beide Formulierungen sind kurz und sprachlich einfach gehalten.

Vor- und Nachteile

Der MARKO-D wurde in ein umfassendes theoretisches Konzept eingebettet. Nach Aussage der Autoren wurden sprachliche Hürden bei der Aufgabenformulierung besonders berücksichtigt.

Positiv zu bemerken sind die für jüngere Kinder motivierende Gestaltung durch Bilder und die Rahmenhandlung mit den Eichhörnchen. Zumindest für Kinder ohne besondere Lernschwächen erscheint aber die Beschränkung des Zahlenraums bis 10 unvorteilhaft, da sich viele Kinder bei Schuleintritt schon in höheren Zahlenräumen bewegen. Eine Erfassung der verwendeten Lösungsstrategien bei den Additions- und Subtraktionsaufgaben ist nicht vorgesehen.

Fazit

Der MARKO-D eignet sich zur Erfassung des aktuellen Entwicklungsstands, für wissenschaftliche Untersuchungen und zur Planung und Evaluation von Fördermaßnahmen. Gezielte Förderimpulse liefert er nicht; hier schließt sich aber MARKO-T (Gerlach, Fritz-Stratmann & Leutner 2013) als Förderprogramm an.

Der MARKO-D bildet durchschnittliche und schwache Leistungen differenziert ab, in Anbetracht des kleinen Zahlenraums kann das Potenzial von leistungsstärkeren Kindern aber nicht erfasst werden. Gerade für lernschwache Kinder im inklusiven Unterricht vermeidet diese Beschränkung des Zahlenraums jedoch eine Überforderung und Frustration.

TEDI-MATH: Test zur Erfassung numerisch-rechnerischer Fertigkeiten vom Kindergarten bis zur 3. Klasse

Kurzbeschreibung

Der TEDI-MATH (Kaufmann, Nuerk, Graf, Krinzinger, Delazer & Willmes 2009) ist ein standardisiertes Einzeltestverfahren zur Leistungsbewertung mathematischer Fähigkeiten von Kindern im Alter von vier bis acht Jahren. Die Normierung erfolgt in Halbjahresschritten und erstreckt sich vom zweiten Halbjahr des vorletzten Kindergartenjahres bis zum ersten Halbjahr der dritten Klasse. Er kann nach Angaben der Autoren als Diagnoseinstrument zur Erkennung von Dyskalkulie, als Messinstrument zur Planung und Evaluation von Interventionen und für wissenschaftlich quantitative (teilweise auch qualitative) Untersuchungen eingesetzt werden.

Insgesamt besteht der TEDI-MATH aus 28 Untertests mit einer variierenden Anzahl an Aufgaben. Es gibt eine verbindliche Kernbatterie, welche je nach Alter der Kinder variiert und nach Angabe der Autoren für die Diagnose einer Dyskalkulie (oder – allgemeiner – besonderer Schwierigkeiten beim Mathematiklernen) ausreicht. Zur differenzierteren Diagnostik können weitere Untertests ergänzt werden.

Die Testdurchführung findet in Form von Einzelinterviews statt. Die Durchführungszeit beträgt zwischen 20 Minuten (Kernbatterie des zweiten Halbjahres für das vorletzte Kindergartenjahr) und 70 Minuten (Gesamtbatterie bei Schulkindern). Inhaltlich umfasst der TEDI-MATH Aufgaben aus den Bereichen Logische Operationen, Zählen und Zahlen, Stellenwerte, Addition und Subtraktion sowie Multiplikation und Division.

Testdurchführung und Handhabbarkeit

Die Aufgaben werden überwiegend verbal gestellt und mehrheitlich materialgestützt bearbeitet. Das Protokollheft ist übersichtlich strukturiert und enthält alle Aufgaben der 28 Untertests. Um eine flüssige Testdurchführung zu unterstützen, sind die jeweiligen Instruktionen ebenfalls im Protokollheft abgedruckt. Darin werden die Antworten der Kinder und die jeweilige Bepunktung während der Durchführung notiert. Bei manchen Aufgaben werden zusätzlich Bearbeitungszeit, Begründungen, Strategien oder die Korrektheit einzelner Items festgehalten.

Für viele Items sind Abbruchkriterien formuliert. Die anschließende Auswertung erfolgt in sechs Schritten und nimmt insgesamt etwa 15 Minuten in Anspruch. Als Resultat erhält man zu jedem Untertest der Kernbatterie den im Vergleich zur Normierungsstichprobe erreichten Prozentrang, C-Wert und T-Wert. Die beiden Letzteren werden grafisch dargestellt und zeigen auf einen Blick den Grad der Abweichung von der Norm.

Beispielaufgaben

Bei der Aufgabe *Größenvergleich arabische Zahlen* (Abb. 9.2) sollen die Kinder auf die größere der beiden abgebildeten Zahlen zeigen. Maximal werden 18 Zahlenpaare (jeweils auf einer Seite des Stimulusbuchs) gezeigt; die Kernbatterie für die 1. Klasse beginnt bereits mit zweistelligen Zahlen. Nach fünf aufeinander folgenden Fehlern wird die Aufgabe abgebrochen. Problematisch erscheint in diesem Untertest allerdings die hohe Ratewahrscheinlichkeit, welche die Reliabilität beeinträchtigt.

59   73

Abb. 9.2: Größenvergleich arabische Zahlen
(Kaufmann et al. 2009, Untertest 4)

Die Aufgaben zum *Abzählen* (Abb. 9.3; Anzahl von 5 bis 12 Tieren) sind insgesamt gut konstruiert. Die Kinder sollen die Tiere laut zählen; über nachfolgende Fragen (z. B. *„Wie viele Haie sind es insgesamt?"*) wird das Verständnis der Zählprinzipien (z. B. des Kardinalzahlprinzips; Gelman & Gallistel 1978) überprüft. Die Aufgabenstellung ist kurz und klar formuliert, das Material ist für Kinder ansprechend gestaltet und fokussiert auf die Aufgabe.

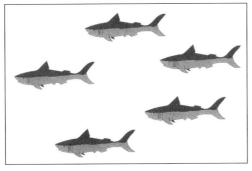

Abb. 9.3: Abzählen (Kaufmann et al. 2009, Untertest 2)

Vor- und Nachteile

Der TEDI-MATH ist ausführlich und klar beschrieben. Positiv zu werten ist das breite Spektrum an arithmetischen Bereichen, das durch die individuelle Hinzunahme weiterer Untertests der Gesamtbatterie erreicht werden kann.

Leider liefern die Autoren für die Wahl der Abbruchkriterien keine fundierte Begründung. So bleibt z. B. unklar, warum die Aufgabe 1.6 *(Rückwärts zählen ab 7* bzw. *ab 15)* bei Fehlern in der Aufgabe 1.4 *(Zählen mit Unter- und Obergrenze von 5 bis 9* bzw. *von 4 bis 8)* nicht bearbeitet werden soll.

Auch der Abbruch erst nach fünf aufeinander folgenden Fehlern erscheint teilweise nicht sinnvoll. Bei der Beispielaufgabe zum Größenvergleich müssen in der Kernbatterie auf jeden Fall weiterhin dreistellige Zahlen miteinander verglichen werden, auch wenn einem Kind dies bereits bei den Zahlen 13 und 14 nicht erfolgreich gelingt. Ebenso bearbeitet ein Kind immer mindestens fünf Additions- und fünf Subtraktionsaufgaben, ab dem 2. Halbjahr der 1. Klasse zusätzlich noch fünf Multiplikationsaufgaben, selbst wenn alle Lösungen fehlerhaft sind. Gerade für den inklusiven Unterricht ist dies problematisch.

Auch die z. T. komplexe Satzstruktur in einigen Items kann zu Schwierigkeiten führen.

Die Durchführung des TEDI-MATH erfordert wegen seines komplexen Aufbaus und hohen Umfangs insgesamt eine intensive Vorbereitung. Konkrete Hinweise zu Fördermaßnahmen (vgl. Peuker 2011) liefert dieser Test jedoch nicht.

Fazit

Für eine Diagnosestellung und im Rahmen von wissenschaftlichen Untersuchungen eignet sich der TEDI-MATH gut. In Anbetracht des fehlenden handlungsleitenden Nutzens empfiehlt sich der Einsatz besonders im inklusiven Unterricht allerdings kaum.

OTZ: Osnabrücker Test zur Zahlbegriffsentwicklung

Kurzbeschreibung

Der OTZ (van Luit, van de Rijt & Hasemann 2001) ist ein standardisiertes, in Halbjahresschritten normiertes Einzeltestverfahren zur Erfassung des Niveaus der Zahlbegriffsentwicklung von Kindern im Alter von fünf bis siebeneinhalb Jahren. Die Autoren verweisen als theoretischen Hintergrund für den Test auf die Arbeiten von Piaget und Szeminska (1972), Fuson (1988), Gelman und Gallistel (1978) sowie Wynn (1990).

Der OTZ liegt in zwei Parallelversionen vor, die aus jeweils 40 Aufgaben bestehen. Er gliedert sich in acht Komponenten: *Vergleichen* (quantitative und qualitative Eigenschaften), *Klassifizieren* (Zusammenfassen von Objekten anhand von Unterschieden oder Gemeinsamkeiten), *Eins-zu-eins-Zuordnen*, *Nach Reihenfolge ordnen*, *Zahlwörter benutzen*, *Synchrones und verkürztes Zählen*, *Resultatives Zählen* sowie *Anwenden von Zahlenwissen* (in alltagsbezogenen Kontexten). Jede Komponente besteht aus fünf Aufgaben. Abbruchkriterien sind nicht formuliert. Die Testdauer beträgt ca. 30 Minuten.

Bei der Testauswertung werden anhand der erzielten Gesamtpunkte Prozentränge (im Vergleich zu einer Stichprobe gleichaltriger Kinder) ermittelt. Auf dieser Basis erfolgt eine Einordnung der Kinder in fünf Niveaustufen von A (höchstes Niveau) bis E (niedrigstes Niveau). Die Niveaustufen D (Prozentrang 11 bis 25) und E (Prozentrang bis 10) gelten als Risikobereich (Grüßing & Peter-Koop 2008, S. 73). Durch die Orientierung an der Gesamtpunktzahl gehen bei der Zuordnung zu den Niveaus jedoch Informationen über die Leistungen des Kindes in den einzelnen Komponenten verloren.

Testdurchführung und Handhabbarkeit

Alle Aufgaben des OTZ werden verbal gestellt und durch ein Bild oder durch Holzwürfel visuell unterstützt. Die Antworten erfolgen entweder durch Handlung am Material, das Zeigen auf Bilder oder rein verbal. Der Test ist verständlich aufgebaut und nach kurzer Übung auch ohne Manual leicht durchführbar. Die Beobachtungen werden während der Durchführung auf einem Ergebnisbogen festgehalten und im Anschluss ausgewertet.

Für jede richtig gelöste Aufgabe gibt es einen Punkt. Lösungsstrategien können zwar protokolliert werden, haben jedoch keinen Einfluss auf die Bewertung.

Abb. 9.4: Klassifizieren (van Luit, van de Rijt & Hasemann 2001, Aufgabe A6)

Beispielaufgaben

Die Aufgabe A6 (Abb. 9.4) zum Klassifizieren veranschaulicht gut die Art der Aufgabenformulierung und -präsentation. Der Aufgabentext (*„Sieh dir diese Bilder an. Was kann nicht fliegen?"*) ist auch für Kinder mit nur geringen Deutschkenntnissen meist sprachlich gut verständlich; die Antwort kann sowohl verbal als auch durch ein Zeigen auf das passende Bild – und damit sprachfrei – gegeben werden.

Andere Aufgaben sind jedoch sprachlich deutlich anspruchsvoller formuliert, wie z. B. die Aufgabe A17 zum Ordnen (Abb. 9.5) mit nachgestelltem Relativsatz: *„Hier siehst du Kästen mit Zuckerstangen. Zeige auf den Kasten, in dem die Zuckerstangen von dünn nach dick geordnet sind."* Auch die verwendeten Begriffe (wie „Zuckerstange") sind nicht allen Kindern bekannt (besonders bei sprachlichen Defiziten).

Abb. 9.5: Nach Reihenfolge ordnen (van Luit, van de Rijt & Hasemann 2001, Aufgabe A17)

Vor- und Nachteile

Der OTZ ist ein unkompliziertes, leicht durchführbares Verfahren. Er eignet sich zum Auffinden von „Risikokindern" (Schipper 2007) und zur Bildung von Gruppen gleicher Kompetenzbereiche.

Allerdings weist der OTZ auch einige Nachteile auf: Die Durchführung gestaltet sich monoton, da sich Sprachmuster häufig wiederholen und künstlich wirken (*„Zeige auf die achtzehnte Blume.", „Zeige auf die Würfel und zähle sie."*). Die Stimuli sind darüber hinaus wenig ansprechend gestaltet und stellen gerade für Kinder mit Defiziten in der visuellen Wahrnehmung eine Herausforderung dar (z. B. wegen geringer Abstände der Bildelemente und stark vereinfachter Strichzeichnungen).

Während durchschnittliche und geringe Kompetenzen mit dem OTZ erfasst werden können, zeigten sich in einer Interventionsstudie von Grüßing und Peter-Koop (2008) im letzten Kindergartenjahr deutliche Deckeneffekte in der Gruppe der Leistungsstärkeren. Weiterhin lässt diese Studie auf (unnötig) hohe sprachliche Anforderungen im OTZ schließen; Kinder mit Migrationshintergrund werden überdurchschnittlich häufig im untersten Niveau E angesiedelt.

Leider liefert der OTZ bei festgestellten Defiziten (Niveau D oder E) keine inhaltlichen Informationen für Förderansätze und Unterstützungsmöglichkeiten der Kinder. Gerade für inklusiven Mathematikunterricht wäre dies jedoch wünschenswert.

Fazit

Der OTZ eignet sich (auch im Rahmen empirischer Studien) zur Identifikation von Kindern mit durchschnittlichen und geringen Kompetenzen im Bereich der Zahlbegriffsentwicklung, vor allem von sogenannten „Risikokindern". Genauere inhaltliche Informationen, die als Grundlage für Unterstützungsmaßnahmen im inklusiven Unterricht dienen können, liefert der OTZ jedoch nicht.

EMBI: ElementarMathematisches BasisInterview

Zahlen und Operationen[1]

Kurzbeschreibung

Das EMBI *Zahlen und Operationen* (Peter-Koop, Wollring, Grüßing & Spindeler 2013) ist ein halbstandardisiertes, materialgestütztes Einzelinterview für die Hand der Lehrerin bzw. Erzieherin, das auf die Erhebung der Entwicklung mathematischer Fähigkeiten im letzten Kindergartenjahr und im Anfangsunterricht abzielt. Das EMBI unterstützt eine handlungsleitende Diagnostik und ermöglicht das frühe Auffinden von Risikokindern für das schulische Mathematiklernen (Peter-Koop & Kollhoff 2015). Da das Interview im Niveau nach oben offen angelegt ist und Inhalte der Klassen 3 und 4 einschließt, ist es ebenso bei älteren Kindern mit mathematischen Lernschwierigkeiten sowie bei leistungsstarken Kindern der Klassen 1 und 2 einsetzbar.

Sowohl im Interviewteil zu den Vorläuferfähigkeiten (V-Teil) als auch in den Interviewteilen A *(Zählen)*, B *(Stellenwerte)*, C *(Strategien bei Addition und Subtraktion)* und D *(Strategien bei Multiplikation und Division)* handeln die Kinder überwiegend am Material. Auf diese Weise haben auch Kinder mit eingeschränkten (deutschen) Sprachfähigkeiten die Möglichkeit, ihr Wissen und Können zu zeigen. Im Interviewleitfaden sind Hinweise zum Verhalten der interviewenden Person mit Fotos des jeweiligen Material-Settings, Interviewer-Texte und Abbruchkriterien übersichtlich tabellarisch dargestellt.

---

[1]   Bezogen auf die Inhalte *Raum und Form* sowie *Größen und Messen* gibt es ebenfalls ein entsprechendes Interview (vgl. Wollring et al. 2011).

Die Kompetenzen der Kinder werden anhand von beobachtbaren Kompetenzniveaus, sogenannten *Ausprägungsgraden*, erhoben. Lehrende können mit Hilfe von Dokumentationsbögen für Lerngruppen (z. B. im Klassenverband oder in der Kita-Gruppe) individuelle wie kollektive Lernzuwächse erheben und auch in Bezug auf ihre Entwicklung dokumentieren.

Testdurchführung und Handhabbarkeit

Die Aufgaben werden verbal gestellt. Das Kind bearbeitet sie materialgestützt, mit Ausnahme der Items zum verbalen Zählen. Routine in der Durchführung erleichtert dem Interviewer den reibungslosen Umgang mit Material und Dokumentation und verkürzt die Durchführungsdauer. Die Bearbeitungszeit reicht von etwa 15 bis 20 Minuten für den Kindergartenteil (Teile V und A) bis hin zu etwa 40 Minuten für den gesamten Arithmetikteil (Teile A bis D) bei einem leistungsstarken Kind, das einen Großteil der Items bearbeitet. Die Interview-Texte sind vorgegeben, jedoch darf der Interviewer anders als bei standardisierten Tests ausdrücklich davon abweichen, wenn beispielsweise sprachliche Besonderheiten berücksichtigt werden sollen. Die Auswertung des EMBI geht schnell: Notizen aus dem Protokollbogen können in eine Kurztabelle übertragen werden. Daraus ist unmittelbar ersichtlich, welche Ausprägungsgrade das Kind in den einzelnen Bereichen erzielt hat.

Beispielaufgaben

Zählkompetenzen sind für das frühe Mathematiklernen zentral. Dies wurde im EMBI durch zahlreiche Items zum Zählen und Abzählen berücksichtigt. Item A1 (Abb. 9.6) zielt auf das korrekte Abzählen einer Menge von gut 20 bunten Plastik-Bären. Die Zähl-prinzipien nach Gelman und Gallistel (1978) werden hierbei überprüft.

Abb. 9.6: Abzählen an bunten Plastik-Bären (Item A1)

Item B11 (Abb. 9.7) zielt auf die Nutzung von Bündelungseinheiten. Holzstäbchen sind hier mit Gummibändern in *Zehner*bündel zusammengefasst, einzelne Holzstäbchen sind die *Einer*. Das Kind soll die Zahl 36 als drei Zehnerbündel und sechs einzelne Stäb-chen darstellen. Für Kinder, die gerade das Stellenwertsystem mit Mehrsystemblöcken erarbeiten, kann die Verwendung von Stäben als Einer jedoch verwirrend sein, da Stäbe mit Zehnern assoziiert werden.

Abb. 9.7: Bündeln (Item B11)

Vor- und Nachteile

Mit dem EMBI können frühe mathema-tische Kompetenzen in einer natürlichen Gesprächssituation erhoben werden. Schon im Kindergarten können Risikokinder identi-fiziert und dann bereits vor der Einschulung gefördert werden (Peter-Koop & Grüßing 2014). Das Handbuch liefert dazu hilfreiche Hinweise.

Gerade im inklusiven Unterricht bietet sich die Möglichkeit, mit lernschwachen Kindern den V-Teil auch später durchzuführen. Die konsequente Materialnutzung erlaubt eine individuelle prozessorientierte Diagnostik, erfordert jedoch im Vorfeld eine gründliche Auseinandersetzung mit dem Verfahren. Als Einzelinterview ist das EMBI naturgemäß zeitintensiv, insbesondere wenn die Kompe-tenzen ganzer Lerngruppen erhoben werden sollen; dafür liefert es direkte Impulse für die individuelle Förderung.

Fazit

Das EMBI ermöglicht die Erhebung und Do-kumentation mathematischer Kompetenzent-wicklung beginnend im Kindergartenalter. Es ist materialgestützt, handlungsleitend und prozessorientiert und damit auch im inklusi-ven Unterricht gewinnbringend einsetzbar. Als materialgestütztes Interview ist es jedoch zeitintensiv in Bezug auf Vorbereitung und Durchführung.

FIPS: Fähigkeitsindikatoren Primarschule

Kurzbeschreibung

FIPS (Bäuerlein, Beinicke, Berger, Faust, Jost & Schneider 2012) ist ein computerbasiertes, normiertes Diagnoseinstrument zur Erfassung des Lernstands bei Schuleintritt und der Lernentwicklung während des ersten Schuljahres. FIPS deckt neben *Mathematik* die hier nicht berücksichtigten Skalen *Wortschatz, Lautbewusstheit* und *Lesen* ab. Die Bearbeitungszeit dieses adaptiven Einzeltests beträgt 15 bis 30 Minuten. Das Testprogramm wird auf CD mitgeliefert. Während der Bearbeitung ist die permanente Anwesenheit des Testleiters notwendig, der das Kind durch das Programm führt und die Antworten des Kindes eintippt. Das Kind selbst agiert nicht am Computer. Die Items werden zumeist als überwiegend kindgerechte Abbildungen im Comic-Stil am Bildschirm dargeboten. Die Computerstimme spricht sämtliche Erklärungstexte und Aufgabenstellungen. Hier ergeben sich erwartungsgemäß unnatürlich wirkende Sprachsequenzen und Wiederholungen.

Der Mathematikteil umfasst die Subtests *Rechnen mit Bildern, Zahlen lesen* (Ziffern in willkürlicher Reihenfolge und beliebige zwei- und dreistellige Zahlen), *Rechnen mit Punkten* (im Wesentlichen dargestellt in „Würfel-Fünfen") und *Gemischte Matheaufgaben*. Insbesondere die Auswahl der Items im letzten Subtest erscheint merkwürdig und wird fachdidaktisch nicht begründet (siehe Beispiele).

Die möglichen Vorteile, die die Computernutzung gegenüber „Papiertests" bietet, beispielsweise eine Animation dynamischer Aufgaben, etwa bei Addition und Subtraktion, oder die automatisierte Adaption weiterer Items an die bislang präsentierte Performanz des Kindes, werden kaum genutzt, sodass praktisch alle Items ebenso gut in Papierform hätten präsentiert werden können. Auch Abbruchkriterien muss der Testleiter zum Teil selbst beachten. Zumindest bei der Auswertung nimmt das Programm dem Testleiter Arbeit ab, indem es beispielsweise Ergebnistabellen, Boxplots zu T-Wert-Verteilungen oder Lernzuwachsdiagramme per Knopfdruck ausgibt. Außerdem werden zum ersten Testzeitpunkt erbrachte Leistungen gespeichert, sodass zum zweiten Testzeitpunkt am Ende des ersten Schuljahres dazu passende Items präsentiert werden.

Testdurchführung und Handhabbarkeit

Die Installation des Programms geht schnell. Menüführung, Optionen und Eingabe der Antworten sind für den Testleiter weitgehend intuitiv verständlich. Das Kind muss über ein gutes Gehör, Aufmerksamkeit, Konzentration und gute Deutschkenntnisse verfügen. Die *„Anpassungsregeln der einzelnen Aufgaben für das adaptive Testen"* können einer Tabelle im Manual entnommen werden; hieraus ergibt sich eine sinnvolle Reihenfolge der einzelnen Aufgaben, die durch den Testleiter ansonsten willkürlich wählbar ist. Außer dem Computer, Papier, Bleistift und fünf Plastikplättchen (für die Aufgabe *Lautanalyse*, bei der für jeden Laut ein Plättchen gelegt werden soll) kommt kein weiteres Material zum Einsatz.

Beispielaufgaben

Im Subtest *Rechnen mit Punkten* (Abb. 9.8) werden dem Kind Punktebilder präsentiert. Die Computerstimme ist stets zu hören: *„Hier* sind *X Punkte. Es werden Y Punkte dazugelegt/ weggenommen. Wie viele sind es dann/bleiben übrig?"* Ob die Punkte (bei der Subtraktion) als Zählhilfe dienen sollen, wird nicht klar. Besonders im inklusiven Unterricht wäre für lernschwache Kinder konkretes Material, das von ihnen aktiv manipuliert werden kann, deutlich sinnvoller. Kinder, die nicht auf Material als Lösungshilfe angewiesen sind, benötigen auch die Punktedarstellung am Bildschirm nicht. Insofern ist fraglich, inwiefern tatsächlich „mit Punkten" gerechnet wird.

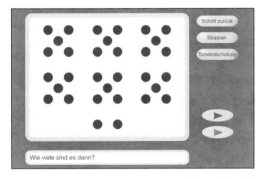

Abb. 9.8: Rechnen mit Punkten (Bäuerlein et al. 2012, Screenshot zu Item 165)

Da FIPS explizit zu Beginn des ersten Schuljahres durchgeführt werden soll, wären beim Subtest *Gemischte Matheaufgaben* weitere relevante Kompetenzbereiche insbesondere zur vorschulischen Mathematik zu erwarten gewesen, beispielsweise in den Bereichen *Mengen-Zahl-Zuordnung, Teil-Ganzes-Beziehungen* oder *Zählen und Bündeln*. Zu finden sind jedoch: „*Zeig auf den Kreis, in dem drei Viertel bunt gemalt sind."* (Abb. 9.9), rein symbolisch präsentierte Additions- und Subtraktionsaufgaben (vier im Zahlenraum bis 20, außerdem 15 + 21, 42 – 17 und 105 + 302) und verbale Aufgaben wie *„Was ist ein Viertel von acht?"* oder *„Was ist das Doppelte von zweimal drei?"*. Deren Aussagekraft erscheint für die

Erfassung mathematischer Kompetenzen von Erstklässlern fraglich und stellt nicht nur für lernschwache Kinder eine deutliche Überforderung dar. Immerhin zwei Items zur Mustererkennung (Fortsetzung zweier Zahlenreihen) sind zu finden.

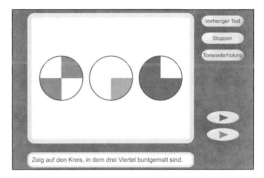

Abb. 9.9: Drei Viertel (Bäuerlein et al. 2012, Screenshot zu Item 166)

Vor- und Nachteile

Vorteile von FIPS liegen in der möglicherweise hohen Motivation der Kinder durch das Medium Computer und in der bequemen Ausgabe der Testergebnisse. Einen gravierenden Nachteil stellt gerade im inklusiven Unterricht die getroffene Auswahl der Items dar, die wesentliche Kompetenzbereiche von Schulanfängern nicht berücksichtigt. Schade ist zudem, dass die Möglichkeiten digitaler Medien insbesondere in der dynamischen Präsentation der Stimuli nicht genutzt werden. Als Einzeltest für den Schulalltag ist FIPS sehr zeitintensiv. Qualitative Förderansätze werden nicht geliefert.

Fazit

FIPS ermöglicht als computerbasiertes Diagnostikinstrument einen bequemen Vergleich von Kinderleistungen zu Beginn und am Ende des ersten Schuljahres, allerdings mit fraglicher Relevanz.

DEMAT 1+: Deutscher Mathematik-test am Ende von Klasse 1

Kurzbeschreibung

Der DEMAT 1+ (Krajewski, Küspert & Schneider 2002) ist ein normiertes Paper-Pen-cil-Testverfahren, das am Ende von Klasse 1 oder zu Beginn von Klasse 2 innerhalb einer Schulstunde mit einer Schulklasse durchgeführt werden kann. Für höhere Klassenstufen liegen weitere Versionen des DEMAT vor. Die Items orientieren sich nach Angabe der Autoren inhaltlich an den Arithmetik-Lehrplänen aller deutschen Bundesländer.

Als Inhaltsbereiche werden *Mengen-Zahlen-Zuordnung* und *Orientierung im Zahlenraum bis 20*, *Addition und Subtraktion* (auch im Kontext von Kettenaufgaben und Ungleichungen), *Zahlzerlegung* und *Teil-Ganzes-Beziehungen* in überwiegend formalen Darstellungen abgedeckt (Abb. 9.10).

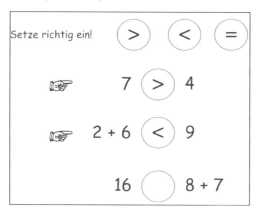

Abb. 9.10: Subtest *Ungleichungen* (Krajewski et al. 2002, DEMAT 1+ Testheft)

Lediglich im Bereich *Mengen-Zahlen* werden die Aufgaben von den Kindern auf zeichnerischer Ebene bearbeitet (z.B. durch das Zeichnen von Kreisen). Im Bereich *Sachaufgaben* gibt es zwar Bilder, diese markieren jedoch

lediglich die Positionen zum Eintragen der (symbolischen) Antwort. Sechs der neun Subtests sind rein formal in Termform formuliert und jeweils mit einem Beispiel erklärt. Die zugehörigen Anweisungen werden Kindern, die noch nicht lesen können, ausschließlich verbal präsentiert. Weiteres Material zusätzlich zum Testheft und einem Bleistift kommt nicht zum Einsatz. Der Testleiter benötigt neben dem Manual eine Stoppuhr zur Kontrolle der vorgegebenen Bearbeitungszeit.

Die Autoren geben zwei Anwendungsbereiche für den DEMAT 1+ an: zum einen ökonomische Gruppentestungen, die zumeist im Forschungskontext angesiedelt sind, und zum anderen die Feststellung einer Dyskalkulie im Einzeltest. Als Paper-Pencil-Test operiert der DEMAT 1+ produktorientiert. Detaillierte Aussagen über die vom Kind genutzten Strategien liefert der Test entsprechend nicht.

Testdurchführung und Handhabbarkeit

Das Kind findet die Items in einem Testheft vor, welches in zwei parallelen Testformen A und B ausgegeben werden kann. Die Objektivität des DEMAT 1+ wird durch wortgenaues Vorlesen der Testinstruktionen (kurze Einleitung und konkrete Aufgabenstellung bei jedem Item), strenges Einhalten der Zeitvorgaben und Unterlassen jeglicher Hilfestellung gewährleistet. Das gemeinsame Beenden der Arbeit an einem bestimmten Item und das gleichzeitige Umblättern im Testheft sollten vorher mit der Klasse geübt werden. Spontane Fragen der Kinder dürfen durch den Testleiter nicht beantwortet werden.

Nach der Bearbeitung aller neun Subtests lässt sich der DEMAT 1+ ökonomisch per

Schablonen auswerten, welche im Testheft angelegt werden und die Eintragung der entsprechenden Rohwerte erleichtern. Den Rohwerten der einzelnen Subtests und des Gesamttests werden dann Prozentränge zugeordnet, die die erbrachte Leistung des Kindes in Bezug zu dessen Altersgruppe setzen. Als durchschnittliche Leistung werden hierbei die beiden mittleren Viertel (Prozentrang 25 bis 76) verstanden.

Beispielaufgaben

Im Subtest *Zahlenraum* werden dem Kind vier Zahlenstrahlen präsentiert: Einer verläuft horizontal, die anderen drei (in eher unüblicher Orientierung) vertikal. In den ersten beiden vertikalen Strahlen (Abb. 9.11) sollen die Zahlen 6 bzw. 13 verortet werden. Hier erscheint die Punktvergabe *(„genau 5 bis < 10 richtig"* bzw. *„> 10 bis genau 15 richtig")* diskussionswürdig; außerdem zeichnen Kinder selten „genau", sondern oft schräg oder kurvig, was eine sinnvolle Beurteilung erschwert.

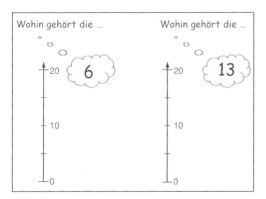

Abb. 9.11: Subtest *Zahlenraum*, Zahlenstrahl „hoch" (Krajewski et al. 2002, DEMAT 1+ Testheft)

Der Subtest *Teil-Ganzes* wird in vier Gleichungen der Form $a \pm b = c \pm d$ mit jeweils einer Unbekannten operationalisiert (z. B.

$5 + \square = 6 + 2$). Dieses Format ist nicht allen Erstklässlern bekannt und erfordert ein hohes Abstraktionsvermögen.

Vor- und Nachteile

Die wesentlichen Vorteile des DEMAT 1+ liegen in der ökonomischen Handhabung und in der Anschlussfähigkeit über die Primarstufe hinweg. Kinderleistungen in quantitativen Längsschnittstudien können so über große Zeiträume mit einem einheitlichen Instrument gemessen werden.

Obwohl der Test nach Angabe der Autoren besonders im Bereich schwächerer Leistungen detailliert differenzieren soll, erscheinen mehrere Subtests aufgrund der sehr formalen Gestaltung gerade für lernschwache Kinder im inklusiven Unterricht ungeeignet. Eine qualitative, prozessorientierte Diagnostik des Zahlen-Mengen-Wissens und der arithmetischen Kompetenzen eines Kindes ermöglicht der DEMAT 1+ nicht. Auch inhaltliche oder fachdidaktische Hinweise zu einer individuellen Förderarbeit fehlen. Im Unterrichtskontext lassen sich daher nur begrenzte Einsatzmöglichkeiten feststellen. An noch nicht lesende Kinder im Anfangsunterricht werden hohe Anforderungen an Hörverständnis und Konzentration gestellt.

Fazit

Der DEMAT 1+ ist ein produktorientiertes, inhaltlich an das bundesdeutsche Curriculum des ersten Schuljahres angelehntes Paper-Pencil-Testverfahren, das sich vorrangig im Forschungskontext zur ökonomischen Testung von Schulklassen eignet.

Diagnoseleitfaden „Zahlen und Rechnen bis 100"

Kurzbeschreibung

Der Diagnoseleitfaden zu „Zahlen und Rechnen bis 100" entstammt dem Buch „Rechenproblemen vorbeugen" (Wartha & Schulz 2012, S. 93ff.) und ist angelehnt an die Erstdiagnosen, welche an den *Beratungsstellen für Kinder mit Rechenstörungen* an der Universität Bielefeld und der Pädagogischen Hochschule Karlsruhe durchgeführt werden.

Das an diesem Leitfaden orientierte Einzelinterview ist nicht-standardisiert und richtet als prozessorientiertes Interview ein Hauptaugenmerk auf die Feststellung, inwiefern das Kind *nicht-zählende Rechenstrategien* sowie ein sicheres *Stellenwertverständnis* entwickelt hat und *Grundvorstellungen* zu Zahlen, Rechenoperationen und -strategien aktivieren kann. Defizite in diesen Bereichen gelten als Hauptsymptome einer Rechenstörung.

Der Interviewleitfaden besteht aus insgesamt 30 Inhalten, welche sich in die Bereiche Zählen, Orientierung im Zahlenraum/Stellenwertverständnis, Zahlzerlegungen (Teil-Ganzes-Beziehungen), Strategien bei der Addition und Subtraktion, Rechengeschichten sowie Umgang mit Material untergliedern lassen.

Ab Mitte bis Ende des 2. Schuljahres können sämtliche Inhaltsbereiche des Interviews genutzt werden; im 1. Schuljahr sowie bei Lernschwächen ist eine Beschränkung auf Zahlen in einem kleineren Zahlenraum angebracht. Nach Angabe der Autoren dauert ein vollständiges Interview etwa 60 Minuten.

Testdurchführung und Handhabbarkeit

Sämtliche Aufgaben werden verbal gestellt, teils mit Verwendung eines Materials (Rechenrahmen, Mehrsystemblöcke oder Zahlenstrahl). Die Bearbeitung erfolgt meist mündlich oder materialgestützt; selten ist eine schriftliche Notation erforderlich.

Das Interview ist im Hinblick auf die Aufgabenauswahl und -formulierung flexibel gestaltet. Der Diagnoseleitfaden enthält zu den einzelnen Inhalten keine verbindlichen Vorgaben, sondern ausschließlich Aufgabenbeispiele mit Formulierungsvorschlägen und der Angabe konkreter Zahlen. Die Autoren weisen explizit darauf hin, dass die Zahlen bei Bedarf abgeändert werden können; das trifft auch auf die Reihenfolge der Inhalte zu. Auch eine Unterbrechung des Interviews und die Aufteilung in mehrere Sequenzen sind möglich. Das prozessorientierte Interview legt einen Beobachtungsschwerpunkt auf die Bearbeitungswege. Dies erfordert vom Interviewer, die Vorgehensweise des Kindes zu beobachten (z. B. im Hinblick auf das Material oder die Finger als Zählhilfe) und sich die Strategien erklären zu lassen. Bei allen Aufgaben sind Beobachtungsschwerpunkte für den Interviewer vermerkt; es gibt jedoch kein Protokoll- und Auswertungsraster, sodass Beobachtungen individuell während des Interviews festgehalten werden.

Beispielaufgaben

Die Aufgabe zum *Schnellen Sehen* am Rechenrahmen (Abb. 9.12) zeigt den Aufbau des Diagnoseleitfadens: Zunächst wird die Aufgabenstellung mit konkreten Zahlenbeispielen formuliert, ggf. werden weitere Nachfragen aufgeführt. Schließlich folgen Beobachtungshinweise zu den drei Schwerpunkten *Zählendes Rechnen, Stellenwertverständnis* und *Grundvorstellungen*.

Schnelles Sehen (quasisimultane Zahlauffassung)
Beispiel: Ich stelle eine Zahl ein und zeige sie dir nur ganz kurz. Wie heißt die Zahl? Warum? Beschreibe, was du gesehen hast. Wobei bist du dir sicher? Waren es mehr oder weniger als 50? (6, 23, 51, 98, 78)
Beobachtungsschwerpunkte
Zählendes Rechnen: Welche Strukturen werden sicher nichtzählend genutzt? In welchem Zahlenraum ist das Kind sicher?
Stellenwertverständnis: Treten Zahlendreher auf? Nutzt das Kind die Zehnerstruktur am Rechenrahmen?
Grundvorstellungen: Gelingen die Übersetzungsprozesse zwischen der gesehenen Menge und dem zugehörigen Zahlwort? Kann die gesehene Menge aus dem Kopf rekonstruiert werden?

Abb. 9.12: Aufgabe zum „Schnellen Sehen" (Wartha & Schulz 2012, S. 101, hier leicht geändert)

Die Fragen zur Beobachtung ermöglichen eine differenzierte Einschätzung der Kompetenzen und Defizite des Kindes. Dabei werden typische Hürden in den Blick genommen (z. B. Zahlendreher oder fehlendes Nutzen der Fünfer- und Zehnerstruktur des Materials). Über die Auswahl des Zahlenmaterials ist es möglich festzustellen, ob das Kind z. B. bei Zahlen über 50 besondere Schwierigkeiten zeigt.

Beim *Rechnen im Zahlenraum bis 20* werden lediglich zwei Beispielaufgaben (6 + 8 und 14 − 6) aufgeführt. Besonders für eine Diagnostik im inklusiven Unterricht wäre die Berücksichtigung weiterer Aufgabentypen (z. B. Aufgaben ohne Zehnerüberschreitung sowie Analogieaufgaben wie 3 + 2 und 13 + 2) wünschenswert. Da die Lösungswege verbal erklärt werden sollen, stellt das Inter-

view recht hohe sprachliche Anforderungen an die Kinder. Durch die Verwendung von Material erhalten Kinder mit sprachlichen Defiziten zumindest in Teilen die Möglichkeit, ihr Vorgehen nicht-sprachlich darzustellen.

Vor- und Nachteile

Der wesentliche Vorteil dieses Interviews liegt darin, dass der Interviewer sehr genaue Informationen über die kindlichen Kompetenzen und Defizite sowie über die individuellen Denk- und Lösungswege erhält. Damit ergibt sich eine gute Grundlage für konkrete Fördermaßnahmen, zu denen Wartha & Schulz (2012) viele praxisorientierte Anregungen geben. Allerdings stellt das Interview hohe fachdidaktische Anforderungen an den Interviewer. Die Fragen sollten an das jeweilige Kind und den Interviewverlauf angepasst werden. Die Beobachtungen müssen individuell festgehalten werden; ein unterstützendes Protokollraster fehlt. Zumindest die Durchführung des vollständigen Interviews ist sehr zeitintensiv.

Fazit

Das diagnostische Einzelinterview nach Wartha und Schulz (2012) ist prozessorientiert und liefert eine Basis für die Förderung von Kindern mit grundlegenden Defiziten im arithmetischen Bereich. Im inklusiven Unterricht erscheint aber die Beschränkung auf einen kleineren Zahlenraum sinnvoll. Das Interview erfordert hohe fachdidaktische Kompetenzen. Für den querschnittlichen Vergleich von Schülerkompetenzen ist das Interview wegen der flexiblen Ausgestaltung kaum geeignet.

Vergleich der vorgestellten Diagnoseverfahren

Verfahren	Zielsetzung	Ausrichtung	Grad der Normierung	Altersstufe	Dauer	Durchführung	Materialeinsatz
MARKO-D	Erfassung des Entwicklungsstands qualitativ und quantitativ, Evaluation von Förderungen und Leistungsvergleich	produktorientiert	standardisiert, normiert nach Altersstufen in Halbjahresschritten	4 Jahre bis 6,5 Jahre	ca. 20 bis 30 min	Einzelinterview	Aufgabenbuch, Aufgabenkarten und Chips
TEDI-MATH	Feststellung einer „Dyskalkulie", Planung und Evaluation von Interventionen und Leistungsvergleich	produktorientiert	standardisiert, normiert nach Klassenstufen in Halbjahresschritten	2. Halbjahr des vorletzten Kindergartenjahrs bis zum 1. Halbjahr der 3. Klasse	ca. 20 bis 70 min (je nach Klassenstufe und zusätzlichen Untertests)	Einzelinterview	Stimulusbücher, Holzplättchen, Karten und Stäbchen
OTZ	Etikettierung anhand der Leistungen, Evaluation von Fördermaßnahmen und Leistungsvergleich	produktorientiert	standardisiert, normiert nach Altersstufen in Halbjahresschritten	5 Jahre bis 7,5 Jahre	ca. 30 min	Einzelinterview	Testheft, Aufgabenzettel und Holzwürfel
EMBI	Auffinden von Risikokindern, Entwicklungsdokumentation	prozessorientiert	halbstandardisiertes Interviewverfahren, nicht normiert	ca. 3 bis 8 Jahre	ca. 20 bis 30 min (bei sehr leistungsstarken Kindern ggf. länger)	Einzelinterview	Protokollbogen, Counter, Holzklötze, Zahlenkarten ...
FIPS	Erhebung der Voraussetzungen und Entwicklungen von Erstklässlern in Mathematik und Sprache	produktorientiert	standardisiert, normiert für Anfang und Ende der 1. Klasse	Anfang und Ende der 1. Klasse	ca. 15 bis 30 min	adaptive Einzeluntersuchung am PC	PC, CD, 5 Plättchen
DEMAT 1+	Überprüfung der math. Kompetenz bei Grundschülern	produktorientiert	standardisiert, normiert nach Klassenstufen	Ende der 1. Klasse oder Anfang der 2. Klasse	maximal eine Schulstunde	Paper-Pencil, Einzel- oder Gruppentest	Testheft(e), Stoppuhr
Diagnostisches Interview	Förderdiagnostik, Identifizieren von Symptomen für Rechenstörungen	prozessorientiert	nicht-standardisiert, nicht normiert, flexible Aufgabenauswahl	ab Mitte bis Ende der 2. Kl., bei Reduzierung des ZR ab 1. Kl.	ca. 60 min, Unterbrechung möglich	Einzelinterview	Rechenrahmen, MSB, Zahlenstrahl

Verfahren	Themenbereiche	Sprachliche Anforderungen	Vor- und Nachteile
MARKO-D	Zählen, Add. und Subtr. kleiner Mengen, Mengen ordnen, Vorgänger und Nachfolger von Zahlen, Teil-Ganzes, Mengenbildung	durchschnittlich (einfache Satzstrukturen, Verwendung von geläufigen Begriffen und kurze Formulierungen)	+ Berücksichtigung sprachlicher Hürden + Förderprogramm MARKO-T schließt sich an + geringer zeitlicher Aufwand – Beschränkung auf Zahlenraum bis 10 – Rechenstrategien werden nicht berücksichtigt
TEDI-MATH	Logische Operationen, Zählen und Zahlen, Stellenwerte, (alle) Grundrechenarten	recht hoch (komplexe Satzstrukturen)	+ Diagnose eines breiten Spektrums arithmetischer Fähigkeiten + kontinuierlicher Einsatz ist über einen langen Zeitraum möglich – hohes sprachliches Anforderungsniveau – Konstruktion der Abbruchkriterien; Ratewahrscheinlichkeit – keine Hinweise auf Fördermaßnahmen
OTZ	Logische Operationen, Zählen, Mengenbildung, Anwendung von Zahlenwissen	recht hoch (komplexe Satzstrukturen und teilweise kaum geläufige Begriffe)	+ einfache Handhabung – monotone Durchführung; Stimuli wenig ansprechend gestaltet – Deckeneffekte – hohes sprachliches Anforderungsniveau – keine Hinweise auf abzuleitende Fördermaßnahmen
EMBI	Logische Operationen, Teil-Ganzes, Zählen, Strategien bei allen Grundrechenarten, Bündeln und Stellenwertverständnis	eher gering, da Lösung oft auch nur über Handlung möglich	+ materialbasiert, daher abwechslungsreich und sprachentlastend + weitgehend natürliche Gesprächssituationen + liefert direkte Förderansätze – Aufwand
FIPS	Wortschatz, Lautbewusstheit, Lesen und Mathematik; im Mathematikteil bildgestützte und formale Rechenaufgaben	durchschnittlich, für Kinder mit geringen Deutschkenntnissen jedoch nicht geeignet	+ ansprechende Gestaltung + Auswertung per Knopfdruck – künstliche Kommunikationssituation – Vorzüge des Computers nicht überzeugend ausgenutzt – Relevanz der ausgewählten Items
DEMAT 1+	basierend auf den Lehrplänen für die 1. Klasse: Mengen, Zahlenraum, Zahlzerlegung, Rechnen	recht hoch	+ ökonomische Leistungserfassung ganzer Schulklassen – Paper-Pencil-Test, Schrifthürde – Strategien werden nicht berücksichtigt
Diagnostisches Interview	Zählen, Orientierung im Zahlenraum/Stellenwertverständnis, Zahlzerlegungen (Teil-Ganzes), Strategien bei Add. und Subtr., Rechengeschichten, Umgang mit Material	recht hoch (Erläuterung der Lösungswege des Kindes)	+ genaue Informationen über die Denk- und Lösungswege des Kindes + liefert direkte Förderansätze – hohe fachdidaktische Anforderungen an Interviewer – Zeitaufwand

Literatur

Bäuerlein, K., Beinicke, A., Berger, N., Faust, G., Jost, M. & Schneider, W. (2012). *FIPS. Fähigkeitsindikatoren Primarschule. Ein computerbasiertes Diagnoseinstrument zur Erfassung der Lernausgangslage und der Lernentwicklung von Schulanfängern.* Göttingen: Hogrefe.

Fritz, A., & Ricken, G. (2009). Grundlagen des Förderkonzeptes „Kalkulie". In A. Fritz, G. Ricken & S. Schmidt (Hrsg.), *Handbuch Rechenschwäche* (S. 374 – 395). Weinheim: Beltz.

Fuson, K. C. (1988). *Children's counting and concepts of number.* New York: Springer.

Gelman, R. & Gallistel, C. R. (1978). *The child's understanding of number.* Cambridge, MA: Harvard University Press.

Gerlach, M., Fritz-Stratmann, A. & Leutner, D. (2013). *MARKO-T. Mathematik- und Rechenkonzepte im Vor- und Grundschulalter – Training.* Göttingen: Hogrefe.

Grüßing, M. & Peter-Koop, A. (2008). Effekte vorschulischer mathematischer Förderung am Ende des ersten Schuljahres: Erste Befunde einer Längsschnittstudie. *Zeitschrift für Grundschulforschung,* 1(1), 65 – 82.

Ingenkamp, K. & Lissmann, U. (2008). *Lehrbuch der Pädagogischen Diagnostik.* Weinheim: Beltz.

Kaufmann, L., Nuerk, H.-C., Graf, M., Krinzinger, H., Delazer, M. & Willmes, K. (2009). *TEDI-MATH. Test zur Erfassung numerisch-rechnerischer Fertigkeiten vom Kindergarten bis zur 3. Klasse.* Bern: Huber.

Krajewski, K., Küspert, P., Schneider, W. & Visé, M. (2002). *DEMAT 1+. Deutscher Mathematiktest für erste Klassen.* Göttingen: Hogrefe.

Peter-Koop, A., Wollring, B., Grüßing, M., & Spindeler, B. (2013). *ElementarMathematisches BasisInterview. Zahlen und Operationen.* (2. überarbeitete Auflage). Offenburg: Mildenberger.

Peter-Koop, A. & Grüßing, M. (2014). Early enhancement of kindergarten children potentially at risk in learning school mathematics. In U. Kortenkamp et al. (Hrsg.), *Early mathematics learning* (S. 307 – 321). New York: Springer.

Peter-Koop, A. & Kollhoff, S. (2015). Transition to school. Prior to school mathematics skills and knowledge of low achieving children at the end of grade 1. In B. Perry, A. MacDonald, A. Gervasoni (Hrsg.), *Mathematics and transition to school* (S. 65 – 83). New York: Springer.

Peuker, S. (2011). Mathematische Kompetenzen. In C. Mischo, D. Weltzien & K. Fröhlich-Gildhoff (Hrsg.), *Kindliche Entwicklung im Kontext erfassen. Verfahren zur Beachtung und Diagnose für die pädagogische Praxis* (S. 157 – 193). Kronach: Carl Link.

Piaget, J. & Szeminska, A. (1972). *Die Entwicklung des Zahlbegriffs beim Kinde.* Stuttgart: Klett.

Ricken, G., Fritz-Stratmann, A. & Balzer, L. (2013). *MARKO-D. Mathematik- und Rechenkonzepte im Vorschulalter – Diagnose.* Göttingen: Hogrefe.

Rottmann, T. (2009). Diagnose von Rechenstörungen – Möglichkeiten und Grenzen von Diagnoseverfahren im Mathematikunterricht. *MNU Primar, 1*(2), 49–52.

Schipper, W. (2007). Prozessorientierte Diagnostik von Rechenstörungen. In J. H. Lorenz & W. Schipper (Hrsg.), *Hendrik Radatz – Impulse für den Mathematikunterricht* (S. 105–116). Braunschweig: Schroedel.

Schipper, W. (2009). *Handbuch für den Mathematikunterricht an Grundschulen.* Braunschweig: Schroedel.

Schipper, W., Wartha, S. & von Schroeders, N. (2011). *BIRTE 2 – Bielefelder Rechentest für das zweite Schuljahr. Handbuch zur Diagnostik und Förderung.* Braunschweig: Schroedel.

Van Luit, J. E. H., van de Rijt, B. A. M. & Hasemann, K. (2001). *Osnabrücker Test zur Zahlbegriffsentwicklung (OTZ).* Göttingen: Hogrefe.

Wartha, S. & Schulz, A. (2012). *Rechenproblemen vorbeugen.* Berlin: Cornelsen.

Wollring, B., Peter-Koop, A., Haberzettl, N. & Spindeler, B. (2011). *ElementarMathematisches BasisInterview Größen und Messen, Raum und Form.* Offenburg: Mildenberger.

Wynn, K. (1990). Children's understanding of counting. *Cognition, 36,* 155–193.

10. Förderdiagnostik mit dem ElementarMathematischen BasisInterview (EMBI) im inklusiven Anfangsunterricht

Andrea Peter-Koop

„Fördern heißt diagnostizieren" (Horst-kemper 2006, S. 4). Das gilt nicht nur, aber natürlich auch für die Sicherung des individuellen Lernerfolgs im inklusiven Mathematikunterricht der Grundschule. Horstkemper unterscheidet hinsichtlich der diagnostischen Ziele zwischen „Selektions- und Auslesediagnostik" einerseits und „Modifikations- bzw. Förderdiagnostik" (ebd., S. 5) andererseits, wobei die damit verbundenen diagnostischen Strategien auf „Statusdiagnostik" (z. B. in Bezug auf die Feststellung eines sonderpädagogischen Förderbedarfs) bzw. „Prozessdiagnostik" zielen. Um Letztere soll es in diesem Beitrag bezogen auf das Fach Mathematik gehen.

Die meisten diagnostischen Verfahren, die gegenwärtig am Markt sind und bei Schülerinnen und Schülern der Grundschule eingesetzt werden, sind standardisierte (Etikettierungs-)Tests, die häufig im Kontext der Selektionsdiagnostik, z. B. zur Feststellung einer Rechenstörung, von außerschulischen Akteuren wie Schulpsychologinnen und -psychologen eingesetzt werden (vgl. den Beitrag von Rottmann, Streit-Lehmann und Fricke in diesem Band). Es geht also um die Feststellung eines Status', meist festgemacht an den Resultaten einer produktorientierten Diagnostik, bei der richtige und falsche Ergebnisse erfasst und gegeneinander ausgezählt werden. Direkt geholfen ist mit einer solchen Diagnose allerdings weder dem Kind noch seiner Lehrerin bzw. seinem Lehrer. Denn die Feststellung

eines (relativ stabilen) Zustands liefert keine Impulse für die Förderung. Dafür brauchen Lehrerinnen und Lehrer prozessbezogene, diagnostische Informationen, die auf die Hebung der Strategien und Lösungswege zielen und auf dieser Ebene eine anschlussfähige, individuelle Förderung ermöglichen. Wollring (2006) spricht in diesem Zusammenhang von *handlungsleitender Diagnostik* für Lehrerinnen und Lehrer:

„Lehrkräfte sollten durch eine handlungsleitende Diagnostik unterstützt werden – eine Diagnostik, an deren Durchführung sie unmittelbar beteiligt sind und aus der sie Unterstützung für ihren Unterricht gewinnen." (ebd., S. 65)

Ein diagnostisches Verfahren, aus dem sich konkrete Ansatzpunkte sowohl für die individuelle Förderung im (Förder-)Unterricht als auch für die Gestaltung des Mathematikunterrichts für die gesamte Lerngruppe ableiten lassen, ist das *ElementarMathematische BasisInterview* – EMBI (Peter-Koop, Wollring, Grüßing & Spindeler 2013).

Im Folgenden sollen zunächst in einem ersten Schritt der Entstehungshintergrund und die konzeptionellen Grundlagen in Ergänzung zum vorangegangenen Beitrag detaillierter dargestellt werden, bevor in einem zweiten Schritt über den Einsatz des EMBI in einem aktuellen Schulprojekt zum gemeinsamen Lernen in einer ersten Klasse berichtet wird.

1. Konzeptionelle Grundlagen des EMBI

Das *ElementarMathematische BasisInterview* (EMBI) basiert auf einem in Australien entwickelten und dort seit Ende der 1990er-Jahre erfolgreich in Grundschulen eingesetzten Interviewverfahren. Grundlage ist das *Early Numeracy Research Project*, in dessen Rahmen die Gesamtkonzeption sowie sämtliche Instrumente im Auftrag und mit finanzieller Unterstützung des *Ministry of Education* des Staates Victoria von einer Forschergruppe der *Monash University* und der *Australian Catholic University* in Melbourne entwickelt und erprobt wurden. Das Interview ist konzipiert für Kinder im Alter von 5 bis 8 Jahren, d. h., es ist einsetzbar sowohl im vorschulischen Bereich (letztes Kindergartenjahr) als auch in den beiden ersten Jahrgangsstufen der Grundschule, bei besonderem Förderbedarf aber auch bei Kindern der folgenden Jahrgangsstufen (siehe 1.1).

Kernidee ist eine Interviewsituation zwischen Lehrerin/Lehrer und Kind, die die fokussierte Zuwendung zum einzelnen Kind und die detaillierte Auseinandersetzung mit seiner mathematischen Lernentwicklung ermöglicht. Dem Kind bietet das Interview individuelle Herausforderungen und die Gelegenheit zu zeigen, was es bereits kann und weiß. So werden sowohl besondere Stärken als auch besonderer Unterstützungsbedarf in einer Form offengelegt, die direkte Anknüpfungspunkte für Unterricht und Einzelförderung bieten. Dabei unterscheidet sich das australische Original wie seine deutsche Adaption, das EMBI (Peter-Koop et al. 2013), von anderen bekannten Verfahren der mathematischen Lernstandsbestimmung durch

einige zentrale und innovative konzeptionelle Elemente. Diese umfassen

- die differenzierte Erhebung mathematischer Leistung zu verschiedenen mathematischen Inhalten,

- die Erfassung von mathematischen Vorläuferfähigkeiten in Form eines speziell für Vorschulkinder entwickelten Interviewteils,

- eine materialgestützte Interviewführung,

- die Beschreibung der sich entwickelnden mathematischen Fähigkeiten von Kindern in Form von Ausprägungsgraden,

- klar definierte Abbruchkriterien bei den Aufgaben, um eine Demotivierung bzw. Überforderung zu vermeiden.

Im Folgenden werden diese Aspekte zum besseren Verständnis der Gesamtkonzeption und ihrer besonderen Erkenntnischancen näher erläutert.

1.1 Differenzierte Erhebung mathematischer Leistungen

Anknüpfend an die Bildungsstandards im Fach Mathematik für den Primarbereich (Kultusministerkonferenz 2005) liefert das EMBI Informationen zum Stand der Leistungs- und Kompetenzentwicklung im Inhaltsbereich *Zahlen und Operationen* (Peter-Koop et al. 2013) sowie zu *Raum und Form, Größen und Messen* (Wollring, Peter-Koop, Haberzettl, Becker & Spindeler 2011). Dieser Beitrag bezieht sich auf den Interviewteil mit dem Schwerpunkt *Zahlen und Operationen*. Diesbezüglich werden arithmetische Kompetenzen differenziert in folgenden vier Teilbereichen erhoben:

(A) *Zählen*, (B) *Stellenwerte*, (C) *Strategien bei Addition und Subtraktion* und (D) *Strategien bei Multiplikation und Division*.

Das EMBI ist auf Fortsetzbarkeit angelegt, d. h., es kann in regelmäßigen Abständen wiederholt und weitergeführt werden, um die Lernstandsentwicklung gezielt zu erfassen und zu dokumentieren. Entsprechend differenziert der Interviewleitfaden auch im oberen Leistungsbereich, d. h., es werden auch Wissen und Fertigkeiten erfasst, die deutlich über den verbindlichen Stoff der zweiten Klasse hinausgehen.

1.2 Erfassung von Vorläuferfähigkeiten für das schulische Mathematiklernen

Grundsätzlich knüpft das EMBI in allen Teilen an bereits bestehende mathematische (Vor-)Kenntnisse und Fähigkeiten an. Für Vorschulkinder sowie für alle Kinder zu Beginn des ersten Schuljahrs, die eine Menge von 20 kleinen Plastikbären noch nicht auszählen können, findet sich ferner ein spezieller Vorschulteil (Teil V), der auf die gezielte Erfassung von *Vorläuferfähigkeiten* für das schulische Mathematiklernen ausgerichtet ist und diesbezügliche individuelle Entwicklungsstände verortet.

Auch wenn internationale Untersuchungen zu den mathematischen Vorkenntnissen von Schulanfängern zeigen, dass viele Kinder bereits vor der Einschulung über gute bis sehr gute Zählkompetenzen sowie Fertigkeiten im anschauungsgebundenen elementaren Rechnen verfügen (vgl. z. B. Schipper 2002), haben einige Kinder diese Fähigkeiten noch nicht entwickelt. Ein Teil dieser Kinder holt dies im ersten Schuljahr mühelos nach, während

andere Kinder extreme Schwierigkeiten beim Rechnenlernen entwickeln. Der Einsatz des EMBI-V-Teils gibt diesbezüglich detailliert Aufschluss. Die erhobenen Befunde sind eine geeignete Grundlage für die Entwicklung von individuellen Förderplänen, wie sie Peter-Koop und Grüßing (2011) mit Bezug auf den Einsatz des EMBI im Kindergarten beschreiben.

Der EMBI-KiGa (ebd.) konzentriert sich auf den Teil V *Vorläuferfähigkeiten* sowie den Teil A *Zählen* und bietet sich für die frühe Identifizierung und Förderung von potentiellen Risikokindern im letzten Kindergartenjahr an. In einer aktuellen Längsschnittstudie konnte gezeigt werden, dass 50 % der Schülerinnen und Schüler, die am Ende von Klasse 2 deutlich unterdurchschnittliche Arithmetikleistungen zeigten, bereits ein Jahr vor Einschulung bei einer Befragung mit dem EMBI-KiGa deutlich unterdurchschnittliche Vorläuferfähigkeiten im Vergleich zu ihren gleichaltrigen Peers zeigten (Peter-Koop & Kollhoff 2015).

1.3 Materialgestützte Interviewführung

Die Befragung junger Kinder in Bezug auf ihre mathematischen (Vorläufer-)Fähigkeiten beinhaltet einige Herausforderungen, denn selbst Kindern mit einer guten Sprachentwicklung fehlt häufig noch das Vokabular zur Beschreibung ihrer mathematischen Einsichten und Strategien (vgl. Bruner 1972). Vielfach ist zu beobachten, dass Kinder, wenn sie gefragt werden, wie sie etwas gemacht haben oder was sie sich dabei gedacht haben, antworten „Das weiß ich eben!", „Das habe ich mir aus dem Kopf hervorgeholt" oder „Das habe ich gerechnet". Zur Beurteilung des individuellen Entwicklungsstandes ist es jedoch häufig wichtig, nicht nur zu erfassen, ob das Kind die Lösung finden kann, sondern auch die angewandte Strategie zu erkennen. Besonders deutlich wird das beim Rechnen. Das Nennen des richtigen Ergebnisses einstelliger Additionsaufgaben (z. B. zu 8 + 5) ist aus diagnostischer Sicht keine hinreichende Information, denn das Ergebnis kann sowohl durch Zählen als auch durch die Anwendung einer Rechenstrategie (etwa durch 8 + 2 + 3) ermittelt worden sein. Für die Lehrerin oder den Lehrer ist es jedoch wichtig zu wissen, *wie* das Kind vorgegangen ist, um sicherstellen zu können, dass es sich nicht zu einem „zählenden Rechner" entwickelt, der dann spätestens in dritten Schuljahr beim Rechnen scheitern würde (siehe dazu auch das Beispiel von Luisa im zweiten Teil dieses Beitrags).

Das EMBI schärft nicht nur den Blick der Lehrerin/des Lehrers für individuelle Strategien, sondern ermöglicht den Kindern durch den gezielten begleitenden Materialeinsatz bei der Durchführung des Interviews *material- und handlungsgestützte Artikulationsformen*, welche die verbalen Äußerungen ergänzen oder sogar ersetzen können. Somit ist das EMBI besonders für die Befragung junger Kinder geeignet. Nach unserer Erfahrung profitieren nicht nur leistungsschwächere Kinder oder Kinder mit anderen Erstsprachen als Deutsch vom durchgängig begleitenden Materialeinsatz, sondern auch mathematisch besonders leistungsfähige und interessierte Kinder, denen oft schlicht die Worte zur Mitteilung ihrer zum Teil elaborierten mathematischen Ideen und Lösungsansätze fehlen (vgl. z. B. Peter-Koop 2002).

Abb. 10.1: Materialeinsatz beim EMBI

1.4 Ausprägungsgrade mathematischer Kompetenzen

Um sich entwickelnde mathematische Kompetenzen theoriegeleitet erfassen und beschreiben zu können, haben die australischen Kolleginnen und Kollegen ein Rahmenkonzept zu *Ausprägungsgraden* (engl. *growth points*) der Entwicklung mathematischen Denkens konzipiert. Grundlage war eine umfassende Auswertung internationaler Literatur, die sich auf die Identifizierung von Stadien oder Phasen elementarmathematischer Lernprozesse in Bezug auf verschiedene Inhaltsbereiche sowie die Entwicklung von Konzepten zur Beschreibung mathematischen Lernens bezieht. Mathematische Leistungen und Kompetenzen bezogen auf festgelegte Inhaltsbereiche (siehe 1.1) werden mit Ausprägungsgraden differenziert von 0 bis maximal 6 beschrieben. Grundlage sind verbale Lösungsmitteilungen sowie beobachtbares Verhalten durch handlungsgestützte Artikulation (siehe 1.3). Ausprägungsgrade sind stets auf Inhaltsbereiche bezogen, ein Ausprägungsgrad zur mathematischen Leistung insgesamt ist nicht vorgesehen. Abbildung 10.2 zeigt die Ausprägungsgrade im Bereich A *Zählen*, die

0. Nicht ersichtlich,
ob das Kind in der Lage ist, die Zahlwörter bis 20 zu benennen.

1. Mechanisches Zählen
Das Kind zählt mechanisch bis mindestens 20, ist aber noch nicht in der Lage, eine Menge (von Gegenständen) dieser Größe zuverlässig abzuzählen.

2. Zählen von Mengen
Das Kind zählt sicher Mengen mit ca. 20 Elementen.

3. Vorwärts- und Rückwärtszählen in Einer-Schritten
Das Kind kann im Zahlenraum bis 100 in Einerschritten von verschiedenen Startzahlen aus zählen und Vorgänger und Nachfolger einer gegebenen Zahl benennen.

4. Zählen von 0 aus in 2er-, 5er- und 10er-Schritten
Von 0 aus gelingt das Zählen in 2er-, 5er- und 10er-Schritten bis zu einer Zielzahl.

5. Zählen von Startzahlen mit x > 0 aus in 2er-, 5er- und 10er-Schritten
Von einer Startzahl (x > 0) gelingt das Zählen in 2er-, 5er- und 10er-Schritten bis zu einer Zielzahl.

6. Erweitern und Anwenden von Zählfertigkeiten
Von einer Startzahl (x > 0) gelingt das Zählen in beliebigen einstelligen Schritten und diese Zählfertigkeiten können in praktischen Aufgaben angewendet werden.

Abb. 10.2: Ausprägungsgrade im Teil A *Zählen* (Peter-Koop et al. 2013, S. 50)

auf der Basis entsprechender wissenschaftlicher Erkenntnisse und ihrer empirischen Überprüfung identifiziert wurden.

Die Ausprägungsgrade sind weitgehend hierarchisch geordnet und beziehen zunehmend komplexes Denken und Verstehen ein. Dabei liefern weitere Beobachtungen der Lehrerin/des Lehrers im Unterricht weitere wichtige Informationen. Wird ein Ausprägungsgrad mit „0" bezeichnet, bedeutet dies nicht, dass das Kind nichts weiß oder nichts kann, sondern verweist lediglich darauf, dass Ausprägungsgrad 1 noch nicht nachzuweisen ist. Die Ausprägungsgrade beschreiben erreichte „Meilensteine" in der Entwicklung mathematischen Denkens und verdeutlichen zugleich, welche Meilensteine als nächstes erreicht

werden sollen. Sie zeigen also die „Zone der nächsten Entwicklung" (Vygotskij 1978) für das einzelne Kind und/oder eine Gruppe von Schülerinnen und Schülern auf. Somit liefern die Ausprägungsgrade über eine aktuelle Standortbestimmung im Lernprozess hinaus zu einem inhaltlichen Schwerpunkt auch unmittelbare Impulse für die Auswahl von Lerninhalten und entsprechenden Aufgabenformaten für den Unterricht in der Klasse, für gezielte Förderstunden mit einer Kleingruppe sowie auch für die Einzelförderung.

Eine Sonderstellung nimmt der Vorschulteil ein. Er ist der systematischen Erfassung von mathematischen Vorläuferkompetenzen gewidmet. Inwieweit sich die verschiedenen Vorläuferfähigkeiten bedingen und aufeinander aufbauen, ist international erst in Ansätzen erforscht. Diesbezügliche Kompetenzmodelle liegen noch nicht vor. Entsprechend lassen sich daher auch keine Ausprägungsgrade zuweisen. Dennoch liefert der V-Teil Aufschluss über die frühe Entwicklung mathematischen Denkens sowie über mögliche Ursachen für problematische Mathematikleistungen im Unterricht.

1.5 Definierte Abbruchkriterien

Umfangreiche Erfahrungen mit dem Einsatz des EMBI in Kindergarten und Grundschule zeigen, dass die meisten Kinder es sehr genießen, für die Zeit des Interviews die ungeteilte Aufmerksamkeit ihrer Lehrerin bzw. ihrer Erzieherin zu haben, und stolz zeigen, was sie bereits wissen und können. Das Interview soll die Kinder jedoch weder überfordern noch ihnen den Eindruck vermitteln, sie hätten nichts oder nur wenig gewusst oder gekonnt. Dies wäre kontraproduktiv und würde das Selbstvertrauen in ihre mathematischen Fähigkeiten und ihre Freude am Fach Mathematik möglicher Weise nachhaltig erschüttern und hemmen. Aus diesem Grund sind im Interviewleitfaden explizite *Abbruchkriterien* ausgewiesen. Sie dienen dem Schutz des Kindes und sollen vermeiden, dass vermehrt Situationen entstehen, in denen das Kind entweder keine Antwort geben kann oder eine falsche Lösung nennt oder zeigt. Daher wird in diesem Fall in der Regel das Interview in dem entsprechenden Teilbereich abgebrochen und zu einem weiteren Bereich übergegangen.

Im Teil V sind hingegen keine Abbruchkriterien vorgesehen. Auch bei schwachen Kindern sollten alle vorgesehenen Aufgaben durchgeführt werden, um gezielten Auf-schluss darüber zu erlangen, was das Kind bereits kann und an welchen Stellen welche Probleme auftreten.

1.6 Ausfüllen des Interviewprotokolls und abschließende Auswertung

Während des Interviews wird ein Interviewprotokoll ausgefüllt, das für die einzelnen Aufgaben entsprechend vorstrukturiert ist, um die Aufzeichnung der Antworten der Kinder in Bezug auf ihre Lösungen und Strategien zu erleichtern und den Schreibaufwand zu minimieren. In seiner hohen Auflösung liefert das Protokoll ein differenziertes Bild der Kompetenzen des Kindes. Auf der Grundlage des ausgefüllten Protokolls erfolgt die Zuweisung der Ausprägungsgrade mit Hilfe eines Auswertungsbogens. Mit der Angabe der Ausprägungsgrade entsteht dann ein *individuelles Fähigkeitsprofil* (z. B. A3, B2, C2, D2), das nun leicht mit entsprechenden lehrplangemäßen Kompetenzen sowie den Befunden früherer (oder weiterer) Interviews verglichen werden kann. Mit Hilfe der inhaltlichen Erläuterung der Ausprägungsgrade lässt sich der aktuelle Leistungsstand des Kindes präzise beschreiben und in verständlicher Form dem Kind selbst, seinen Eltern oder auch Kolleginnen und Kollegen mitteilen.

Erste Erfahrungen mit dem wiederholten Einsatz des EMBI im Mathematikunterricht einer ersten Klasse mit *Gemeinsamem Unterricht* finden sich im folgenden Teil.

2. Einsatz des EMBI im inklusiven Anfangsunterricht

Mit Beginn des Schuljahres wurde an der Grundschule eines Vorortes von Bielefeld mit einem sozio-ökonomisch gemischten Einzugsgebiet das *Gemeinsame Lernen* eingeführt. Gestartet wurde mit einer neu eingeschulten ersten Klasse, in die auch Kinder mit bereits diagnostizierten sonderpädagogischen Förderbedarfen in Bezug auf ihre körperliche und motorische, ihre emotionale und soziale sowie ihre sprachliche Entwicklung aufgenommen wurden. Diese Klasse wird von einem multiprofessionellen Team bestehend aus einem Sonderpädagogen und einer Grundschullehrerin unterrichtet. Die Autorin des Beitrags unterstützt im Fach Mathematik an einem Vormittag pro Woche, indem sie in Absprache mit den beiden Lehrkräften mit wöchentlich neu zusammengesetzten Kleingruppen an individuellen Schwierigkeiten arbeitet. Im ersten Schulhalbjahr betraf das im Wesentlichen den Aufbau von Fähigkeiten in Bezug auf das *quasi-simultane Erfassen von Mengen* sowie die *Erarbeitung der Zahlzerlegungen*. Beides sind grundlegende Fähigkeiten für die Entwicklung von nicht-zählenden Rechenstrategien (vgl. Benz, Peter-Koop & Grüßing 2015, S. 133ff.).

2.1 Kompetenzen am Schulanfang

Im Monat nach der Einschulung wurden alle Kinder der Klasse mit dem EMBI befragt (siehe Abb. 10.3).

Klassenübersicht EMBI 1. Schuljahr

Name	V: Vorläuferfähigkeiten			A: Zählen			B: Stellenwerte			C: Add. / Subtraktion			D: Mult. / Division		
	MZP1	MZP2	MZP3	MZP1	MZP2	MZP3	MZP1	MZP2	MZP3	MZP1	MZP2	MZP3	MZP1	MZP2	MZP3
Jana				A3	A4*		B2	B2*		C3	C4		D2	D3	
Kaya				A3	A3*		B1	B2		C2	C2		D2	D2	
Enie				A2	A2		B1	B1		C2	C2*		D2	D2	
Luisa				A2	A2*		B1	B2		C2	C3*		D2	D2	
Nele				A2	A2		B1	B1		C2	C1		D1	D1	
Mia				A2	A2*		B1	B1		C1	C3		D2	D2	
Marie				A2	A2		B1	B1		C1	C2		D1	D2	
Vanessa	6. P.			A0	A1		-	B1		-	C2		-	D0*	
Noura	3,5 P.	7,5 P.		A0	A0		-	-		-	-		-	-	
Henry				A2	A3		B1	B1		C2	C1*		D1	D2	
Ahmed				A2	A2		B1	B1		C2	C1		D1	D0	
Mike				A2	A3		B1	B1		C1	C2*		D2	D2*	
Luis				A2	A2*		B1	B1		C1	C2*		D2	D2	
Tim				A2	A4		B1	B1		C1	C2*		D2	D2*	
Paul				A2	A2		B1	B1		C1	C3		D1	D2	
Steven				A2	A3*		B1	B1		C1	C4		D1	D2	
Guy				A2	A2		B1	B1		C1	C2		D0	D1	
Ben				A2	A3*		B1	B1*		Abbr.	C2		Abbr.	D0	
Yascha	7,5 P.	10 P.		A0	A0		-	-		-	-		-	-	
Jamal	10,5 P.			A0	A2		-	B1		-	C1		-	D2	
Cem					A2			B1			C3			D2	

MZP1: September 2014   MZP2: Januar 2015   MZP3: Juni 2015 (noch nicht erfolgt)   * starke Tendenz zum nächsten APG

Abb. 10.3: Klassenübersicht der EMBI-Befunde (alle Namen wurden kodiert)

Bereits bei Schulanfang zeigte sich die erwartete Leistungsheterogenität der Klasse sehr deutlich. Insgesamt konnten von den 20 Kindern (ein Kind kam gegen Ende des ersten Schulhalbjahres durch Umzug noch dazu) kurz nach ihrer Einschulung vier Kinder noch nicht 20 Bärchen abzählen. Mit diesen Kindern wurde entsprechend der Vorschulteil des EMBI durchgeführt. Während Jamal bereits fast die maximal mögliche Punktzahl von 11 Punkten erreichte, erzielten Noura und Vanessa nur 3,5 bzw. 6 von 11 Punkten, Yascha erreichte 7,5 Punkte. Demgegenüber erreichten zwei Mädchen im Bereich *Zählen* bereits den Ausprägungsgrad A3, d. h., sie konnten im Zahlenraum bis 100 bereits sicher vorwärts und rückwärts in Einerschritten zählen und Vorgänger und Nachfolger einer gegebenen Zahl benennen. Alle anderen Kinder, darunter auch Kinder mit festgestelltem sonderpädagogischen Förderbedarf in den o. g. Bereichen, erreichten bereits bei Einschulung den Ausprägungsgrad A2, d. h., sie zählten sicher Mengen mit mindestens 20 Elementen. Während abgesehen von Jana, die bereits sicher mit zweistelligen Zahlen umgehen konnte, und den vier Kindern, mit denen der V-Teil durchgeführt wurde, alle übrigen Kinder sicher im Umgang mit einstelligen Zahlen waren und entsprechend den Ausprägungsgrad B1 in Bezug auf Stellenwerte erreichten, zeigte sich bei der Erhebung der informell entwickelten Rechenstrategien in den Bereichen C *Addition und Subtraktion* sowie D *Multiplikation und Division* eine höhere Streuung über jeweils drei Ausprägungsgrade.

Auch wenn ein Verfahren zur Feststellung eines sonderpädagogischen Förderbedarfs im Bereich Lernen erst ab der dritten Klasse eingeleitet werden darf, zeigte sich sowohl im Unterricht als auch anhand der mathematischen Diagnostik schnell, dass auch diesbezüglich einige Kinder offenbar besonderen Unterstützungsbedarf in Bezug auf individuelle Förderung haben.

2.2 Gestaltung des Unterrichts

Weil bereits bei Schulstart zu erwarten war, dass einige Kinder besonderen Unterstützungsbedarf (nicht nur, aber auch bezogen auf ihr Mathematiklernen) hatten, zugleich aber das gemeinsame Ziel der Lehrkräfte darin bestand, so oft wie möglich „gemeinsames Lernen am gemeinsamen Gegenstand" (Feuser 1998) zu ermöglichen, fiel die Wahl des Schulbuchs auf die Neubearbeitung des Werks *Welt der Zahl 1* und seiner Begleitmaterialien (Rinkens, Rottmann & Träger 2014), das zwar erst im folgenden Schuljahr 2015/16 in NRW eingeführt werden sollte, jedoch ministeriell genehmigt und als Erprobungsfassung verfügbar war.

In einem zentralen Bereich des mathematischen Anfangsunterrichts, nämlich bezogen auf die Entwicklung von *Zahlbegriff* und *Operationsverständnis,* wird bei diesem Lehrgang großer Wert auf den zielgerichteten Materialeinsatz zur Entwicklung von *Grundvorstellungen* gelegt. Damit verbunden ist eine Beschränkung auf wenige, aber zentrale Veranschaulichungen, die mit der Erweiterung des Zahlenraums ausgebaut und entsprechend ergänzt werden. Weiterhin schien gerade dieses Schulbuchwerk besonders geeignet, weil es neben seiner klaren Orientierung an wissenschaftlichen Erkenntnissen und langjährigen Erfahrungen im Umgang mit problematischen Lernverläufen in der Beratungsstelle für Kinder mit Rechenstörungen an der Universität Bielefeld (vgl. dazu den Beitrag von Rottmann in diesem Band) in Bezug auf den Aufbau von Grundvorstellungen zusätzliche Materialien zur inneren Differenzierung umfasst. Dazu gehören diverse Hefte und Karteikarten, die im Sinne des von Wember (2013) entwickelten Modells die *Basisstufe* (hier bezieht sich das Aufgabenmaterial auf die Bildungsstandards und den jeweiligen Lehrplan) zunächst in zwei Varianten ausdifferenzieren. Für Leistungsstärkere finden sich in der *Erweiterungsstufe I* erweiternde und vertiefende Aufgaben und Aktivitäten. Bei *Welt der Zahl* sind das *Forder*hefte für das individuelle Üben und Vertiefen sowie *Forder*boxen mit Karteikarten, die auch herausfordernde kooperative Arbeitsformen einschließen. Entsprechend umfasst das Angebot auch *Förder*hefte und *Förder*boxen, die im Sinne einer *Unterstützungsstufe I* für Schülerinnen und Schüler mit ersten Lern- und Verständnisschwierigkeiten Materialien zur umgehenden und gezielten Förderung bieten.

„Auf beiden Niveaus geht es darum, einer Entstehung und Verfestigung von Lernschwierigkeiten durch Unter- bzw. Überforderung vorzubeugen. Die drei Niveaus Unterstützungsstufe I, Basisstufe und Erweiterungsstufe I decken das allgemeinbildende Curriculum bereits in differenzierender Weise ab. Auf diesen drei Niveaus lernt die große Mehrheit der Lernenden einer Schulklasse. Sie werden durch zwei weitere Niveaus ergänzt, die über das allgemeinbildende Curriculum hinausreichen und jeweils individuell festzustellende Niveaus schulischen Lernens erfassen." (Wember 2013, S. 381)

Während sich die *Erweiterungsstufe II* auf Lernende mit besonderen (mathematischen) Interessen und Begabungen bezieht und das Bereitstellen spezieller herausfordernder Lernangebote erfordert, beziehen sich Angebote im Rahmen der *Unterstützungsstufe II* auf Schülerinnen und Schüler mit „manifesten Lernschwierigkeiten" (ebd.). Hier geht es nach Wember darum, „unverzichtbare Lernvoraussetzungen zu fördern, die für den Erwerb zentraler elementarer Qualifikationen wichtig sind" (ebd.) und die eine individuelle Diagnose erfordern. Im Konzept *Welt der Zahl* sind das die sogenannten *Inklusionshefte*, mit deren Hilfe sich Kinder mit Förderbedarf auf *Unterstützungsstufe II* Basisfertigkeiten wie die Entwicklung von Zahlbegriff und Operationsverständnis gemäß ihrer individuellen Lernvoraussetzungen unter Anleitung erarbeiten. Mit Blick auf Inklusion ist das Gesamtkonzept interessant und wurde deshalb von uns als zu Grunde liegender Lehrgang gewählt, weil die Veranschaulichung zentraler Inhalte in allen Lernmaterialien bei *Welt der Zahl* gleich ist und so auch bei differenzierendem und sogar zieldifferentem Unterricht gemeinsames Lernen am gemeinsamen Gegenstand (Feuser 1998) möglich ist. Die einheitlichen Veranschaulichungen bilden die gemeinsame Basis und bahnen so gemeinsame Unterrichtsgespräche und Reflexionen an.

Die Diagnostik mit dem EMBI ermöglichte mit der umfassenden Erhebung der individuellen Voraussetzungen die zielgerichtete Auswahl individueller Unterstützungsangebote. Dies führte dazu, dass von Anfang an Förder- und Fordermaterialien wie auch für einzelne Kinder mit besonderen Schwierigkeiten bei der Entwicklung der Vorläuferkompetenzen die Inklusionshefte eingesetzt wurden. Mit den so geschaffenen Rahmenbedingungen wurden zumindest auf konzeptioneller und inhaltlicher Ebene gute Voraussetzungen für einen individuellen Lernzuwachs geschaffen.

2.3 Entwicklung mathematischer Kompetenzen im ersten Schulhalbjahr

Diese Bemühungen um die individuelle Förderung zeigen sich auch bei den EMBI-Befunden. Wie die Ergebnisse zum zweiten Messzeitpunkt dokumentieren (siehe Abb. 10.3, grau unterlegte Spalten), lernen alle Kinder messbar hinzu – abhängig von ihren individuellen Voraussetzungen, jedoch in deutlich unterschiedlichem Umfang. Bei Ahmed war allerdings in den Bereichen C *und* D ein leichter Rückgang festzustellen. Bei der Einschulung sprach Ahmed noch sehr schlecht Deutsch und nach einem ersten Befragungsversuch mit dem EMBI entstand an mehreren Stellen, u. a. beim Zählen, der Eindruck, dass es Ahmed an Sprachvermögen fehlte, was konkret die Kenntnis der deutschen Zahlwörter betraf. Daher wurde beschlossen, das Interview unter Zuhilfenahme des Türkischlehrers, der an der Schule muttersprachlichen Unterricht erteilt, weiterzuführen. Dies hat wahrscheinlich dazu geführt, dass an einigen Stellen in der Übersetzung bereits Hilfestellungen für das Kind bzw. in der Rückübersetzung Ergänzungen enthalten waren, die die Lösung befördert haben. Beim zweiten Messzeitpunkt hatten sich Ahmeds Deutschkenntnisse hingegen so deutlich verbessert, dass ein erneutes Hinzuziehen des Türkischlehrers nicht not-

wendig erschien – auch nicht aus Ahmeds Sicht, der stolz anmerkte, er könne das jetzt auf Deutsch. Insgesamt zeigte Ahmed Leistungen, die voll der Basisstufe entsprechen.

Besondere Aufmerksamkeit der beiden Lehrkräfte galt den vier Kindern, die bei Schulanfang noch den Vorläuferteil bearbeitet hatten. Während Jamal und auch Vanessa nach dem ersten Halbjahr unauffällige Leistungen zeigten und in allen vier Bereichen erwartungsgemäße Ausprägungsgrade erreichten, zeigten auch Noura und Yascha Fortschritte, allerdings gelang es beiden auch zum Ende des ersten Halbjahrs noch nicht, 20 Bären abzuzählen. Darüber hinaus zeigten sie nach wie vor Schwierigkeiten bei der Entwicklung ihrer Vorläuferfähigkeiten, vor allem in Bezug auf ihre numerischen Fähigkeiten zum simultanen Erfassen, beim Verständnis von Zahlzerlegungen (Teil-Ganzes-Schema), bei der Benennung von Vorgänger und Nachfolger (im Zahlenraum bis 10), bei der Zuordnung von Mengen zu entsprechenden Zahlsymbolen sowie bei Raum-Lage-Bezeichnungen. Bei Noura fiel ferner auf (was die Eltern auch bestätigten), dass sie ein nur sehr geringes Arbeitsgedächtnisvermögen zeigte. Vielfach hatte sie bei rein mündlich präsentierten Aufgaben bereits nach kurzer Zeit die Aufgabenstellung vergessen und konnte entsprechend ohne weitere Unterstützung in diesem Bereich auch keine Lösung finden. Im Unterricht wird nun darauf geachtet, dass Noura alle zu bearbeitenden Aufgaben schriftlich bzw. in ikonischer oder materialbezogener Darstellung vor sich liegen hat, um ihr Gedächtnis zu entlasten und das Nachdenken über Lösungswege zu unterstützen.

Interessant war weiterhin das Interview mit Luisa. Während Luisa zu beiden bisherigen Messzeitpunkten insgesamt überdurchschnittliche Ergebnisse erzielte, zeigte das Interview, dass zumindest die Gefahr besteht, dass Luisa eine zählende Rechnerin wird. Im Teil C *Strategien bei Addition und Subtraktion* fiel auf, dass sie zwar schon verhältnismäßig viele Aufgaben auswendig wusste, was dann auch insgesamt zum Ausprägungsgrad A3 führte, allerdings wandte sie vor allem bei Additionsaufgaben, die sie (noch) nicht auswendig wusste, nur die Strategie *Weiterzählen* an. Bei Aufgaben, die sie ohne zu zählen löste, machte sie mehrfach Äußerungen wie „Das weiß ich, weil ich das zu Hause mit meiner Mama gerechnet habe" oder „Ich habe zu Hause ein ganz dickes Buch, da stehen lauter so Aufgaben drin, die rechne ich nachmittags mit meiner Mama". Entsprechend ist es nicht verwunderlich, dass Luisa schon viele Grundaufgaben des Einspluseins auswendig weiß. Überraschend war allerdings, dass sie ihr Wissen über Zahlzerlegungen nicht anwendete und Aufgaben wie 5 + 8 nicht im Sinne der Zerlegungsstrategie 5 + 5 + 3 löste, wie es im Unterricht ausführlich thematisiert und geübt worden war. Auch Material nutzte sie eher als Zählhilfe. Offenbar stand das häusliche Engagement der Mutter (vor allem Aufgaben auswendig zu lernen ohne Berücksichtigung des Lösungsweges) dem Unterrichtsziel (Entwicklung von heuristischen Strategien) entgegen. Ein Gespräch mit der Mutter wurde anberaumt, um dies zu verdeutlichen und Strategien aufzuzeigen, wie die Mutter das Mathematiklernen ihrer Tochter konstruktiv begleiten kann (vgl. dazu auch den Beitrag von Streit-Lehmann in diesem Band).

Vor den Sommerferien wird es eine weitere diagnostische Überprüfung aller Kinder der Klasse mit dem EMBI geben, um auch weiterhin ergänzend zu den Beobachtungen im Unterricht individuelle Lernerfolge, aber auch Schwierigkeiten und Probleme zu erheben, auf die im Unterricht der Klasse 2 dann weiter eingegangen wird.

Hinsichtlich der Erfahrungen mit dem gemeinsamen (Mathematik)Lernen in dieser ersten Klasse ist zudem ein Buch geplant, in dem das unterrichtliche Vorgehen sowie das individuelle wie kollektive Lernen im Schnittfeld von Individualisierung und Gemeinsamkeit näher betrachtet und weiter analysiert wird.

Literatur

Benz, C., Peter-Koop, A. & Grüßing, M. (2015). *Frühe mathematische Bildung*. Heidelberg: Springer.

Bruner, J. S. (1972). *Der Prozess der Erziehung*. Berlin: Berlin-Verlag.

Feuser, G. (1998). Gemeinsames Lernen am gemeinsamen Gegenstand: Didaktisches Fundamentum einer Allgemeinen (integrativen) Pädagogik. In A. Hildeschmidt & I. Schnell (Hrsg.), *Integrationspädagogik. Auf dem Weg zu einer Schule für alle* (S. 19–35). Weinheim: Juventa.

Horstkemper, M. (2006). Fördern heißt diagnostizieren – Pädagogische Diagnostik als wichtige Voraussetzung für individuellen Lernerfolg. *Friedrich-Jahresheft, 24*, 4–7.

Kultusministerkonferenz (2005). *Bildungsstandards im Fach Mathematik für den Primarbereich*. München: Luchterhand.

Peter-Koop, A. (2002). Kommunikation von Denk- und Lösungsstrategien – Aufgaben für Förderung und Forschung. In A. Peter-Koop & P. Sorger (Hrsg.), *Mathematisch begabte Kinder als schulische Herausforderung* (S. 142–149). Offenburg: Mildenberger.

Peter-Koop, A. & Grüßing, M. (2011). *ElementarMathematisches BasisInterview für den Einsatz im Kindergarten.* Offenburg: Mildenberger.

Peter-Koop, A., Wollring, B., Grüßing, M. & Spindeler, B. (2013). *Das ElementarMathematische BasisInterview. Zahlen und Operationen* (2., überarbeitete Auflage). Offenburg: Mildenberger.

Peter-Koop, A. & Kollhoff, S. (2015, eingereicht). *Exploring the influence of early numeracy understanding prior to school on mathematics achievement at the end of grade 2.*

Rinkens, H. D., Rottmann, T. & Träger, G. (Hrsg.) (2014). *Welt der Zahl 1.* Braunschweig: Schroedel.

Schipper, W. (2002). Schulanfänger verfügen über hohe mathematische Kompetenzen. Eine Auseinandersetzung mit einem Mythos. In A. Peter-Koop (Hrsg.), *Das besondere Kind im Mathematikunterricht der Grundschule* (S. 119–140). Offenburg: Mildenberger.

Vygotskij, L. S. (1978). *Mind in society. The development of higher psychological processes.* Cambridge: Harvard University Press.

Wember, F. B. (2013). Herausforderung Inklusion: Ein präventiv orientiertes Modell schulischen Lernens und vier zentrale Bedingungen inklusiver Unterrichtsentwicklung. *Zeitschrift für Heilpädagogik, 64* (10), 380–388.

Wollring, B. (2006). „Welche Zeit zeigt deine Uhr?" Handlungsleitende Diagnostik für den Mathematikunterricht in der Grundschule. *Friedrich-Jahresheft*, 24, 64–67.

Wollring, B., Peter-Koop, A., Haberzettl, N., Becker, N. & Spindeler, B. (2011). *ElementarMathematisches BasisInterview Größen und Messen, Raum und Form.* Offenburg: Mildenberger.

11. Zum Einsatz von Entwicklungsplänen im inklusiven arithmetischen Anfangsunterricht

Sebastian Fricke & Julia Streit-Lehmann

Jedes Kind hat ein Recht auf individuelle Förderung (vgl. z. B. Schulgesetz für das Land NRW 2005, § 1 (1)). Zu ihrer Realisierung im inklusiven Mathematikunterricht hat sich ein mehrschrittiges Planungsmodell bewährt: Ausgehend von diagnostischen Befunden werden zunächst passende, überprüfbare Lern*ziele* formuliert und dann aus diagnostischer Perspektive passende Lern*inhalte* ausgewählt. Anschließend werden aus der Beobachtung des Kindes bei der Bearbeitung der Lerninhalte didaktische Implikationen in Hinblick auf künftige Lerninhalte abgeleitet. Um der Heterogenität im inklusiven Mathematikunterricht gerecht zu werden, erachten Krähenmann et al. (vgl. den Beitrag in diesem Band) die Gestaltung eines offenen, differenzierten und strukturierten Unterrichts als notwendig, der das Lernen am gemeinsamen Gegenstand ermöglicht. Entwicklungspläne bieten dabei die Möglichkeit, einzelne Kinder oder Kleingruppen besonders im Blick zu behalten, und unterstützen darüber hinaus die Planung, Strukturierung, Dokumentation und Evaluation von gemeinsamen Lerngelegenheiten. Sie können außerdem genutzt werden, um Lernentwicklungen zu verdeutlichen und beispielsweise Eltern umfassende Rückmeldungen zur Lernentwicklung und zum Lernstand ihres Kindes zu geben. Ein Entwicklungsplan dient damit der „integrierende[n] Zusammenfassung der diagnostischen Informationen und [...] [der] Lernprozessbegleitung" (Eggert 2007, S. 167) und kann sich somit grundsätzlich auf *jedes*

Kind einer Lerngruppe beziehen. Damit grenzt er sich begrifflich vom Förderplan ab, der häufig bei der individuellen Förderung speziell von leistungsschwachen Kindern zum Einsatz kommt und auf die Defizite des Kindes fokussiert (vgl. Sander 2007, S. 14).

In diesem Beitrag werden wir zunächst auf konzeptionelle Überlegungen zur Entwicklungsplanung aus dem Bereich der Sonderpädagogik eingehen, um diese dann am Beispiel eines Entwicklungsplans aus einem aktuellen Forschungsprojekt auf den inklusiven Anfangsunterricht zu übertragen.

Grundsätze der Arbeit mit Entwicklungsplänen

Ein Entwicklungsplan fasst zunächst „empirisch begründete Überlegungen" (Bundschuh 2007, S. 239) zur Planung von Lerngelegenheiten für ein Kind bzw. eine kleine Gruppe von Kindern schriftlich zusammen. Er kann somit zur Dokumentation der Unterrichtsplanung verwendet werden. Entwicklungen sind im ko-konstruktivistischen Sinne (Fthenakis, Schmitt, Daut, Eitel & Wendell 2009, S. 22ff.) als sich gegenseitig bedingende Prozesse zwischen den am Entwicklungsplan beteiligten Akteuren anzusehen (Bundschuh 2007, S. 240).

Die konkrete Arbeit mit Entwicklungsplänen sollte kompetenzorientiert angelegt sein. Ausgehend von seinen bisherigen Stärken wird für das Kind die „Zone der nächsten Entwicklung" (Vygotskij 1978, S. 84ff.) ermittelt, um passende Inhalte, Formate und Materialien für die geplante Lerneinheit auszuwählen. Ziel ist es hierbei, ausgehend von den individuellen Voraussetzungen jedes Kindes, Lernprozesse anzustoßen, Lernhürden zu überwinden oder Fehlvorstellungen zu korrigieren. Zu betonen ist an dieser Stelle, dass das Erreichen dieser Lernziele die aktive Mitarbeit des Kindes erfordert (Bundschuh 2007, S. 238). Selbst in die Planungsarbeit können Kinder von Anfang an mit einbezogen werden.

Die Entwicklungspläne können dabei unterschiedlich adressiert sein. So ist es möglich, Pläne für ein einzelnes Kind, für Kleingruppen oder für ganze Klassen anzufertigen. Letzteres ist in inklusiven Settings nicht zielführend, da im Rahmen eines gemeinsamen Entwicklungsplans für die gesamte Klasse nicht angemessen differenziert werden kann. Die Entwicklung individueller Pläne für jedes Kind der Klasse ist demgegenüber ebenfalls nicht praktikabel, da der Arbeitsaufwand den erwarteten Nutzen übersteigt. Es empfiehlt sich daher ein Mischmodell, bestehend aus individuellen Entwicklungsplänen für einzelne, besonders leistungsschwache (oder ggf. besonders leistungsstarke) Kinder und Plänen für Kleingruppen, in denen die Kinder jeweils vergleichbare Entwicklungsniveaus aufweisen. Für die erfolgreiche Realisierung eines solchen Modells erweist sich ein Teamteaching (mit möglichst kontinuierlicher Doppelbesetzung) als äußerst förderlich.

Prozessorientiertes Arbeiten

Die Arbeit an und mit Entwicklungsplänen ist grundsätzlich als stufenförmiger Prozess verstehbar (Abb. 11.1), innerhalb dessen

immer wieder die gleichen Phasen durchlaufen werden: Zunächst werden in der Planungsphase im Rahmen einer Diagnostik die Entwicklungspotenziale des Kindes bzw. der Kindergruppe erfasst, um dann gemeinsam im Team angemessene Zielperspektiven zu formulieren. Dabei ist es sinnvoll, sich auf wenige Hauptlernziele zu konzentrieren, die in einem überschaubaren Zeitraum umsetzbar erscheinen (Fröhlich 2007, S. 60; Arnold & Kretschmann 2002, S. 268). Als Nächstes werden passende Lernimpulse, Arbeits- und Übungsformate und Materialien ausgewählt, außerdem geeignete Sozialformen und Lernzielkontrollen beschrieben und im Entwicklungsplan zusammengefasst. Diese Auswahl erfordert von Lehrerinnen und Lehrern ein hohes Maß an Fachkompetenz. Jedes Lernziel muss in feine Teilziele zerlegt werden, die mit Hilfe passgenauer Übungen und dem Einsatz geeigneter Materialien erreicht werden können. Dieser Prozess, also die Formulierung von Lernzielen basierend auf diagnostischen Befunden und die anschließende Auswahl geeigneter Inhalte, ist exemplarisch im hinteren Teil dieses Kapitels bezogen auf den inklusiven arithmetischen Anfangsunterricht ausgeführt.

Im Rahmen der Diagnostik ist der Analyse von Schülerfehlern ein hoher Stellenwert zuzuschreiben, da Fehler von Kindern oft nicht zufällig begangen werden, sondern individuellen Mustern folgen und als Hinweis auf (fälschlich) angewandte Strategien oder Fehlkonzepte verstanden werden können (vgl. Lorenz & Radatz 1993, S. 24). Diese Informationen sollten bei der Erstellung des Entwicklungsplans berücksichtigt werden. Während der Durchführungsphase wird der Plan durch die Rückkopplung mit den

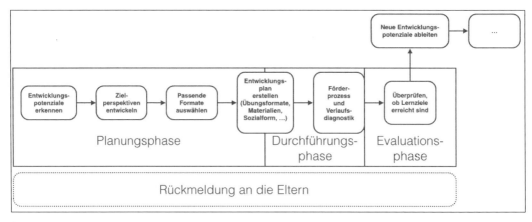

Abb. 11.1: Prozess der Arbeit mit Entwicklungsplänen (in Anlehnung an Bundschuh 2007, S. 244)

verlaufsdiagnostischen Informationen weitergeführt. Am Ende einer Durchführungsphase bzw. einer Unterrichtseinheit wird überprüft, inwieweit die zuvor formulierten Lernziele erreicht worden sind. Ausgehend von dieser Bewertung lässt sich eine *neue* Zone der nächsten Entwicklung ableiten, und der Prozess (Abb. 11.1) beginnt erneut. Formulierte Ziele, Inhalte und Methoden können während der Durchführungsphase jederzeit modifiziert werden.

Qualitätsmerkmale

Da die Arbeit mit Entwicklungsplänen vergleichsweise aufwändig ist und entsprechend an solche Pläne hohe Qualitätsanforderungen gestellt werden, sollten bei der Entwicklung und Fortsetzung der Pläne einige wichtige Gütekriterien erfüllt sein (Braun & Schmischke 2010, S. 93f.).

a) Ein intuitives, aber essenzielles Kriterium ist *fachliche Richtigkeit*. Die im Förderplan ausdifferenzierten Lernziele, die Inhaltsbereiche, die angewandten Methoden und Materialien sollten fachdidaktisch

aufeinander abgestimmt sein. Dies setzt ein hohes Maß an fachlichem und fachdidaktischem Wissen voraus. Zur Identifikation der Zone der nächsten Entwicklung müssen diagnostische Befunde vorliegen. Aus diesen Befunden werden Lernziele abgeleitet. Wenn festgestellt wird, dass ein Kind beispielsweise noch nicht addieren und subtrahieren kann, ist die Anbahnung passender Grundvorstellungen (vom Hofe 1995) ein sinnvolles nächstes Lernziel. Unter Berücksichtigung des EIS-Prinzips nach Bruner (1971) ergibt sich daraus, dass Addition und Subtraktion für das Kind zunächst handelnd-real erfahrbar werden müssen, diese Handlungserfahrungen dann ikonisch in zunehmender Schematisierung dargestellt werden und daraufhin die Einführung ikonisch-symbolischer und formal-symbolischer Notationen erfolgt. Darauf aufbauend stellen die Entwicklungen zunächst zählender und später heuristischer Rechenstrategien weitere sinnvolle Lernziele dar. Keine direkte Passung zwischen Befund und Lernziel wäre beispielsweise bei der Durchführung von Konzentrationsspielen oder graphomotorischen Übungen erkennbar. Solche Formate mögen durchaus ihre Berechtigung haben, setzen aber nicht spezifisch am formulierten Lernziel „Anbahnung passender Grundvorstellungen zu Addition und Subtraktion" an. Born & Oehler warnen vor einer Überschätzung unspezifischer Transfereffekte und mahnen damit zu einer methodisch-didaktischen Passung zwischen Befund, Lernziel und Format: „Man trainiert das, was man trainiert." (Born & Oehler 2010, S. 130)

b) Die formulierten Lernziele müssen *überprüfbar* sein, um Modifikationen des Entwicklungsplans begründbar zu machen und kindliche Kompetenzzuwächse dokumentieren zu können. Diese Forderung bezieht sich sowohl auf die Inhalte als auch auf die Formulierung der Lernziele. Je konkreter ein Lernziel aus der Perspektive des Kindes formuliert ist, desto besser ist überprüfbar, ob das Lernziel erreicht wurde. Hilfreich kann diesbezüglich die Frage sein: *Was* soll das Kind *in welchem Kontext wie* tun können? Die Antwort könnte beispielsweise lauten: „Das Kind soll handelnd am Material (entspricht dem *wie*) im Zahlenraum bis 10 (*Kontext*) subtrahieren können (*was*)". Als weiteres Beispiel kann dienen: „Das Kind soll im Dialog mit anderen Kindern (*wie*) zum Aufgabentypus ZE ± ZE (*Kontext*) Merkmale unterschiedlicher Rechenstrategien erkennen und beschreiben können (*was*)". Diese Formulierungen erlauben eine unmittelbare Ableitung von Möglichkeiten zur Überprüfung der Erreichung eines Lernziels. Im ersten Fall könnte die Lehrerin bzw. der Lehrer dem Kind zehn Bonbons auf den Tisch legen und das Kind bitten, herauszufinden, wie viele Bonbons übrig bleiben, wenn es vier Bonbons verschenkt. Im zweiten Fall wäre die Beobachtung einer Gruppendiskussion im Unterricht denkbar, bei der Kinder ihre unterschiedlichen Rechenwege vorstellen, und das betreffende Kind gebeten wird, einige der Rechenwege noch einmal miteinander zu vergleichen oder zusammenzufassen.

c) *Individualität* und *Kompetenzorientierung* stellen weitere Qualitätsmerkmale dar, denn ein zu allgemeiner Entwicklungsplan, der nicht die Verschiedenheit der Lernenden berücksichtigt, ist nicht zielführend. Dazu sind nicht zwingend Einzelpläne notwendig; die individuelle Passung lässt sich durchaus auch mit Plänen für entsprechend zusammengesetzte Kleingruppen gewährleisten. Sinnvoll ist hierbei, den Fokus nicht ausschließlich auf Defizite zu legen, also auf alles, „was noch fehlt", „was noch nicht klappt" oder „was noch erarbeitet oder geübt werden muss", sondern bereits vorhandene Kompetenzen und abrufbares Wissen des Kindes als Ausgangspunkt zu nehmen: „Prima, du kannst ja schon vier Bonbons abzählen. Kannst du auch doppelt so viele abzählen?" Es reicht nicht aus, nur die Stärken und Schwächen der Kinder zu kennen, sondern vielmehr ist es notwendig, die „individuellen Denk- und Problemlösewege" (Lorenz 2004, S. 84) zu rekonstruieren, um die den Bearbeitungs- und Lösungsprozessen zu Grunde liegenden Strategien und Denkweisen zu ergründen. Die so gesammelten Befunde bilden das Fundament zur Planung eines kompetenzorientierten Unterrichts für alle Schülerinnen und Schüler.

d) Gute Entwicklungspläne zeichnen sich durch die *nachvollziehbare Dokumentation* des aktuellen Entwicklungsstands und bisheriger Lernverläufe des Kindes bzw. der Lerngruppe aus. Nachvollziehbarkeit bedeutet hierbei, dass auch Personen, die den Entwicklungsplan erstmalig sehen, ohne weitere verbale Erklärungen durch die Verfasser verstehen können, welche Lernzuwächse in dem Plan beschrieben werden. Dies muss keineswegs zwingend mit viel Text bei den Eintragungen im Entwicklungsplan einhergehen, im Gegenteil: Die Nutzung einer knappen, präzisen (Fach-)Sprache erleichtert das Verständnis. Für gängige, häufig verwendete Abkürzungen kann ein Abkürzungsverzeichnis erstellt und dem Dokument angehängt werden (beispielsweise: RR = Rechenrahmen, WP = Wendeplättchen, ZR = Zahlenraum, ZWR = Zahlwortreihe, ZZ = Zahlzerlegung usw.).

In Abb. 11.2 auf der Seite 173 ist exemplarisch das Raster eines Entwicklungsplans zu sehen. Darin sollen Eintragungen in der Spalte „LSP/Inhalt und Material/Aufgabenstellung" stets den gewählten Lernschwerpunkt (LSP), den mathematischen Inhaltsbereich, das in dem Format verwendete didaktische Material und die genaue Aufgabenstellung bzw. den Arbeitsauftrag deutlich machen. Dies leistet folgendes Beispiel: „5/ZZ der 8 mit WP/Werfen, alle ZZ finden und als Plusaufgaben notieren". Die „5" ordnet das Format auf einen Blick erkennbar dem fünften Lernschwerpunkt „Zahlzerlegungen" zu. Dann wird spezifiziert, dass es um die Zerlegungen der Zahl Acht geht und dass

die Zerlegungen mit Wendeplättchen veranschaulicht werden sollen. Zuletzt wird die Aufgabenstellung konkretisiert: Das Kind soll die Wendeplättchen werfen und die jeweils auf diese Weise entstandenen Zerlegungen als Additionsaufgabe notieren. Als geeignete Folgeformate könnten sich beispielsweise Arbeitsaufträge wie das systematisierte Notieren aller Zahlzerlegungen in Zahlenhäuser und Übungen, die auf das Auswendiglernen der Zerlegungen abzielen, anschließen. Eintragungen in der Spalte „Beobachtungen" können mit „klappt gut" oder „klappt gar nicht" ebenfalls knapp ausfallen; gegebenenfalls hilfreich sind an dieser Stelle allerdings zumindest stichpunkthafte qualitative Beschreibungen darüber, *was genau* noch nicht gelingt, beispielsweise: „Ziffernnotation schwierig" oder „Werfen: Motorikproblem". Diese Eintragungen ermöglichen im Bedarfsfall eine sinnvolle Abwandlung oder Neuwahl des Formats bei der weiteren Bearbeitung des entsprechenden Inhaltsbereichs.

e) Ein *ökonomisches Verhältnis zwischen Aufwand und Nutzen* der Arbeit mit Entwicklungsplänen kann ebenfalls als Qualitätsmerkmal gelten; dies kann u.a. durch die Fokussierung auf wenige Lernziele erreicht werden. Teamarbeit bei der Erarbeitung bzw. Fortsetzung eröffnet weitere Perspektiven und ermöglicht organisatorisch-methodisch flexible Ansätze zur Förderung aller Kinder. So sollte gemeinsam im Lehrerteam entschieden (und ggf. einfach ausprobiert) werden, welche Zeitskala für die regelmäßigen Eintragungen im Entwicklungsplan gewählt wird. Gängig sind

Eintragungen für jede Unterrichtseinheit; diese kann etwa ein bis vier Wochen umspannen. Vor Beginn der Einheit werden die Lernziele formuliert und am Ende überwiegend retrospektiv Eintragungen in den Spalten „Beobachtungen" und „Folgerungen" vorgenommen. Dieses relativ grobschrittige Vorgehen ist mit vergleichsweise wenig Arbeitsaufwand verbunden, allerdings besteht die Gefahr, dass interessante Details keinen Eingang in den Entwicklungsplan finden, etwa weil sie zum Zeitpunkt der Eintragung nicht mehr erinnert werden.

An vielen Schulen wird mit Wochenplänen gearbeitet. Dieses Konzept lässt sich mit dem Entwicklungsplankonzept gut verbinden: Wochenarbeitsinhalte und -aufträge können direkt im Entwicklungsplan notiert werden; ergänzt werden sollten dann noch qualitative, prozessbezogene Beobachtungen, die über die reine Beurteilung „erledigt/nicht erledigt" hinausgehen.

Eine sehr engmaschige Dokumentationsmethode nutzt einzelne Unterrichts- oder Förderstunden als zeitliches Raster. Hierbei werden die Kinder während der Stunde eng durch die Lehrerin bzw. den Lehrer begleitet, sodass relevante Beobachtungen und Folgerungen sogar während der Stunde nebenbei schriftlich erfolgen können. Dies ist zweifellos aufwändig, kann jedoch detailliert höchst aussagekräftige, diagnostische Informationen liefern und damit in bestimmten Fällen sinnvoll sein.

Sind die hier dargestellten Qualitätsmerkmale erfüllt, erhöht sich die Wahrscheinlichkeit, dass das große Potenzial der Arbeit mit Entwicklungsplänen erkannt und diese dauerhaft aktiv umgesetzt wird.

Name der verantwortlichen Lehrkräfte: ______ Klasse: ______ Schule: ______

Name des Kindes / der Kinder: ______ Zeitraum: ______

Entwicklungsplan

Lernausgangslage: ______

Lernschwerpunkte (LSP):

1 Sortieren und Ordnen
2 Zahlwortreihe und Zählkompetenzen
3 Zahlauffassung und schnelles Sehen
4 Übersetzungen von Wort zu Symbol zu Bild
5 Zahlzerlegungen
6 Operationsverständnis und Rechenstrategien
7 Stellenwertverständnis
8 sonstiges: ______

Nr	Datum	Lernziele	LSP / Inhalt und Material / Aufgabenstellung	Beobachtungen	Folgerungen für die nächste Stunde / Kommentare

Abb. 11.2: Vorlage für einen Entwicklungsplan im inklusiven arithmetischen Anfangsunterricht

Dokumentationsraster für einen Entwicklungsplan

In diesem Abschnitt wird ein erprobtes Dokumentationsraster beschrieben, welches im inklusiven arithmetischen Anfangsunterricht angesiedelt ist[1]. In ihm sind daher Lernschwerpunkte formuliert, die insbesondere im Bereich mathematischer Vorläufer- und Basiskompetenzen differenzieren. Der Entwicklungsplan wird als fortlaufendes Dokument genutzt, auf Papier bzw. Sammelmappe oder in elektronischer Form, z.B. als Word-Datei. Auf dem Deckblatt sind alle relevanten Informationen zu finden, wie beispielsweise der Name des Kindes bzw. die Zusammensetzung der Kleingruppe (Abb. 11.2). Einige Stichpunkte zur Lernausgangslage erleichtern die schnelle Orientierung. Die hier gewählten arithmetischen Lernschwerpunkte (LSP) für den Anfangsunterricht sind nummeriert. In der Spalte „LSP/Inhalt und Material/Aufgabenstellung" wird jeder Formatbeschreibung eine solche Nummer vorangestellt. Sie kennzeichnet den wesentlichen mathematischen Schwerpunkt des Formats. Die auf diese Weise ausgewiesenen Lernschwerpunkte können zur Strukturierung und Planung der einzelnen Unterrichtsstunden oder -einheiten genutzt werden und dienen der Konkretisierung der Lernziele, Inhalte und Formate.

In den Dokumentationsbeispielen, die in diesem Abschnitt vorgestellt werden, sind sieben Lernschwerpunkte für den arithmetischen Anfangsunterricht benannt:

Lernschwerpunkt 1 umfasst pränumerische mathematische Kompetenzen. Dies sind Fähigkeiten, deren Erwerb im Rahmen der Zahlbegriffsentwicklung einen natürlichen Entwicklungsschritt darstellt, und zwar für den überwiegenden Teil der Kinder bereits vor der Einschulung (vgl. Krajewski, Grüßing & Peter-Koop 2009). Sie stellen damit klassische Vorläuferfähigkeiten für das schulische Mathematiklernen dar. Nicht alle Kinder verfügen bei ihrer Einschulung jedoch über diese pränumerischen Kompetenzen. Dies begründet deren Formulierung als Lernschwerpunkt.

Lernschwerpunkt 2 beinhaltet die Kenntnis der Zahlwortreihe und deren flexible Nutzung beim verbalen Zählen (vorwärts, rückwärts, in Schritten) und beim Abzählen von Mengen. Beim Erwerb der Zahlwortreihe werden Entwicklungsniveaus durchlaufen (vgl. Fuson 1988), erkennbar an der zunehmenden Flexibilisierung in der Nutzung der Zahlwörter: Muss ein Kind zunächst die Zahlwortreihe immer wieder bei 1 beginnen, um von dort aus (zunächst nur vorwärts) weiterzählen zu können, kann es später bei beliebigen Zahlen beginnen und in beliebigen Schritten flüssig vorwärts und rückwärts zählen. Beim Abzählen kommen noch operativ-ökonomische Kompetenzen hinzu, denn das Kind muss sich hierbei merken, welche Objekte es bereits gezählt hat und welche es noch zählen muss. Außerdem müssen die korrekte Reihenfolge der Zahlwörter und deren Eins-zu-eins-Zuordnung zu den Objekten beachtet werden. Das letztgenannte Zahlwort gibt dann die Anzahl der Objekte an (vgl. Zählprinzipien nach Gelman & Gallistel 1978).

---

[1] Das Beispiel stammt aus dem Projekt „Prävention von Rechenschwierigkeiten (PReSch)", das als Verbundprojekt zwischen der Universität Bielefeld, den Schulberatungsstellen Bielefeld und Gütersloh und der Reinhard-Mohn-Stiftung auf die Förderung von Schulanfängern mit schwach entwickelten Vorläuferfähigkeiten abzielt.

Im *Lernschwerpunkt 3* geht es um die quasi-simultane Zahlauffassung, die es ermöglicht, strukturierte Anzahldarstellungen zu erfassen, ohne dazu die Einzelobjekte zählen zu müssen („schnelles Sehen"). Bei der quasi-simultanen Zahlauffassung nutzt das Kind sein Strukturverständnis didaktischer Materialien wie z. B. Rechenrahmen, Mehrsystemblöcke oder Rechenschiffe. So wird die Ablösung von einer ausschließlich zählenden Anzahlerfassung unterstützt.

Übersetzungsprozesse zwischen Zahlwörtern, Zahlsymbolen und Zahlbildern sind von fundamentaler Bedeutung beim Darstellen, Verstehen, Üben und Kommunizieren mathematischer Inhalte und werden im *Lernschwerpunkt 4* behandelt. In den Formaten zu diesem Lernschwerpunkt werden einzelne Übersetzungen gezielt in den Blick genommen. Während der Arbeit mit Entwicklungsplänen sollte immer wieder diagnostisch überprüft werden, welche der sechs Übersetzungen (Zahlwort zu Zahlsymbol, Zahlsymbol zu Zahlbild, Zahlbild zu Zahlwort und jeweils umgekehrt) dem Kind bereits sicher gelingen und welche noch nicht, und auch, auf welche Zahlenräume sich diese Kompetenzen bzw. Unsicherheiten beziehen.

Lernschwerpunkt 5 behandelt die Zahlzerlegungen aller Zahlen bis 10. Im Anschluss an einen handlungsgestützten, entdeckenden Zugang werden die Zerlegungen zunehmend systematisiert und formalisiert. Das Groblernziel besteht hierbei in der Automatisierung: Um die Zahlzerlegungen flexibel in heuristischen Rechenstrategien anwenden zu können, müssen sie dem Kind als Auswendigwissen zur Verfügung stehen.

Rechenstrategien sind das Thema von *Lernschwerpunkt 6*. Die Formate dieses Lernschwerpunkts dienen der Anbahnung von Grundvorstellungen zu den Grundrechenarten und unterstützen das Kind in der Entwicklung und Festigung operativer Strategien beim Lösen arithmetischer Aufgaben.

Zu *Lernschwerpunkt 7* gehören Formate, die auf die Entwicklung des Stellenwertverständnisses abzielen. Sie umfassen beispielsweise Bündelungsaktivitäten und nutzen und erweitern zudem Kompetenzen, die die Kinder bei der Arbeit an den *Lernschwerpunkten 3* und *4* entwickelt und ausgebaut haben.

Ergänzend können individuell weitere Entwicklungsbereiche benannt werden, beispielsweise nicht-arithmetische Bereiche wie Geometrie oder auch grundlegende Kompetenzen wie Konzentration, Wahrnehmung und Motorik.

Die hier vorgestellten Lernschwerpunkte sind inhaltlich nicht trennscharf. Wird beispielsweise ein Format ausgewählt, in dem die Kinder mit Hilfe von geordneten Zahlsymbolkarten vorwärts und rückwärts zählen sollen, werden einerseits die Zahlwortreihe gefestigt und Zählkompetenzen trainiert; somit könnte dieses Format dem *Lernschwerpunkt 2* „Zählen und Zahlwortreihe" zugeordnet werden. Andererseits werden aber selbstverständlich auch Übersetzungsprozesse zwischen den Zahlsymbolen, die auf den Karten zu sehen sind, und den Zahlwörtern, die das Kind ausspricht, geübt, was einer Zuordnung zu *Lernschwerpunkt 4* „Übersetzungen von Wort zu Bild zu Symbol", in diesem Fall von Symbol zu Wort, entsprechen würde. Der Reichtum an Bezügen zwischen unterschiedlichen mathematischen Inhalten kann gerade als eines der wesentlichen Kennzeichen der Mathematik benannt werden; auf inhaltliche Trennschärfe wird entsprechend kein Anspruch erhoben. Dennoch ist es sinnvoll, jeweilige Lernschwerpunkte, die im Vordergrund des aktuellen Förderinteresses stehen, möglichst eindeutig zu benennen, denn dies verdeutlicht die Zonen der nächsten Entwicklung und erleichtert die lernzielgerichtete Auswahl geeigneter Inhalte und Formate. Im genannten Beispiel, das sich auch im Dokumentationsbeispiel 1 wiederfindet (Abb. 11.3), geht es offenbar vorrangig um die Festigung der Zahlwortreihe, sowohl verbal als auch symbolisch, da das Zählen am ordinalen Material im Vordergrund steht. Entsprechend wird das Übungsformat sinnvoll dem *Lernschwerpunkt 2* zugeordnet.

Die Übungsformate selbst werden durch Stichpunkte zum Inhalt, zum verwendeten Material und durch eine Kurzbeschreibung der Aufgabenstellung konkretisiert. Diese Konkretisierung ermöglicht auch Dritten, etwa Kolleginnen und Kollegen, Erzieherinnen und Erziehern in der Hausaufgabenbetreuung oder Eltern, zu verstehen, womit sich das Kind bzw. die Lerngruppe beschäftigt hat, und erfüllt damit das Qualitätskriterium der nachvollziehbaren Dokumentation.

Ehe die Spalte „LSP/Inhalt und Material/ Aufgabenstellung" mit Formaten bestückt wird, sollten die mittelfristigen Lernziele benannt werden, die das Kind bzw. die Lerngruppe als Nächstes erreichen soll. Die Formulierung von Feinzielen wird nur in

---

Name der verantwortlichen Lehrkräfte: _Frau Müller / Frau Schmidt_   Klasse: _1b_   Schule: _Grundschule Am Markt_

Name des Kindes / der Kinder: _Anna, Leo, Danny_   Zeitraum: _November_

Entwicklungsplan

Lernausgangslage:

Anna, Leo und Danny kennen nur weniger Ziffern. Abzählen noch unsicher. Zahlwortreihe bis maximal 10 stabil, Weiterzählen / Rückwärtszählen klappt noch nicht. Motorische Schwierigkeiten (Ziffernkurs noch nicht beendet). Anna und Leo lernen langsamer. Danny ist nur kurz aufmerksam, wenig Vorwissen.

Lernschwerpunkte (LSP):

1 Sortieren und Ordnen	4 Übersetzungen von Wort zu Symbol zu Bild	7 Stellenwertverständnis
2 Zahlwortreihe und Zählkompetenzen	5 Zahlzerlegungen	8 sonstiges:
3 Zahlauffassung und schnelles Sehen	6 Operationsverständnis und Rechenstrategien	_____

Nr	Datum	Lernziele	LSP / Inhalt und Material / Aufgabenstellung	Beobachtungen	Folgerungen für die nächste Stunde / Kommentare
8	02.11.	Festigung der Zahlwortreihe bis 20 Mengen-Zahl-Zuordnung	2 / Zahlsymbolkarten von 1 bis 20 / Karten in richtige Reihenfolge, dann vorwärts und rückwärts zählen 1 / Punktebilder von 1 bis 12 / Bilder in richtige Reihenfolge bringen	Anna und Leo verwechseln 4 und 7, 6 und 9. Danny kennt nur 1, 2 und 3. Schwierigkeiten ab ca. 6 Punkten beim Mengenvergleich. Danny ist müde.	Wiederholen, auf Zahlenraum bis 10 konzentrieren Abzählen kleinerer Mengen mit Countern, dann vergleichen.

Abb. 11.3: Dokumentationsbeispiel 1

Ausnahmefällen vorgenommen, da dies sehr aufwändig wäre. Die Zeitskala kann flexibel auf die Bedürfnisse und Vorlieben von Lehrerinnen und Lehrern angepasst werden, um dem Qualitätskriterium des ökonomischen Verhältnisses zwischen Aufwand und Nutzen zu entsprechen: Der Entwicklungsplan eignet sich sowohl für die sehr engmaschige Dokumentation einzelner Unterrichts- oder Förderstunden als auch für Wochenplanarbeit und die noch etwas gröbere Planung und Dokumentation mehrwöchiger Unterrichtseinheiten.

In der ersten Spalte ist Platz für eine fortlaufende Nummerierung. Diese Nummern können je nach Bedarf und Absprache beispielsweise Unterrichtsstunden, Förderstunden, Schulwochen oder auch Projektthemen kodieren. In die Spalte „Datum" wird der Tag eingetragen, an dem das Kind oder die Lerngruppe an den Lernschwerpunkten arbeitet und Beobachtungen festgehalten werden sollen.

Eine weitere Spalte kann zum Festhalten von „Beobachtungen" genutzt werden. Diese können zum einen direkt auf die zuvor formulierten Lernziele und Lernschwerpunkte fokussieren und sich zum anderen auf überraschende Momente, äußere Bedingungen oder Interaktionen zwischen dem Kind und der Lehrerin bzw. dem Lehrer oder zwischen den Kindern beziehen. Besonders wertvoll für die weitere Planung sind Eintragungen in der Spalte „Folgerungen für die nächste Stunde/Kommentare", weil sich aus den Beobachtungen und Bewertungen hier direkt Konsequenzen für die weitere Unterrichtsplanung ableiten und sichern lassen. Aus aussagekräftigen Eintragungen an dieser Stelle ergibt sich häufig unmittelbar eine weitere Strukturierung der Arbeit an den formulierten Lernzielen mit bewährten oder neuen Formaten. Auf diese Weise wird der Entwicklungsplan fortgeschrieben.

Name der verantwortlichen Lehrkräfte: _Frau Müller / Frau Schmidt_   Klasse: _1b_   Schule: _Grundschule Am Markt_

Name des Kindes / der Kinder: _Anna, Leo, Danny_   Zeitraum: _November_

Nr	Datum	Lernziele	LSP / Inhalt und Material / Aufgabenstellung	Beobachtungen	Folgerungen für die nächste Stunde / Kommentare
9	09.11.	Festigung der Zahlwortreihe bis 20 \newline Mengen-Zahl-Zuordnung	2 / Kastanienmengen im Zahlenraum bis 10 / Abzählen & miteinander vergleichen: Zahlen auf Papier dazuschreiben	1:1 Zuordnung besser. „mehr/weniger als" gut. Ziffernschreiben schwierig (Leo: Schreibrichtung!)	1:1 Wiederholen. Motorik üben. Zahlenkarten nutzen
			3 / Würfelbilder schnell erkennen und benennen	Klappt gut.	Zwei Würfelbilder summieren
			4 / Memory Würfelbilder- Fingerbilder / Pärchen finden, Anzahl benennen	Zu schwierig, Danny frustriert	Memory aufgedeckt nutzen

Abb. 11.4: Dokumentationsbeispiel 2

Praxisbeispiel

Wöchentliche Entwicklungsdokumentation einer Kleingruppe

Im Entwicklungsplan, dessen Ausschnitte in Abb. 11.3 und 11.4 zu sehen sind, ist die Arbeit mit drei Kindern dokumentiert, deren mathematische Kompetenzen noch nicht den Stand eines durchschnittlichen Schulanfängers erreicht haben. Die fortlaufende Nummerierung gibt in diesem Beispiel die Schulwoche an. Der mathematische Entwicklungsstand wurde nach der Einschulung mit dem EMBI erhoben (vgl. den Beitrag von Peter-Koop in diesem Band), weil die Kinder Anna, Leo und Danny im Mathematikunterricht schnell durch ihr gering ausgeprägtes Zahlenwissen aufgefallen sind. Sie verfügten beispielsweise noch nicht über eine sicherere Mengen-Zahl-Zuordnung im Zahlenraum bis 10, konnten Ziffern überwiegend nicht korrekt benennen und zählten eine Menge von ca. 20 Gegenständen noch nicht sicher ab. Von elf Items im Vorläuferteil des EMBI wurde der überwiegende Teil nicht bzw. nicht vollständig gelöst. Vergibt man für jedes korrekt gelöste EMBI-Item einen Punkt, so erreichte Anna 5 von 11 Punkten, Leo 3 Punkte und Danny 5,5 Punkte. Bei zwei Kindern (Anna und Leo) äußerten die Klassenlehrerinnen nach den ersten Schulwochen den Verdacht auf sonderpädagogischen Förderbedarf im Bereich Lernen. Alle drei Kinder haben noch Schwierigkeiten mit der Notation von Zahlen. Der Ziffernkurs wurde noch nicht erfolgreich abgeschlossen. Leo hat größere schreibmotorische Probleme. Dies zeigt sich darin, dass er die Ziffern häufig spiegelverkehrt schreibt und auch beim Nachspuren oft nicht weiß, wo er den

Stift ansetzen muss. Die Zone der nächsten Entwicklung stellt hier jedoch nicht die korrekte Notation der Ziffern dar, sondern erst einmal die Identifikation der Ziffern, damit Leo diese den entsprechenden Mengendarstellungen zuordnen und damit sinnstiftend internalisieren kann. Es bietet sich also die Arbeit mit Ziffernkarten an. Dies ist in Abb. 11.4 in der Spalte „Folgerungen" angemerkt.

Bislang haben die Kinder hauptsächlich an mathematischen Vorläuferfähigkeiten gearbeitet: Sie haben Gegenstände pränumerisch nach Eigenschaften klassifiziert, Abzählübungen mit kleinen Mengen gemacht, Zahlen mit Hilfe von Fingerbildern dargestellt und Eins-zu-eins-Zuordnung in Alltagssituationen geübt (zu jedem Tisch einen Stuhl stellen, mittags den Tisch decken und für jedes Kind genau einen Teller, einen Becher und Besteck hinlegen usw.). Ehe die Kinder zunehmend an das schulische Mathematiklernen herangeführt werden, welches durch eine stetige Abstrahierung mathematischer Handlungen über die ikonische Darstellung hin zu formalisierter Notation gekennzeichnet ist, stehen die Lernziele „Festigung der Zahlwortreihe bis 20" und „Mengen-Zahl-Zuordnung (im zunächst kleineren Zahlenraum)" im Vordergrund, wie auch der gewählte Ausschnitt aus dem Entwicklungsplan zeigt. Diese Lernziele ergeben sich unmittelbar aus den EMBI-Befunden.

Um diese Lernziele zu erreichen, müssen Formate ausgewählt werden, die den Ausbau bereits vorhandener Kompetenzen in diesen Inhaltsbereichen ermöglichen. Danny (er-)kennt beispielsweise nach rund acht Schulbesuchswochen die Zahlsymbole bis 3; eine integrierte Behandlung des Zahlenraums bis

20 erscheint damit als zu komplex. Deshalb wird in der Spalte „Folgerungen" sinnvollerweise der Hinweis notiert, dass sich künftige Formate beim Umgang mit Zahlsymbolen zunächst noch auf den Zahlenraum bis 10 beschränken sollten (Abb. 11.3).

Beim verbalen Zählen und beim Abzählen ist Danny erfolgreicher, auch die Benennung der Würfelbilder gelingt ihm gut (Abb. 11.4). Dies stellt einen geeigneten Ausgangspunkt für Formate dar, in denen Würfelbilder in andere strukturierte und unstrukturierte Zahldarstellungen übersetzt werden sollen. Außerdem könnten Würfelbilder für Formate im *Lernschwerpunkt 4* „Übersetzungen von Wort zu Symbol zu Bild" genutzt werden, da Danny die Übersetzung von Zahlbild zu Zahlwort bereits erkennbar gelingt. Weiterhin können Würfelbilder in Additionsformaten zum *Lernschwerpunkt 6* „Operationsverständnis" als ikonische Darstellung der Summanden zum Einsatz kommen. Bei den Übersetzungsübungen (*LSP 4*) zwischen Fingerbildern, Würfelbildern und Zahlworten wird deutlich, dass das gewählte Format „Memory" wegen der hohen Gedächtnisanforderungen eine unnötig schwierige Hürde darstellt und somit in dieser Form nicht gut zum gewählten Lernschwerpunkt passt. Als Modifikation wird daher in der Spalte „Folgerungen" vorgeschlagen, die Memory-Karten beim nächsten Mal von Anfang an aufzudecken, damit nicht mehr das Gedächtnistraining, sondern tatsächlich die Übersetzungsübung im Vordergrund steht (Abb. 11.4).

In dem hier vorgestellten Auszug eines Entwicklungsplans wird dessen Funktion sichtbar, eine möglichst genaue Passung zwischen Lernausgangslage bzw. den Zonen der nächsten Entwicklung und der Auswahl geeigneter didaktischer Formate zu generieren. Die Eintragungen insbesondere in der Spalte „Folgerungen" des Dokumentationsrasters dienen hierbei als Korrektiv: Formate, die die Kinder noch nicht bewältigen können, werden durch geeigneter erscheinende Alternativen ersetzt.

Die Eintragungen im Dokumentationsbeispiel sind von knapper, stichpunktartiger Sprache, aber dennoch für Außenstehende verständlich. Der Entwicklungsplan kann somit etwa im Kontext von Elterngesprächen, Lehrerkonferenzen oder Übergängen zwischen Klassen- und Schulstufen wertvolle Informationen liefern und Lernentwicklungen je nach gewählter Zeitskala detailliert sichtbar oder zusammenfassend überschaubar machen.

Literatur

Arnold, K.-H. & Kretschmann, R. (2002). Förderdiagnostik, Förderplan und Förderkontrakt: Von der Eingangsdiagnose zu Förderungs- und Fortschreibungsdiagnosen. *Zeitschrift für Heilpädagogik, (53)* 7, 266–271.

Born, A. & Oehler, C. (2010). *Lernen mit ADS-Kindern – Ein Praxisbuch für Eltern, Lehrer und Therapeuten.* (8. Auflage). Stuttgart: Kohlhammer.

Braun, D. & Schmischke, J. (2010). *Kinder individuell fördern.* Berlin: Cornelsen Scriptor.

Bruner, J. (1971). *Studien zur kognitiven Entwicklung.* Stuttgart: Klett.

Bundschuh, K. (2007). *Förderdiagnostik konkret. Theoretische und praktische Implikationen für die Förderschwerpunkte Lernen, geistige, emotionale und soziale Entwicklung.* Bad Heilbrunn: Klinkhardt.

Eggert, D. (2007). *Von den Stärken ausgehen ... Individuelle Entwicklungspläne (IEP) in der Lernförderdiagnostik. Ein Plädoyer für andere Denkgewohnheiten und eine veränderte Praxis.* (5. Auflage). Dortmund: Borgmann.

Fröhlich, A. (2007). Die Arbeit mit Förderplänen an einer Schule für Geistigbehinderte – ein Praxisbeispiel. In W. Mutzeck (Hrsg.), *Förderplanung. Grundlagen, Methoden, Alternativen* (3. Auflage) (S. 55–61). Weinheim: Beltz.

Fthenakis, W. E., Schmitt, A., Daut, M., Eitel, A. & Wendell, A. (2009). *Natur-Wissen schaffen. Band 2: Frühe mathematische Bildung.* Troisdorf: Bildungsverlag EINS.

Fuson, K. C. (1988). *Children's counting and concepts of number.* New York: Springer.

Gelman, R. & Gallistel, C. R. (1978). *The child's understanding of number.* Cambridge, MA: Harvard University Press.

Krajewski, K., Grüßing, M. & Peter-Koop, A. (2009). Die Entwicklung mathematischer Kompetenzen bis zum Beginn der Grundschulzeit. In A. Heinze & M. Grüßing (Hrsg.), *Mathematiklernen vom Kindergarten bis zum Studium. Kontinuität und Kohärenz als Herausforderung für den Mathematikunterricht* (S. 17–34). Münster: Waxmann.

Lorenz, J. H. (2004). Unterrichtsbegleitende Diagnostik: Mathematik. In R. Christiani (Hrsg.), *Schuleingangsphase: neu gestalten.* (S. 83–103). Berlin: Cornelsen Scriptor.

Lorenz, J. H. & Radatz, H. (1993). *Handbuch des Förderns im Mathematikunterricht.* Hannover: Schroedel.

Möller, C. (1973). *Technik der Lehrplanung. Methoden und Probleme der Lernzielerstellung* (4. Auflage). Weinheim: Beltz.

Sander, A. (2007). Zu Theorie und Praxis individueller Förderpläne für Kinder mit sonderpädagogischem Förderbedarf. In W. Mutzeck (Hrsg.), *Förderplanung. Grundlagen, Methoden, Alternativen* (3. Auflage) (S. 14–30). Weinheim: Beltz.

Schulgesetz für das Land Nordrhein-Westfalen vom 15. Februar 2005. Verfügbar unter: http://www.schulministerium.nrw.de/docs/Recht/Schulrecht/Schulgesetz/Schulgesetz.pdf [Zugriff: 22.03.2015].

vom Hofe, R. (1995). *Grundvorstellungen mathematischer Inhalte.* Heidelberg: Spektrum.

Vygotskij, L. S. (1978). *Mind in society. The development of higher psychological processes.* Cambridge, MA: Harvard University Press.

12. Inklusiven Mathematikunterricht von den Vorstellungen der Lehrerinnen und Lehrer aus entwickeln

Natascha Korff

1. Einleitung

Inklusive Schulentwicklung bedarf einer inklusiven Unterrichtsentwicklung, die wiederum eng mit der Professionalisierung von Lehrerinnen und Lehrern verknüpft ist. Soll also die Frage geklärt werden, wie inklusiver Mathematikunterricht gelingen kann, muss zugleich beantwortet werden, was Lehrende im Rahmen der Aus- und Fortbildung brauchen und welche Schritte sie in der Entwicklung ihrer Praxis gehen können, um guten inklusiven Mathematikunterricht umzusetzen. Der vorliegende Beitrag nähert sich diesen Fragen auf der Basis einer Interviewstudie zu den Belief-Systemen von Lehrenden der Primarstufe (Korff 2015). Zielsetzung dabei war die Entwicklung eines guten Mathematikunterrichts für *alle* Kinder.

Dieses Ziel geht mit einem breiten Verständnis von Inklusion einher, was sich in zwei Richtungen durch eine bewusste Erweiterung des Blicks auf Heterogenität auszeichnet: Auf der einen Seite ist es von zentraler Bedeutung, für eine inklusive Unterrichts- und Didaktikentwicklung Schülerinnen und Schüler spezifisch in den Blick zu nehmen, die bisher weiterhin marginalisierten Gruppen angehören, um so blinde Flecken und bisher nicht beachtete Barrieren herauszuarbeiten. Als eine solche Gruppe können beispielsweise Kinder ausgemacht werden, denen der Förderschwerpunkt „Geistige Entwicklung" zugeschrieben wurde; blinde Flecken zeigen sich unter anderem im Einbezug mathematischer Basiskompetenzen.[1] Auf der anderen Seite beschränkt sich die Frage der Inklusion aber keineswegs auf die Dimension Befähigung/Behinderung, wie dies in jüngerer Zeit gerade im Nachklang der UN-Behindertenrechtskonvention häufig der Fall ist. Die mit der Zuschreibung einer Behinderung oder eines sonderpädagogischen Förderbedarfes verbundenen dichotomen Einteilungen müssen vielmehr kritisiert und stattdessen die volle Bandbreite und Komplexität an sich überschneidenden Heterogenitätsdimensionen mit einbezogen werden (vgl. z. B. Prengel 2003, 2007). Eine rein kompensatorisch ausgerichtete Inklusion, bei der am Ende von unterschiedlichen oder ggf. unterschiedlich langen Wegen doch von allen das Erreichen der gleichen Standards erwartet wird, ist ebenso unvollständig, wie eine, die sich nicht von einer Zwei-Gruppen-Theorie (Hinz 2002) gelöst hat und daher nur für einige Kinder (die der Gruppe der Kinder mit sonderpädagogischem Förderbedarf

---

1 Aufgegriffen wurde die Kategorie „Förderschwerpunkt Geistige Entwicklung" also als schulstrukturell bedingte Differenzierung, entlang derer sich eine in Bezug auf die Teilnahme an einer Schule für alle noch marginalisierte Gruppe identifizieren lässt – ohne dass damit die Annahme verbunden wäre, dass sich aus der Zuordnung (vermeintlich spezielle) pädagogische Handlungsmöglichkeiten ableiten ließen (Korff 2015, S. 24ff.). Auf der empirisch-methodischen Ebene wurde versucht, möglichen Reifizierungsprozessen und Verengungen des Blicks auf die Heterogenitätsdimension Behinderung/Befähigung durch kritische Reflexion der Schwerpunktsetzungen zu begegnen (Korff 2015, S. 10ff.).

zugerechnet werden) individuelle Leistungsstandards zulässt. Vielmehr geht es also um Herausforderung und Leistung auf dem je eigenen Niveau in sozialer Eingebundenheit (Seitz & Scheidt 2012) – für tatsächlich alle Kinder. Inklusiver Unterricht muss vor diesem Hintergrund zieldifferent sein und macht geöffnete, differenzierte und auf die eigentätige Erarbeitung der Inhalte ausgelegte Lehr- und Lernsituationen notwendig, in denen die Schülerinnen und Schüler ihr je Eigenes und zugleich mit- und voneinander lernen können (vgl. zusammenfassend Korff 2012).

Guter Mathematikunterricht liefert für einen so verstandenen inklusiven Unterricht zahlreiche Anknüpfungspunkte (vgl. auch die anderen Beiträge dieses Bandes). Die Parallele zwischen den Grundprinzipien, insbesondere der primarstufenbezogenen Mathematikdidaktik, und den Entwicklungen einer inklusiven Pädagogik ist insofern nicht verwunderlich, als dass sich sowohl die Diskurse der Fachdidaktik als auch der inklusiven Didaktik – wenn auch nicht immer explizit – auf die grundlegenden Fragen beziehen, was menschliche(s) Lernen und Entwicklung ausmacht und wie dafür in (schulischen) Lehr- und Lernsituationen ein angemessener Rahmen geschaffen werden kann. Allerdings zeigen sich in beiden Diskursen bislang Einschränkungen. So werden lernbereichsspezifische Überlegungen erst zögerlich im Rahmen der Inklusions- bzw. Integrationsforschung bearbeitet und grundsätzlich haben „Didaktik, Methodik und Unterrichtsentwicklung […] in der integrativen Pädagogik ein Mauerblümchendasein geführt" (Wocken 2011, S. 56). Seitens der Mathematikdidaktik sind wiederum bisher nicht alle Lernausgangs-

lagen berücksichtigt, was sich u. a. in der fehlenden Thematisierung lernzieldifferenten Unterrichts und „blinder Flecken" bezüglich bestimmter Themen und Lernzugänge widerspiegelt (Korff 2014, S. 157–160). Eine Verbindung der beiden Diskurse zur Entwicklung einer inklusiven Fachdidaktik, die im Sinne des hier vertretenen breiten Inklusionsverständnisses alle Lehrenden einbezieht und dabei die Komplexität und Vielschichtigkeit der Heterogenitätsdimensionen betrachtet, steht also noch am Anfang. Aber auch bereits vorhandene Potentiale der mathematikdidaktischen Entwicklungen, die sich auf den Austausch innerhalb einer heterogenen Lerngruppe beziehen, scheinen in der Praxis bisher nicht immer genutzt zu werden, wie beispielsweise Untersuchungen zum jahrgangsgemischten Unterricht zeigen (vgl. z. B. Hahn 2010; Kucharz & Wagener 2007; Kucharz & Baireuther 2010).

Damit ist also nicht nur zu klären, welche (fach-)didaktischen Entwicklungen für einen inklusiven Mathematikunterricht ertragreich sind und welche Desiderate sich hier noch zeigen, sondern auch, was Lehrerinnen und Lehrer brauchen, um einen solchen inklusiven Mathematikunterricht zu entwickeln bzw. gut umzusetzen. Die in diesem Beitrag vorgestellten Ergebnisse gehen dabei vom Denken der Lehrerinnen und Lehrer in Bezug auf ihre aktuelle Praxis aus. Ähnlich wie bei mancher Mathematikaufgabe das „Rückwärtsvorgehen" gewinnbringend sein kann, um eine Strategie zur Lösung zu entwickeln, können aus den Äußerungen von Lehrenden zu gelingendem – und misslingendem – inklusiven Mathematikunterricht Rückschlüsse auf geeignete Entwicklungsbedingungen und notwendige Professionalisierungsprozesse gezogen werden. Im Folgenden wird zunächst die hier dafür herangezogene Interviewstudie überblicksartig dargestellt (Abschnitt 2). Anschließend werden die Implikationen zur Entwicklung eines inklusiven Unterrichts in der Praxis aus den Analysen der Interviews in den Mittelpunkt gestellt und unter Rückbezug auf die ihnen zugrunde liegenden Ergebnisse zur Beschreibung der Belief-Systeme erläutert (Abschnitt 3). Der Beitrag schließt mit einer Einordnung der Ergebnisse in grundlegende Fragen der Entwicklung inklusiven Mathematikunterrichts (Abschnitt 4).

2. Belief-Systeme zum inklusiven Mathematikunterricht: Die Interviewstudie im Überblick

2.1. Konzeption und Vorgehen

In einer explorativen Interviewstudie wurden Lehrerinnen und Lehrer für Sonderpädagogik und Grundschullehrerinnen und -lehrer in Kooperations- und Integrationsklassen zu ihren Vorstellungen zum inklusiven Mathematikunterricht befragt. In episodischen Interviews (Flick 2011, S. 238ff.) wurden die Themenfelder „Guter und typischer Mathematikunterricht", „Umgang mit Heterogenität im Mathematikunterricht in der aktuellen Lerngruppe" und „Einschätzung zu Möglichkeiten und Grenzen eines inklusiven Mathematikunterrichts" behandelt.

Ziel der Untersuchung war es insgesamt, sowohl Desiderate und Potentiale im fachlich-konzeptionellen Bereich als auch Bedarfe und Ausgangspunkte für Professionalisierungsprozesse herauszuarbeiten. Durch die

kontrastive Auswahl wurde weiterhin die Bearbeitung der Frage möglich, ob sich spezifische Professionalisierungsprozesse innerhalb eines strukturell integrativen Settings im Kontrast zu den kooperativen Schulstrukturen zeigen. Kooperationslehrerinnen und -lehrer setzen als Klassenleitungen von Parallelklassen einer Förder- und einer Regelschule in selbst gewählten Fächern *gemeinsamen Unterricht* um, haben also grundlegend Erfahrung mit Unterricht in einer sehr heterogenen Lerngruppe. Auf der Basis der Vorerhebungen war jedoch zu vermuten, dass im Fach Mathematik selten *gemeinsamer Unterricht* der beiden Partner- bzw. Parallelklassen umgesetzt wird, hier also spezifische Herausforderungen im Vergleich zu anderen Fächern angenommen werden können, die genauer analysiert werden sollten (Korff 2011). Ob bzw. inwiefern sich bei Integrationslehrerinnen und -lehrern, die über langjährige Erfahrung im durchgängig gemeinsamen Unterricht verfügen, wiederum andere Perspektiven finden, galt es in der Untersuchung ebenfalls zu ermitteln.

Im Fokus standen dabei weder das Wissen noch die (Handlungs-)Kompetenzen der Lehrenden im engeren Sinne, sondern ihre Belief-Systeme. Diese werden grundsätzlich als erfahrungsbasiert, handlungswirksam und mit Kontextfaktoren verbunden aufgefasst. Mit dem – in Anlehnung an Törner und Pehkonen (1996) verwendeten – Begriff der Belief-*Systeme* sollten die innerhalb bzw. zwischen verschiedenen Beliefs (und ihren Wissensanteilen) bestehenden Argumentationsstrukturen hervorgehoben werden. Diese sind gerade im Kontext von Professionsforschung relevant und zumindest teilweise einer Reflexion und Verbalisierung zugänglich.[2] Belief-Systeme sind nicht nur mit dem Professionswissen, sondern vor allem auch mit dem Fallrepertoire von Expertinnen und Experten eng verbunden, welches die Basis für deren routinierte Entscheidungsprozesse bildet (vgl. Koch-Priewe 2002). Dieser „episodic core" (Pajares 1992, S. 311) von Belief-Systemen, der ihren Einfluss in komplexen und unsicheren Handlungssituationen des Unterrichtens so wahrscheinlich macht (vgl. ebd.), stellte zugleich den zentralen Begründungszusammenhang für die Wahl der Erhebungs- und Auswertungsmethoden dar. Die episodischen Interviews zielen durch erzählgenerierende Fragen auf unterrichtsnahe fall- bzw. situationsverankerte Ausführungen. Sie ermöglichen es – entsprechend dem professionsbezogenen und weniger berufsbiographischen Interesse – aber auch, gezielt thematische Bereiche anzusprechen und ergänzend durch zuspitzende (Nach-)Fragen stärker argumentative Ausführungen anzuregen (Korff 2015, S. 118ff.).

Die Auswertung erfolgte auf zwei Ebenen: Zunächst wurden die Äußerungen der Lehrerinnen und Lehrer inhaltlich (in Anlehnung an die zusammenfassende Inhaltsanalyse nach Mayring 2007) erfasst und so zentrale Themen und Fragestellungen induktiv aus dem Material herausgearbeitet. Zu diesen erfolgte anschließend eine rekonstruktive Analyse,

für die Elemente der reflektierenden Interpretation der dokumentarischen Methode (Bohnsack & Pfaff 2010) genutzt wurden. Außerdem erfolgte hier ein Bezug auf theoretisch erarbeitete Aspekte eines inklusiven Mathematikunterrichts aus fachdidaktischer und inklusionspädagogischer Perspektive (Korff, in Druck) zu den Auswertungsschritten. Dank dieses zweistufigen Vorgehens konnte herausgearbeitet werden, welche Vorstellungen bzw. Beliefs die Lehrenden haben und welche Schlussfolgerungen sich hieraus für notwendige fachdidaktische Entwicklungen und Professionalisierungsprozesse ergeben. Bevor auf Letztere genauer eingegangen wird (vgl. Abschnitt 3), folgt zunächst ein knapper Überblick über die Studienergebnisse insgesamt.

2.2. Ergebnisse im Überblick

Im Kern erbrachte die Untersuchung der Belief-Systeme, welche (Be-)Deutungen die Gemeinsamkeit für die bzw. in der Entwicklung eines inklusiven Mathematikunterrichts hat. So gingen aus der Analyse der Belief-Systeme der Lehrerinnen und Lehrer verschiedene Ebenen der Gemeinsamkeit hervor, wie in der folgenden Grafik (Abb. 12.1) veranschaulicht ist:

---

[2] Dies verweist zudem darauf, dass (Professions-)Wissen als Teil von Belief-Systemen verstanden wird und diese damit – ähnlich wie es bei Reusser, Pauli und Elmer (2011, S. 483) mit dem Begriff der Vorstellungen oder Conceptions gefasst ist – als übergreifende Kategorie aufgefasst werden (vgl. Korff 2015, S. 6f. und S. 84ff. für eine detaillierte Auseinandersetzung mit der begrifflichen ebenso wie mit der konzeptionellen Vielfalt und Verortung).

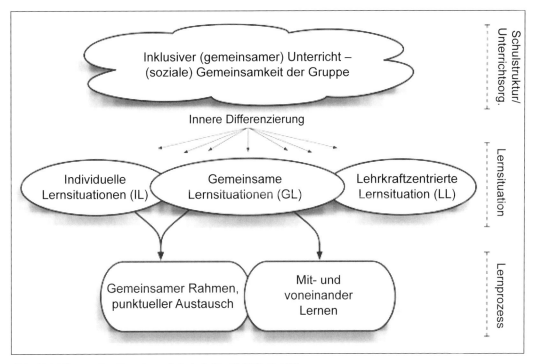

Abb. 12.1: Ebenen der Gemeinsamkeit (vgl. Korff 2015, S. 181)

Gemeinsamkeit im inklusiven (Mathematik-) Unterricht kann demnach folgendermaßen unterschieden werden in

- die schulstrukturelle bzw. unterrichtsorganisatorische Gemeinsamkeit, also das Vorhandensein einer wie auch immer gearteten „gemeinsamen" Lerngruppe, in der – im Rahmen einer sozialen Gemeinsamkeit – innere Differenzierung stattfindet,

- verschiedene Formen von Lernsituationen, die innerhalb des Unterrichts gestaltet werden. Neben gemeinsamen Lernsituationen, in denen die Schülerinnen und Schüler in irgendeiner Form gegenseitig an ihren Lernprozessen beteiligt sind, sind auch individuelle und lehrkraftzentrierte Lernsituationen relevant,

- die Bedeutung des Austausches auf der Ebene des eigentlichen Lernprozesses innerhalb der gemeinsamen Lernsituationen. Hier stellt sich also die Frage, ob Gemeinsamkeit sich eher auf einen gemeinsamen Rahmen bezieht, oder ein mit- und voneinander Lernen im Sinne einer inhaltsbezogenen Auseinandersetzung als zentralem Aspekt des je individuellen Lernprozesses stattfindet.

In der Betrachtung der Ergebnisse entlang dieser Differenzierung lässt sich zunächst festhalten, dass alle befragten Lehrerinnen und Lehrer sehr ähnliche Möglichkeiten und Grenzen des mit- und voneinander Lernens benannten, nämlich eine deutliche Dominanz der individuellen Lernsituationen schilderten. Dies gilt vor allem für den von ihnen als

„typisch" gekennzeichneten Unterricht. Für einen guten Mathematikunterricht und dessen Sternstunden wurde von allen Befragten hingegen die Bedeutsamkeit des Austausches, des mit- und voneinander Lernens hervorgehoben. Ebenso besteht Einigkeit darüber, dass eben diese Gemeinsamkeit auf der Ebene des Lernprozesses im Lernbereich Mathematik eine Herausforderung darstellt. Die Lehrenden beziehen dies insbesondere auf den arithmetischen Inhaltsbereich und kennzeichnen die fehlenden Möglichkeiten, hier eine Material- und Handlungsorientierung umzusetzen, als zentrale Barriere für ein mit- und voneinander Lernen in einer heterogenen Lerngruppe. Somit stellte sich das mit- und voneinander Lernen, der inhaltsbezogene Austausch, nicht nur theoretisch (Korff 2012), sondern auch in der Perspektive der Lehrenden als das zentrale Desiderat der fachdidaktischen Entwicklungen heraus, während das rein individualisierte „nebeneinander Arbeiten", beispielsweise im Rahmen von arbeitsblattorientierter Wochenplan- oder Stationenarbeit, relativ gut zu bewältigen scheint.

Entscheidend für die Frage nach der Entwicklung eines inklusiven Mathematikunterrichts ist dann allerdings nicht diese einhellig beschriebene Herausforderung auf der Ebene des Lernprozesses und der Lernsituationen, sondern die unterschiedlichen Schlussfolgerungen der Lehrenden, die auf Ebene der Schul- und Unterrichtsorganisation gezogen werden. Hier unterschieden sich die Kooperations- und Integrationslehrerinnen und -lehrer klar voneinander. Letztere halten die Umsetzung von Mathematik im inklusiven Unterricht für vergleichbar mit anderen Lernbereichen.

Die Kooperationslehrerinnen und -lehrer hingegen sehen eine *spezifische* Problematik im Fach Mathematik und führen daher den Mathematikunterricht weitgehend in getrennten Klassen durch. Begründet wird dies mit der genannten Schwierigkeit, Situationen des mit- und voneinander Lernens herzustellen. Trotzdem die Integrationslehrerinnen und -lehrer auf dieser Ebene der Lernprozesse ähnliche Herausforderungen schildern, spielen diese für sie „vor dem Hintergrund der gesetzten sozialen Gemeinsamkeit der Lerngruppe […] keine Rolle für die Bewertung von Möglichkeiten und Grenzen eines inklusiven Mathematikunterrichts. Vielmehr betonen sie: ‚Der Witz ist ja, dass der gemeinsame Unterricht ganz viel nebeneinander ist.'" (Korff 2015, S. 188ff). Eine solche Haltung findet sich bei den Kooperationslehrerinnen und -lehrern wiederum ebenfalls bezogen auf die jeweilige Regel- bzw. Förderschulklasse, nicht aber auf Situationen, in denen beide (Klassen-) Gruppen zusammenkommen (Korff 2014).

So wird in der Untersuchung deutlich, dass durch eine formale (Klassen-)Struktur – und weniger durch vorhandene bzw. nicht vorhandene Möglichkeiten, gemeinsame Lernsituationen zu gestalten – im Denken der Lehrenden offenbar die Wahrnehmung der Lernenden als eine gemeinsame bzw. zwei getrennte Gruppe(n) geprägt wird. Die strukturell verankerte Zusammengehörigkeit in einem Klassenverband scheint damit eine wichtige Grundlage inklusiver Unterrichtsentwicklung zu sein. Diese eröffnet einen Möglichkeitsraum zur Überwindung einer Zwei-Gruppen-Theorie und flexible Übergänge zwischen gemeinsamen und individuellen Lernsituationen in sozialer Eingebundenheit.

Gemeinsamkeit – in ihren unterschiedlichsten Facetten – stellt also den Dreh- und Angelpunkt zur Erklärung dessen dar, was für die Lehrenden in der Entwicklung eines inklusiven Mathematikunterrichts herausfordernd ist. Die differenzierte und flexibilisierte Betrachtung von Gemeinsamkeit auf der Ebene der Lernsituationen bietet den Ausgangspunkt, mit dem Lehrerinnen und Lehrer ihren inklusiven Unterricht beginnen können, wobei dessen qualitative Entwicklung – aus fachlicher Perspektive – dann wiederum zentral vom mit- und voneinander Lernen abhängt, welches für alle Befragten eine Herausforderung darstellt.

Wie nun von diesen Ergebnissen ausgehend eine inklusive Unterrichts- und Professionsentwicklung für den Mathematikunterricht aussehen kann, wird im Folgenden in zwei Schritten dargelegt. Zunächst werden die (strukturellen) Voraussetzungen zur Entwicklung inklusiven Mathematikunterrichts geschildert und sodann mögliche Ausgangspunkte einer (qualitativen) Weiterentwicklung in Bezug auf die Anteile des mit- und voneinander Lernens erörtert.

3. Drei Implikationen für Unterrichts- und Professionsentwicklung

3.1. Voraussetzung: inklusive Schul- und Unterrichtsstrukturen

Werden – etwa mit dem Index für Inklusion (Booth & Ainscow 2002) – die Ebenen inklusiver Schulentwicklung betrachtet, geht es bei der Unterrichtsgestaltung um die Ebene der Praktiken. Dass diese jedoch von den vorhandenen (Schul-)Strukturen und Kulturen beeinflusst werden, zeigte sich in der Untersuchung am Einfluss der spezifischen strukturellen Rahmung, die durch formal gemeinsame bzw. zwei formal getrennte Klassengruppen in Integrations- bzw. Kooperationsklassen gekennzeichnet ist. Es lässt sich hier schließen, dass erst die Aufhebung von Lerngruppengrenzen auf Ebene dieser grundlegenden Strukturen die Überwindung eines „Zwei-Gruppen-Denkens" ermöglicht. Der daran anschließende flexible Wechsel zwischen gemeinsamen und individuellen Lernphasen wird wiederum auf der Ebene der Praktiken wirksam. Selbst in zunächst vielleicht nur räumlich gemeinsamen Integrationsklassen, in denen, wie von den Befragten geschildert, das Nebeneinander dominiert, kann nämlich Gemeinsamkeit im Lernprozess mit Teampartnern und Kindern situationsbezogen entdeckt bzw. entwickelt werden. Die Begrenzung auf „geplante Zusammenkünfte" zweier als getrennt wahrgenommener Gruppen auf einzelne Kooperationsstunden verhindern hingegen eine Erweiterung der Praktiken, insbesondere da keine Erfahrungen mit unvorhergesehenen Situationen des mit- und voneinander Lernens möglich sind.

Ein markantes Beispiel für dieses Phänomen ist eine Schilderung zweier Interviewpartner, beides parallele Klassenleitungen der kooperierenden Regel- bzw. Förderschulklasse: Beide schildern unabhängig voneinander, mit ihrer jeweiligen Lerngruppe den Themenbereich „Datum und Uhrzeit" behandeln zu wollen und betonen, dies ohne die jeweilige Partnerklasse durchführen „zu müssen", da sie davon ausgingen, dieses Thema habe für die jeweils andere Gruppe keine Relevanz.

Ob beide Lehrende noch vor Beginn ihrer jeweiligen – getrennten – Unterrichtseinheiten im Gespräch miteinander bemerkten, dass sie dasselbe Thema getrennt voneinander planten, muss offenbleiben. Es ist jedenfalls offensichtlich, dass diese neue Erkenntnis in einer Integrationsklasse unausweichlich gewesen wäre. Insgesamt wird deutlich, dass weniger die tatsächlich vorhandenen bzw. nicht vorhandenen gemeinsamen Inhalte, sondern vielmehr die vorwegnehmenden Annahmen von Lehrerinnen und Lehrern beeinflussen, ob und wie die beiden „getrennten Gruppen" zum „gemeinsamen Unterricht" zusammenkommen „dürfen". Zudem kann – und hier liegt wiederum die entscheidende Barriere im strukturellen Rahmen der Kooperationsklassen – die Perspektive auf mögliche Überschneidungen und Begegnungspunkte der Lernenden kaum erweitert werden, da die Tür zur Gemeinsamkeit zwischen den Gruppen konkret räumlich und in übertragener Bedeutung professionsbezogen geschlossen wird, sobald die Lehrenden keine Möglichkeit einer (durchgängigen) gemeinsamen Lernsituation sehen (Korff 2015, S. 255).

Grundlegende Bedingung für einen inklusiven Mathematikunterricht sind demnach wirklich inklusive Schul- und Unterrichtsstrukturen, in denen sich eine Zugehörigkeit zur Lerngruppe nicht dadurch bestimmt, wer im Unterricht welche Bedürfnisse für seine bzw. ihre individuelle Lernentwicklung hat und inwiefern inhaltliche Gemeinsamkeit im Lernprozess möglich ist. Vielfalt und mögliche Gemeinsamkeit können differenziert(er) wahrgenommen werden, wenn diese Einschätzungen von strukturellen Entscheidungen entkoppelt sind, was wiederum den Raum für die Entwicklung vielfältiger gemeinsamer Lernsituationen eröffnet.

Im Hinblick auf eine Professionsentwicklung zum inklusiven (Mathematik-)Unterricht wird deutlich, dass eine Reflexion über die Gruppenwahrnehmung und das Verständnis von Gemeinsamkeit in bzw. zwischen den jeweiligen Gruppen unabdingbar ist. Hier wird die oben eingeführte analytische Trennung unterschiedlicher Ebenen von Gemeinsamkeit auch für die Anregung einer inklusiven Unterrichtsentwicklung in der Praxis relevant. Denn werden Lehrenden diese verschiedenen Gemeinsamkeitsebenen bewusst gemacht, bieten sie ihnen wertvolle Möglichkeiten zur Analyse und zur Unterrichtsentwicklung. Den Kooperationslehrerinnen und -lehrern wäre z. B. auch und gerade unter Bezug auf die Praxis in ihrer jeweils getrennt unterrichteten Gruppe zunächst die Bedeutung von Gemeinsamkeit auf Ebene der Schulstruktur (soziale Eingebundenheit in eine Klassengemeinschaft) zu vermitteln. Bei der Unterrichtsentwicklung der Integrationslehrerinnen und -lehrer wären gemeinsame Lernsituationen in den Mittelpunkt zu stellen, indem sie deren Anteil innerhalb der (grundsätzlich bestehenden) Gemeinsamkeit auf sozialer Ebene kritisch betrachten. Nicht zuletzt – so zeigten die vertieften Analysen im Rahmen der Studie – wäre es für alle Lehrerinnen und Lehrer relevant, gemeinsame Lernsituationen – egal in welcher Lerngruppe – auf ihren Anteil und ihre Funktionen des mit- und voneinander Lernens auf der Ebene des Lernprozesses zu überprüfen. So könnten die jeweiligen Anteile realistisch eingeschätzt und ggf. Entwicklungsbedarfe identifiziert werden.

Wie kann nun die konkrete Unterrichtsentwicklung hin zu gutem inklusiven Mathematikunterricht aussehen, der neben der

Möglichkeit von Differenzierung in individuellen Lernsituationen auch das Potential des Austausches der differenziert Lernenden untereinander nutzt?

3.2. (Weiter-)Entwicklung: Von vorhandener Erfahrung zum inhaltsbezogenen Austausch

Die „bedingungslose Zugehörigkeit" zur Lerngruppe auf der sozialen bzw. schulstrukturellen Ebene bietet einen Entwicklungsraum für gemeinsame Lernsituationen und das mit- und voneinander Lernen. Sind derartige Strukturen hergestellt, ist eine tatsächliche Überwindung des Zwei-Gruppen-Denkens durch entsprechende Reflexionsprozesse zu etablieren.[3] Ferner sind dann (fach-)didaktische Fragen zu bearbeiten, um einen qualitativ hochwertigen inklusiven Mathematikunterricht auf der Ebene der Praktiken zu ermöglichen. Für diese eigentliche Unterrichtsentwicklung und damit verbundene Professionalisierungsprozesse gilt es, konsequent an das anzuknüpfen, was die Lehrenden an bisherigem Wissen und Erfahrungen mitbringen, und dieses nach und nach zu erweitern. Ein Startpunkt ist in diesem Sinne die Erfahrung und das Wissen der Lehrerinnen und Lehrer aus anderen Fächern, Lerngruppen und aus Sternstunden ihres bisherigen Mathematikunterrichts, die sie auf (weitere) mathematische Lernsituationen übertragen können. Beispielsweise könnten Lehrende dazu angeregt werden, gelingende „gemeinsame" Einführungssituationen auf mögliche Ausweitungen und

Anknüpfungspunkte zu überprüfen oder Organisationsformen gemeinsamer Lernsituationen aus anderen Fächern auf mathematische Inhaltsbereiche zu übertragen. Nicht zuletzt ist hier darauf zu verweisen, dass die befragten Kooperationslehrerinnen und -lehrer für ihre jeweiligen Kleinklassen bereits vielfältige Varianten von „Gemeinsamkeit im Mathematikunterricht" entwickelt haben, die nicht unbedingt auf einen inhaltlichen Austausch angewiesen sind. Sie haben diese Formen aber bisher nicht auf den „gemeinsamen Unterricht mit der Partnerklasse" übertragen.

Als Ausgangspunkt inklusiver Unterrichtsentwicklung scheint es gewinnbringend, wenn Lehrende „im großen Ganzen die Gemeinsamkeit der Klasse sehen und im kleinen, sicheren Terrain mit der inhaltlichen Gemeinsamkeit beginnen" (Korff 2015, S. 260). Das bedeutet, dass die Anregung eines inhaltsbezogenen Austausches keineswegs direkt zum Grundmuster des „typischen Unterrichts" erhoben werden muss. Sie kann vielmehr in kleinen Momenten beginnen. Inklusive Unterrichtsentwicklung bedeutet dann aber auch, dass Lehrerinnen und Lehrer sich „aktiv auf die Suche nach Anregungen zur Erweiterung der Anteile des mit- und voneinander Lernens begeben und so ihr sicheres Terrain nach und nach ausweiten" (Korff 2015, S. 261). Für die Gestaltung von Situationen, in denen die Heterogenität der Lerngruppe produktiv für das Lernen der bzw. des Einzelnen genutzt wird, bieten sich zunächst wiederum Themen an, in denen die Lehrenden über fachliche und didaktische Sicherheit verfügen. Dies begründet sich u. a. darin, dass geöffnete Unterrichtssituationen und solche, die auf eigenaktives Erarbeiten der „Muster und Strukturen" der Mathematik

---

[3] In der Untersuchung zeigte sich hier bei den Integrationslehrerinnen und -lehrern durchaus ein Zwei-Teilgruppen-Denken, das zu problematisieren wäre, aber an dieser Stelle nicht näher ausgeführt werden soll.

ausgelegt sind und die sich für eine natürliche Differenzierung (Krauthausen & Scherer 2014) eignen, hohe Anforderungen an die fachliche Rahmung durch die Lehrerin/den Lehrer stellen. Schon in der Vorbereitung, insbesondere aber in der konkreten Begleitung der Schülerinnen und Schüler sind dies Situationen, in denen nur begrenzt auf vorgefertigte Materialien zurückgegriffen werden kann. Auch vorhandene Anregungen aus der (fachdidaktischen) Literatur müssen stets entlang der konkreten, vielfältigen Lernwege und Zugangsweisen der Kinder angepasst und ausgestaltet werden. Diese Anforderung an die eigene Unterrichtsentwicklung formuliert eine der befragten, erfahrenen Integrationslehrerinnen so: Man könne ja kein Buch aufschlagen „und da steht das dann drin" (Korff 2015, S. 256). In der Untersuchung zeigte sich, dass dies vor allem im (multiprofessionellen) Team und durch Aufmerksamkeit für von den Schülerinnen und Schülern selbst entwickelte Begegnungspunkte erfolgversprechend ist. Anregungen der Kinder können aufgegriffen und ausgebaut werden und der Austausch mit Kolleginnen und Kollegen bietet nicht nur Anstöße aus deren Erfahrungsschatz, sondern vielfach auch Erkenntnisse über die Potentiale (und ggf. Barrieren) der eigenen Praxis. Wie oben dargestellt, wird dies wiederum durch Strukturen gefördert, die eine graduelle und/oder ungeplante Erweiterung der eigenen Wahrnehmungen und Handlungsspielräume in Bezug auf das mit- und voneinander Lernen ermöglichen.

Auf der inhaltlichen Ebene zeigen sich inhaltsbezogene Auseinandersetzungen in einer heterogenen Lerngruppe insgesamt als Chance und als Herausforderung für die Unterrichtsentwicklung. Zugleich verweisen diese auf grundlegende – letztlich von der Heterogenität der Lerngruppe unabhängige – fachdidaktische Fragen zur Bedeutung von Material- und Handlungsorientierungen im Mathematikunterricht. Die Lehrenden selbst nahmen zur Herausforderung gemeinsamer Lernsituationen eine recht eindeutige Position ein. Das folgende Zitat einer Grundschullehrerin in der Integration kann als repräsentativ für nahezu alle Befragten betrachtet werden – unabhängig von ihrer Profession oder Schul- bzw. Unterrichtsform.

> *„Also so, bei so Einführungssachen können die sowieso am Anfang oft dann noch mit dabei sein. Oder generell auch Größen. Also Gewichte haben wir auch mit den I-Kindern zusammen gemacht, das geht gut, Längen geht gut, Messen geht gut. Geld geht gut, aber dann eben nicht mit Komma und Cent [...]. Geometrie geht übrigens auch gut, ja. [...] Bei diesen Zahlen und Operationen, allerdings – das ist zu abstrakt. Das ist das Blöde bei der Mathematik."*
>
> *(Interview 4 in Korff 2015, S. 206)*

Die Lehrenden verorten also in der Arithmetik eindeutig eine spezifische Herausforderung für Situationen des (inhaltsbezogenen) mit- und voneinander Lernens. Die Analysen machten allerdings deutlich, dass weniger die arithmetischen Inhalte selbst, als vielmehr deren Bearbeitungsformen, die sich auf eine Symbol- und Arbeitsblattorientierung beschränken, die Barriere darstellen. Das scheinbare „Arithmetikproblem" zeigte sich damit als eines der „doofe[n] symbolischen Ebene", wie es ein Kooperationslehrer im Interview formulierte (vgl. ebd.).

Zusammenfassend kann als Ergebnis der Untersuchung zur konkreten (fachdidaktischen) Unterrichtsentwicklung festgehalten werden, dass das Potential des mit- und voneinander Lernens dann genutzt wird, wenn es den Lehrenden gelingt, Verknüpfungen zwischen symbolischen Bearbeitungen und solchen anhand anderer Repräsentationsebenen (enaktiv, ikonisch) herzustellen. Unterstützung benötigen sie diesbezüglich insbesondere im arithmetischen Inhaltsbereich, in dem bislang vielfach lediglich eine Bearbeitung auf der formal-abstrakten symbolischen Ebene stattfindet. Dabei werden eben nicht die mit dieser „Sprache der Mathematik" ausgedrückten mathematischen Ideen in den Blick genommen, welche sich wiederum häufig gerade sehr gut auch materialbasiert veranschaulichen lassen. So besteht die Gefahr des schematischen und nicht verständnisorientierten Abarbeitens und zugleich ergeben sich Barrieren für den Austausch untereinander, welcher die Komplexität der Sache erst zu Tage fördern könnte. Eine fachlich fundierte Material- und Handlungsorientierung zur Überwindung einer reinen Symbol- und Arbeitsblattorientierung wäre entsprechend dieser Analysen in den Fokus notwendiger fachdidaktischer Entwicklungen und Professionalisierungsprozesse zu rücken.

Genau hier zeigt sich, dass die Herausforderung, die eine heterogene Lerngruppe mit sich bringt, als Chance für die Unterrichtsentwicklung im Lernbereich Mathematik insgesamt genutzt werden kann. Mit einer Auseinandersetzung darüber, wie im Inhaltsbereich Arithmetik ein über die symbolische Ebene hinausgehendes Lernen möglich ist (ohne diese zu vernachlässigen), ist nicht nur die Option für den Einbezug aller Schülerinnen und Schüler und entsprechender Austauschprozesse verknüpft, sondern auch die Herausarbeitung zentraler Aspekte, des „Sinns", der hinter den symbolischen Bearbeitungen steckt. Eine der befragten Grundschullehrerinnen merkt entsprechend an, dass sich die Qualität ihres Unterrichts verbessere, wenn sie ihn als gemeinsamen Unterricht mit der Kooperationsklasse (des Förderzentrums) plane, da sie in diesem Fall gezwungen sei, „genau zu gucken […]. Was ist das Basiswissen? […] Was braucht man, um das zu verstehen?" (Korff 2015, S. 215). Ist eine inhaltsbezogene Auseinandersetzung zwischen unterschiedlichen Lernerinnen und Lernern das Ziel, ist ein schlichtes, ggf. unverständiges „Nachschlagen im Buch" nicht möglich. Hingegen ist es notwendig, dass sich Lehrende wie oben formuliert (ggf. mit den Kindern gemeinsam) auf die Suche begeben und sich so die Inhalte in ihrer Komplexität und auf ihren unterschiedlichen Repräsentationsebenen erschließen.

4. Fazit: Bedarf und Chancen in der Entwicklung inklusiven Mathematikunterrichts

Abschließend sollen die empirischen Ergebnisse noch einmal zu den grundlegenden theoretischen Auseinandersetzungen einer inklusiven (Fach-)Didaktik in Bezug gesetzt werden. In den obigen Ausführungen wurde die Bedeutung des mit- und voneinander Lernens für die Qualität inklusiven Mathematikunterrichts verschiedentlich betont. Allerdings ist die Frage nach einer „gemeinsamen Sache", anhand derer ein mit- und voneinander Lernen stattfinden könnte, in der Inklusionsforschung durchaus kontrovers diskutiert worden. In der ursprünglichen Diskussion, die sich rund um Feusers (1995) Konzeption des „gemeinsamen Gegenstandes" entspann, ging es vorrangig um die Bedeutung gemeinsamer Lerninhalte für die soziale Gemeinsamkeit bzw. Zusammengehörigkeit der Lerngruppe (Wocken 1998; Klein, Kreie, Kron & Reiser 1987). Löst man sich von diesem Fokus und schaut über den Tellerrand der spezifischen Frage nach Integration oder Inklusion und in übergreifende lehr- bzw. lerntheoretische Veröffentlichungen sowie fachdidaktische Konzeptionen, zeigt sich, dass die Kommunikation über die Sache ihre Bedeutung noch auf einer ganz anderen Ebene gewinnt – nämlich als zentraler Aspekt gelingender Lernprozesse der bzw. des Einzelnen. So werden im Mathematikunterricht „verschiedene Lösungen der gleichen Aufgabe [...] als Repräsentanten von Schematisierungen auf unterschiedlichem Niveau nicht nur akzeptiert, sie werden vielmehr bewußt als Ausgangspunkt für Unterrichtsgespräche genutzt" (Schipper 1996, S. 15). Zugrunde liegt hier nicht vorrangig das Ziel, alle Lernenden „sozial einzubinden", sondern über den inhaltlichen Austausch das Verständnis zu vertiefen. Ein Beispiel für die Umsetzung dieses Anspruchs ist das Konzept der natürlichen Differenzierung, bei der ausgehend von einer gemeinsamen Aufgabe nicht nur je individuell durch die Kinder selbst differenzierte Bearbeitungen möglich sind, sondern es auch „[...] von der Natur der Sache her sinnvoll ist, unterschiedliche Zugangsweisen, Bearbeitungen und Lösungen in einen interaktiven Austausch einzubringen, in dessen Verlauf Einsicht und Bedeutung hergestellt, umgearbeitet oder vertieft wird" (Krauthausen & Scherer 2010, S. 2).

Dabei ist nun die Frage zentral, über *welche Sache* ein entsprechender Austausch möglich – und nötig – ist. In der Mathematikdidaktik wird hier u. a. mit Bezug auf Bruner (1960) auf die fundamentalen Ideen verwiesen, an denen sich der Unterricht orientieren soll, da diese es ermöglichen, die Mathematik als Wissenschaft der Muster und in ihren zentralen Zusammenhängen zu begreifen. Es geht um die eigenständige Erarbeitung von „Grundideen [...], die für ein Verständnis der Fachstruktur unerlässlich sind" (Wittmann o. J., S. 2) und die im Sinne eines Spiralcurriculums immer wieder neu auf unterschiedlichen Ebenen durchdrungen werden können. Daraus ergibt es sich ganz automatisch, dass zur so verstandenen „Sache" unterschiedliche Zugänge und Verständnisweisen möglich sind. Entsprechend steht sie als „gemeinsamer Gegenstand" (Feuser 1995) bzw. „Kern der Sache" (Seitz 2006) auch im Mittelpunkt der beiden einzigen inklusionsdidaktischen Konzeptionen (vgl. zusammenfassend Korff 2012).[4]

In einer heterogenen Lerngruppe kann im Idealfall die so verstandene Sache aufgrund der bestehenden vielfältigen Zugänge sehr komplex entfaltet werden und zugleich gewinnen im Austausch über Überschneidungen der unterschiedlichen Perspektiven die wesentlichen, die fundamentalen Aspekte an Bedeutung. Eine Umsetzung dieser Herangehensweise,

---

[4] Während die nahezu identische Wortwahl des Mathematikdidaktikers Freudenthal mit der entwicklungslogischen Didaktik Feusers zum gemeinsamen Gegenstand als ein Ergebnis inhaltlicher Überschneidung – ohne direkten Bezug aufeinander – verortet werden muss, ist die unübersehbare Verbindung zu Klafkis Konzeption des Fundamentalen und Exemplarischen keineswegs zufällig. Dessen didaktische Theorien sind vielmehr ein zentraler Bezugspunkt inklusionsdidaktischer Entwicklungen.

in der „die Vielfalt der Zugangsweisen [...] den Blick für den didaktischen Reichtum der Sache eröffnet" (Seitz & Scheidt 2012, o. S.), ist allerdings, so wurde in der vorgestellten Untersuchung deutlich, für die Lehrerinnen und Lehrer deutlich schwieriger als eine Differenzierung in Form individualisierter Lernsituationen – ohne Bezug der Schülerinnen und Schüler aufeinander oder auf eine „gemeinsame Sache". In diesem Zusammenhang wird weiterhin deutlich, dass reine Methoden- oder Materialsammlungen, wie sie gerade in letzter Zeit als Werkzeuge für Inklusion veröffentlich werden, nur bedingt förderlich sind, um Lernen als individuellen Prozess in einer Gesamtgruppe zu „orchestrieren" (Booth & Ainscow 2002). Hier besteht unter dem Schlagwort der Individualisierung die Gefahr einer Materialschlacht und des Abarbeitens vieler Arbeitsblätter, die im besten Fall niveaudifferenziert sind, im schlechteren Fall nur in unterschiedlichem Tempo bearbeitet werden. Um den komplexen Ansprüchen (inklusiven) Unterrichts gerecht zu werden, ist ein Verständnis der – hinter den Materialien liegenden – grundlegenden Zusammenhänge durch die Lehrenden notwendig. Damit verbunden ist auch die bereits in Untersuchungen zum jahrgangsgemischten Unterricht herausgearbeitete Herausforderung zur Entwicklung qualitativ differenzierter Angebote, die über eine lediglich quantitative Differenzierung (Anzahl oder Reihenfolge der Aufgaben und ihre Bearbeitungszeit) hinausgeht (vgl. z. B. Hahn 2010, S. 211).

Eine zentrale Rolle zur Erarbeitung einer „gemeinsamen Sache" in ihrer Komplexität und ihren fundamentalen Zusammenhängen spielt – so zeigt es die Auseinandersetzung

mit dem Problem der Arithmetik und der „doofen symbolischen Ebene" – die Möglichkeit bzw. Schwierigkeit, das Veranschaulichen sowie die Handlungs- und Materialorientierung in einer Weise zu nutzen, die eben auf das Wesentliche der Sache abzielt und nicht lediglich eine motivierende Verpackung darstellt. Vergleichbare Ergebnisse zu Chance wie Problematik von Veranschaulichungen finden sich im Übrigen auch in anderen Untersuchungen zur inklusiven Fachdidaktik anderer Lernbereiche (Musenberg & Riegert 2013). Die zu benennende Gefahr besteht in der Mathematik in der Rückkehr der „bunten Hunde" (Wittmann & Müller 1990, S. 152ff.), d. h. vermeintlich motivierender oder anschaulicher Aufbereitungen, die keinen inhaltlichen Bezug zu den zentralen zu verstehenden mathematischen Problemen aufweisen. Diese bieten über oberflächliche, inhaltlich wenig gewinnbringende Kontakte hinaus kaum Möglichkeiten des mit- und voneinander Lernens. Zudem ergibt sich auf die Lernprozesse der Einzelnen bezogen einerseits die Problematik eines „Lernen[s] mit allen Sinnen, aber ohne Sinn" (Brügelmann 2005, S. 78) ebenso wie andererseits jene von Bearbeitungen auf der symbolischen Ebene, die keinen Bezug zu den zentralen Ideen (mehr) aufweisen, sondern lediglich formal abgearbeitet werden.

Die Ergebnisse zum Potential, aber auch den Herausforderungen des mit- und voneinander Lernens, verweisen also auf grundsätzliche Professionalisierungsanforderungen für guten Mathematikunterricht. Die aus der Befragung der Lehrerinnen und Lehrer herausgearbeitete Notwendigkeit der Überwindung einer Zwei-Gruppen-Theorie verweist wiederum auf grundlegende (strukturelle) Fragen einer inklusiven Pädagogik. Beide Aspekte müssen dabei nicht nur für die Aus- und Fortbildung von Lehrerinnen und Lehrern aufgearbeitet werden, sondern hier sind durchaus auch theoretisch-konzeptionelle Desiderate der inklusiven Didaktik und Mathematikdidaktik zu verzeichnen. Zur Bearbeitung dieser Entwicklungsbedarfe wäre wiederum die Verbindung der beiden Diskurse überaus gewinnbringend.

Literatur

Bohnsack, R. & Pfaff, N. (2010). *Die dokumentarische Methode. Interpretation von Gruppendiskussionen und Interviews. Enzyklopädie Erziehungswissenschaft Online.* Verfügbar unter: http://www.beltz.de/fachmedien/erziehungs_und_sozialwissenschaften/enzyklopaedie_erziehungswissenschaft_online [Zugriff: 27.02.2015].

Booth, T. & Ainscow, M. (2002). *Index for inclusion. Developing learning and participation in schools. Reprinted.* London: Centre for Studies on Inclusive Education.

Brügelmann, H. (2005). *Schule verstehen und gestalten. Perspektiven der Forschung auf Probleme von Erziehung und Unterricht.* Lengwil, CH: Libelle.

Bruner, J. (1960). *The process of education.* Cambridge, MA: Harvard University Press.

Feuser, G. (1995). *Behinderte Kinder und Jugendliche. Zwischen Integration und Aussonderung.* Darmstadt: Wissenschaftliche Buchgesellschaft.

Flick, U. (2011). *Qualitative Sozialforschung. Eine Einführung.* Reinbek: Rowohlt.

Hahn, H. (2010). Didaktische Elemente im jahrgangsgemischten Mathematikunterricht der Schuleingangsphase. In H. Hahn & B. Berthold (Hrsg.), *Altersmischung als Lernressource. Impulse aus Fachdidaktik und Grundschulpädagogik* (S. 209–222). Baltmannsweiler: Schneider Verlag Hohengehren.

Hinz, A. (2002). Von der Integration zur Inklusion – terminologisches Spiel oder konzeptionelle Weiterentwicklung? *Zeitschrift für Heilpädagogik, 53* (9), 354–361.

Klein, G., Kreie, G., Kron, M. & Reiser, H. (1987): *Integrative Prozesse in Kindergartengruppen. Über die gemeinsame Erziehung von behinderten u. nichtbehinderten Kindern.* Weinheim: Juventa.

Koch-Priewe, B. (2002). Der routinierte Umgang mit Neuem. Wie die Professionalisierung von Junglehrern und Junglehrerinnen gelingen kann. *Jahrbuch für Lehrerforschung und Bildungsarbeit, 3,* 1–18.

Korff, N. (2011). „In allen anderen Fächern ist das einfach einfacher"? – Belief-Systeme von Primarstufenlehrer/innen zu einem inklusiven Mathematikunterricht. In B. Lütje-Klose, M.-T. Langer, B. Serke & M. Urban (Hrsg.), *Inklusion in Bildungsinstitutionen. Eine Herausforderung an die Heil- und Sonderpädagogik* (S. 150–156). Bad Heilbrunn: Klinkhardt.

Korff, N. (2012). Inklusiver Unterricht – Didaktische Modelle und Forschung. In R. Benkmann, S. Chilla & E. Stapf (Hrsg.), *Inklusive Schule. Einblicke und Ausblicke* (S. 138–157). Kassel: Prolog.

Korff, N. (2014). Inklusiver Mathematikunterricht: Herausforderung und Chance für Professionalisierungsprozesse. In M. Lichtblau, D. Blömer, A.-K. Jüttner, K. Koch, M. Krüger & R. Werning (Hrsg.), *Forschung zu inklusiver Bildung. Gemeinsam anders lehren und lernen* (S. 157–169). Bad Heilbrunn: Klinkhardt.

Korff, N. (2015). *Inklusiver Mathematikunterricht in der Primarstufe: Erfahrungen, Perspektiven und Herausforderungen*. Baltmannsweiler: Schneider Verlag Hohengehren.

Korff, N. (in Druck). „In Orientierung an …" Reflexionen zur Kombination und Modifikation zweier Auswertungsmethoden. In N. Dunker, N.-K. Finnern & I. Koppel (Hrsg.), *Wege durch den Forschungsdschungel – Ausgewählte Fallbeispiele aus der Forschungspraxis*. Berlin: Springer.

Krauthausen, G. & Scherer, P. (2010). *Umgang mit Heterogenität. Natürliche Differenzierung im Mathematikunterricht in der Grundschule*. Handreichung des Programms SINUS an Grundschulen. Kiel: Leibniz Institut für die Pädagogik der Naturwissenschaften. Verfügbar unter: http://www.sinus-an-grundschulen.de/fileadmin/uploads/Material_aus_SGS/Handreichung_Krauthausen-Scherer.pdf [Zugriff: 20.01.2015].

Krauthausen, G. & Scherer, P. (2014). *Natürliche Differenzierung im Mathematikunterricht – Konzepte und Praxisbeispiele aus der Grundschule*. Seelze: Kallmeyer.

Kucharz, D. & Baireuther, P. (2010). Didaktische Perspektiven für einen jahrgangsgemischten Mathematikunterricht. In H. Hahn & B. Berthold (Hrsg.), *Altersmischung als Lernressource. Impulse aus Fachdidaktik und Grundschulpädagogik*, 194–208. Baltmannsweiler: Schneider Verlag Hohengehren.

Kucharz, D. & Wagener, M. (2007). *Jahrgangsübergreifendes Lernen. Eine empirische Studie zu Lernen, Leistung und Interaktion von Kindern in der Schuleingangsphase*. Baltmannsweiler: Schneider Verlag Hohengehren.

Mayring, P. (2007). *Qualitative Inhaltsanalyse. Grundlagen und Techniken* (9. Auflage). Weinheim: Beltz.

Musenberg, O. & Riegert, J. (2013). „Pharao geht immer!" – Die Vermittlung zwischen Sache und Subjekt als didaktische Herausforderung im inklusiven Geschichtsunterricht der Sekundarstufe. Eine explorative Interview-Studie. *Zeitschrift für Inklusion, 4*. Verfügbar unter: http://www.inklusion-online.net/index.php/inklusion-online/article/view/202/207 [Zugriff: 20.01.2015].

Pajares, F. M. (1992). Teachers' beliefs and educational research: Cleaning up a messy construct. *Review of Educational Research, 62*(3), 307–332.

Prengel, A. (2003): Kinder akzeptieren, diagnostizieren, etikettieren? Kulturen- und Leistungsvielfalt im Bildungswesen. In B. Warzecha (Hrsg.), *Heterogenität macht Schule. Beiträge aus sonderpädagogischer und interkultureller Perspektive*, 27–40. Münster: Waxmann.

Prengel, A. (2007). Diversity Education – Grundlagen und Probleme der Pädagogik der Vielfalt. In G. Krell, B. Riedmüller, B. Sieben & D. Vinz (Hrsg.), *Diversity studies. Grundlagen und disziplinäre Ansätze*, 49–67. Frankfurt/Main: Campus.

Reusser, K., Pauli, C. & Elmer, A. (2011). Berufsbezogene Überzeugungen von Lehrerinnen und Lehrern. In E. Terhart, H. Bennewitz & M. Rothland (Hrsg.), *Handbuch der Forschung zum Lehrerberuf*, 478–495. Münster: Waxmann.

Schipper, W. (1996). Kompetenz und Heterogenität im arithmetischen Anfangsunterricht. *Die Grundschulzeitschrift, 10* (96), 11–15.

Seitz, S. (2006). Inklusive Didaktik: Die Frage nach dem „Kern der Sache". *Zeitschrift für Inklusion, 1.* Verfügbar unter: http://www.inklusion-online.net/index.php/inklusion-online/article/view/184/184 [Zugriff: 27.02.2015].

Seitz, S. & Scheidt, K. (2012). Vom Reichtum inklusiven Unterrichts – Sechs Ressourcen zur Weiterentwicklung. *Zeitschrift für Inklusion, 1–2.* Verfügbar unter: http://www.inklusion-online.net/index.php/inklusion-online/article/view/62/62 [Zugriff: 27.02.2015].

Törner, G. & Pehkonen, E. (1996). On the structure of mathematical belief systems. *Zentralblatt für Didaktik der Mathematik, 28*(4), 109–112.

Wittmann, E. (o. J.). *Die Grundkonzeption von „Mathe 2000" für den Mathematikunterricht der Grundschule.* Verfügbar unter: http://www.faechernet.erz.be.ch/faechernet_erz/de/index/mathematik/mathematik/lehr-_und_lernmaterialien/mathbuch.assetref/dam/documents/ERZ/faechernet/de/grundkonzeption_mathe_2000.pdf [Zugriff: 27.02.2015].

Wittmann, E. Ch. & Müller, G. N. (1990). *Handbuch produktiver Rechenübungen. Band 1: Vom Einspluseins zum Einmaleins.* Stuttgart: Klett.

Wocken, H. (1998). Gemeinsame Lernsituationen. Eine Skizze zur Theorie des gemeinsamen Unterrichts. In A. Hildeschmidt & I. Schnell (Hrsg.), *Integrationspädagogik. Auf dem Weg zu einer Schule für alle*, 37–52. Weinheim: Juventa.

Wocken, H. (2011). *Das Haus der inklusiven Schule. Baustellen – Baupläne – Bausteine.* Hamburg: Feldhaus.

13. Elternarbeit im inklusiven Mathematikunterricht

Julia Streit-Lehmann

Inklusiver Mathematikunterricht ist vor allem durch das Ziel gekennzeichnet, Lernumgebungen zu schaffen, in denen Kinder mit unterschiedlichen körperlichen, sozial-emotionalen und kognitiven Voraussetzungen gemeinsam am gleichen Gegenstand lernen können, wobei individuell durchaus unterschiedliche Lernziele verfolgt werden. Zugleich verlangen unterschiedliche Lernvoraussetzungen auch eine gezielte individuelle Unterstützung. Der inklusive Mathematikunterricht steht also stets in einem Spannungsfeld zwischen der Herstellung von Gemeinsamkeit und der Notwendigkeit der individuellen Unterstützung und ist somit eine hochkomplexe Aufgabe (vgl. den Beitrag von Lütje-Klose und Miller in diesem Band). Darüber hinaus sind die Anforderungen an Lehrerinnen und Lehrer, Eltern aktiv in die Bildungsarbeit mit einzubeziehen, in den letzten Jahren gestiegen (Brenner 2009, S. 177). Zum einen entwickeln Eltern zunehmend eine regelrechte Anspruchshaltung gegenüber der Schule als Institution im Allgemeinen und gegenüber den Lehrpersonen im Speziellen, da der Bildungserfolg ihrer Kinder überwiegend als der formale Zugang zu Wohlstand und einem erfolgreichen Leben wahrgenommen wird. Zum anderen werden viele (zumeist andere) Eltern ihren eigentlichen Aufgaben die Bildung ihrer Kinder betreffend nicht mehr gerecht. Beides ist mit besonderen Herausforderungen für Lehrerinnen und Lehrer verbunden (Brandau & Pretis 2009, S. 48).

So sehen sich Lehrkräfte in Elterngesprächen regelmäßig Eltern gegenüber, die ihre pädagogischen, didaktischen und fachlichen Entscheidungen offen kritisieren. Lehrerinnen und Lehrer stehen dementsprechend unter ständigem Rechtfertigungsdruck diesen Eltern gegenüber. Eltern, die im Sozialraum Schule einen hohen sozialen Status genießen, weil sie z. B. über ein hohes Einkommen und einen hohen Bildungsgrad verfügen und bei vielen Lehrkräften und anderen Eltern persönlich bekannt sind, machen von ihren Einflussmöglichkeiten häufig Gebrauch, indem sie sich in Elternpflegschaften, Beiräten und Fördervereinen engagieren. Dieses Engagement wird im Allgemeinen gesellschaftlich positiv bewertet und zum Teil sogar als dringend notwendig für die Gestaltung des Schulalltags erachtet. Die Kinder der auf diese Weise engagierten Eltern zeigen überdurchschnittlich häufig gute Schulleistungen (Nave-Herz 2007, S. 78), wobei hier weniger ein Kausalzusammenhang zwischen Engagement und Schulleistungen naheliegt, als vielmehr ein bildungsinteressiertes und -kompetentes Elternhaus als gemeinsame Ursache für elterliches Engagement und kindlichen Schulerfolg plausibel ist.

Eine nennenswerte Anzahl an Eltern ist allerdings überwiegend nicht oder gar nicht in der Lage, sich für die schulischen (oder andere) Belange ihrer Kinder einzusetzen. Dies zeigt sich in der Schule beispielsweise darin, dass benötigte Arbeitsmaterialien regelmäßig fehlen oder nicht neu beschafft werden oder dass die Kinder häufig ohne Frühstück, ohne Sportzeug oder in solcher Bekleidung in der Schule erscheinen, die der aktuellen Witterung nicht angepasst ist. Elterliche Rückmeldungen auf schriftliche Informationen durch die Schule (Elternzettel, Elternbriefe) erfolgen nur selten. Hausaufgaben werden dann in der Regel durch die Eltern nicht begleitet, etwa wegen sprachlicher Hürden, Zeitmangels oder allgemeiner sozialer Überforderung (Kamski 2008, S. 97). Die Ursachen für allgemein fehlendes Interesse am Kontakt zur Schule wiederum „können vielfältig sein und umfassen zumeist ein Zusammenspiel von persönlichen, interaktiven und systemisch-strukturellen Aspekten" (Brandau & Pretis 2009, S. 53). Besondere Schulaktionen, die die finanzielle oder organisatorische Kooperation der Eltern erforderlich machen, wie Ausflüge, Basteltage und Besuche kultureller Einrichtungen, können nur schwer umgesetzt werden, wenn überdurchschnittlich viele Eltern dieses Typus' in der Klasse vertreten sind.

„Elternarbeit" erscheint dann als notwendige Investition, um Eltern zur aktiven Beteiligung am kindlichen Bildungsgeschehen zu bewegen und zu befähigen, und damit als zusätzlicher Arbeitsauftrag für Lehrerinnen und Lehrer und alle weiteren Personen, die in Bildungseinrichtungen mitarbeiten.

Begriffsklärung

Der Begriff „Elternarbeit" ist je nach Perspektive mit unterschiedlichen Bedeutungen behaftet, historisch geprägt und entsprechend unterschiedlich konnotiert. Die Frage, ob in der Elternarbeit „mit den Eltern", „gegen die Eltern", „an den Eltern" oder „durch die Eltern" gearbeitet werden müsse, beantworten die neben den Kindern am Schulleben beteiligten Akteure, also im Wesentlichen die Eltern, Lehrerinnen und Lehrer, Schulleitungen und sozial- und sonderpädagogischen Fachkräfte, unterschiedlich.

Eltern verstehen unter diesem Begriff häufig diejenige Arbeit, die *sie selbst* im Kontext von Schule (und Kindergarten) zumeist ehrenamtlich leisten, sei es die Hilfe bei der schulischen Hausaufgabenbetreuung, das Kuchenbacken fürs nächste Schulfest oder das Pflanzen neuer Bäume auf dem Schulhof. Je nach sozioökonomischer Zusammensetzung des Einzugsgebietes der Schule finden sich für solche Anlässe mehr oder weniger leicht engagierte Eltern, die sich einbringen wollen und können.

Für viele Lehrerinnen und Lehrer hingegen ist mit dem Begriff „Elternarbeit" gerade diejenige Arbeit bezeichnet, die Lehrkräfte leisten müssen, um Eltern dazu zu bringen, Hausaufgabenbetreuung, Gartenarbeit oder die Begleitung eines Klassenausflugs zu übernehmen, kurz: „*Eltern – irgendwie – in das schulische Geschehen ‚einzubinden'* " (Sacher 2014, S. 25). Dies geschieht in der Regel bei Elternabenden und über Elternbriefe, manchmal auch bei offiziellen Lehrer-Eltern-Stammtischen oder informellen Lehrer-Eltern-Gesprächen zwischen Tür und Angel.

Darüber hinaus sehen Lehrerinnen und Lehrer, aber auch Erzieherinnen und Erzieher, Psychologen und Sozialpädagogen in der Elternarbeit häufig die Antwort auf defizitäre elterliche Erziehungsleistungen. Auch wenn damit niemals alle Eltern erreicht werden können, finden in diesem Kontext beispielsweise Elterntrainings oder Elternkurse statt, die die Erziehungskompetenzen der Eltern verbessern sollen, außerdem werden Begegnungsmöglichkeiten wie Elterncafés und Spielnachmittage geschaffen.[1] Das Angebot an Elternbildungsprogrammen ist groß (wenn auch nicht immer regional flächendeckend in die Bildungsarbeit implementiert) und variiert erheblich bzgl. des zeitlichen Umfangs, des pädagogischen Konzepts und ggf. der ideologischen Ausrichtung, der Zielgruppe, der Zielsetzung, der Trägerschaft, der Kostenpflicht, der (Über-)Regionalität und der Kontinuität. Manchmal richten sich solche Angebote ausdrücklich an bestimmte Gruppen innerhalb der Elternschaft, z. B. kinderreiche Familien, Alleinerziehende oder Eltern (speziell Mütter) mit Migrationshintergrund. Diese sozialpädagogische Auslegung des Begriffs „Elternarbeit" ist gängig.

Im Kontext *direkter elterlicher Beteiligung am Bildungsgeschehen der Kinder* hingegen wird „Elternarbeit" bislang selten verortet, wie die geringe Zahl an Forschungsarbeiten in diesem Bereich zeigt. Insbesondere fehlen Befunde zur Rolle und zum Einsatz von Eltern beim (inklusiven) Mathematiklernen. Deshalb werden im Folgenden Übungsformate aus einer vorrangig fachdidaktischen Perspektive vorgestellt, die für den Einbezug von Eltern besonders geeignet erscheinen. Gleichwohl finden sich immer wieder Hinweise, etwa zur Kommunikation und Organisation, die deutlich machen, dass Elternarbeit grundsätzlich eines ganzheitlichen Zugangs bedarf, wenn sie gelingen soll. Somit wird der Fokus

auf diejenige Arbeit gelegt, die Eltern *und* Lehrende leisten, um den Bildungserfolg des Kindes im Allgemeinen und den mathematischen Kompetenzerwerb des Kindes im Speziellen unmittelbar zu unterstützen, und zwar ausdrücklich in einem Beziehungsdreieck zwischen Kindern, Lehrkräften und Eltern. Eben diese bilateralen Bemühungen, also von Seiten der Lehrkräfte und der Eltern, seien in diesem Kapitel mit „Elternarbeit" bezeichnet und folgend in Praxisbeispielen konkretisiert.

Wesentliche Kennzeichen dieser Art von Elternarbeit sind

a) **beiderseitige Kommunikation**, das heißt, dass von Eltern und Lehrkräften gleichermaßen die Einigkeit über Ziele und Umsetzung zum Ausdruck gebracht worden sein muss, und

b) **Konkretheit der Maßnahmen**, welche sichtbaren Einbezug und Einsatz von Eltern bei bestimmten Gelegenheiten bedeutet.

In Abgrenzung dazu sei etwa die normale Hausaufgabenbegleitung zuhause genannt, denn hierbei fehlt für gewöhnlich die explizite Kommunikation zwischen Eltern und Lehrenden, oder auch Verschönerungsarbeiten am Schulhof oder Catering fürs Schulfest, denn mit einer unmittelbaren Wirkung dieser Maßnahmen auf den kindlichen Bildungserfolg ist wohl nicht zu rechnen. Auch klassische Elternabende entsprechen nicht automatisch dem hier vorgestellten Definitionsversuch, da bei Elternabenden häufig organisatorische Dinge wie benötigte Arbeitsmaterialien und Termine für Prüfungen, Schulfeste und Ferientage im Vordergrund stehen, die den individuellen Lern- und Bil-

---

[1] Erfolgreiche Umsetzungsbeispiele liefert die mit dem Deutschen Schulpreis der Bosch-Stiftung 2006 ausgezeichnete Grundschule Kleine Kielstraße in Dortmund.

dungserfolg jedes einzelnen Kindes nur am Rande bzw. allenfalls indirekt betreffen.

Gemeint sind hier mit dem Begriff „Elternarbeit" vielmehr besondere Maßnahmen,

- die Lehrende und Eltern, oft auch die Kinder, miteinander ganz bewusst abgesprochen haben,

- die erkennbaren und damit auch überprüfbaren individuellen Bildungszielen dienen und

- die zeitlich und inhaltlich konkretisiert sind.

Mit der hier vorgeschlagenen Definition geht unvermeidlich einher, dass ein gewisser Teil der Elternschaft kaum oder gar nicht in diese Form von Elternarbeit integriert werden kann: Hohe Sprachbarrieren, z. B. mangels Deutschkenntnissen und Übersetzungsmöglichkeiten, verhindern die notwendige Kommunikation. Außerdem müssen Eltern über ein Mindestmaß an grundsätzlicher Motivation und über freie Zeit verfügen, um sich engagieren zu können. Fehlende Motivation ist in Familien mit „vererbter" problematischer Bildungshistorie sehr häufig ein Problem (Neuenschwander 2005, S. 95ff.). Wenn persönliche Bemühungen im schulischen und beruflichen Kontext stets in Misserfolg münden, ist die Einstellung „Bringt doch eh nichts!" nicht verwunderlich, was die Kooperationsbereitschaft der Eltern erheblich verringert. Freie Zeit ist dagegen oft genug vorhanden, sie kann jedoch nicht effektiv für den Bildungserfolg des Kindes eingesetzt werden. Lehrerinnen und Lehrer stoßen sehr schnell an ihre Grenzen, wenn es darum geht, diese Eltern mit ins sprichwörtliche Boot zu holen. Hierbei ist in der

Regel die intensive Begleitung durch weitere Unterstützungssysteme nötig, etwa durch Sozialarbeiter, Familienhebammen und Integrationshelfer, die längerfristig *in* der Familie und *mit* der Familie arbeiten (Lueder 1993) – Elternarbeit im sozialpädagogischen und gesellschaftspolitischen Sinne also.

In der folgenden Beschreibung geeigneter Formate für Elternarbeit im oben vorgestellten fachdidaktischen Sinne werden notwendige Bedingungen für eine erfolgreiche, gezielte Zusammenarbeit zwischen Eltern und Lehrkräften als erfüllt vorausgesetzt. Diese Bedingungen betreffen die Kommunikationskompetenzen von Eltern und Lehrenden, die emotionale Beziehung zwischen Eltern und Kind und die allgemeinen mathematischen Kompetenzen der Eltern (Streit-Lehmann 2013, S. 9ff.).

Praxisbeispiele

An dieser Stelle werden als Praxisbeispiele zwei mathematische Lerninhalte, und zwar *Üben des kleinen Einmaleins* und *Zahldarstellung und -auffassung mit Mehrsystemblöcken*, ausgewählt, die zwei unterschiedliche Möglichkeiten aufzeigen sollen, Elternarbeit aus mathematikdidaktischer Perspektive zu betreiben, also Eltern aktiv in die Arbeit an definierten Lernzielen einzubeziehen. Im ersten Beispiel geht es um das gemeinsame Üben und Automatisieren, im zweiten Beispiel um mathematikhaltige Gespräche zwischen Eltern und Kind. Beide Beispiele sind durch enge inhaltliche und prozedurale Absprachen zwischen Eltern und Lehrkraft gekennzeichnet. Sie unterscheiden sich jedoch, abgesehen vom Inhalt, hinsichtlich der Anforderungen, die an die Eltern gestellt werden. Lehrerinnen und Lehrer haben daher die Aufgabe, geeignete Übungen auszuwählen, welche nicht nur immer wieder neu an den Lernstand des Kindes, sondern auch grundsätzlich an die Kompetenzen und Ressourcen der Eltern angepasst sein sollten (Streit-Lehmann 2013, S. 18).

Beide Praxisbeispiele eignen sich besonders zur Unterstützung von Kindern, die vorrangig im Mathematikunterricht Schwierigkeiten haben, aber in anderen Fächern unauffällige Schulleistungen zeigen („Teilleistungsstörung"), sowie für Kinder mit den Förderschwerpunkten Lernen und emotional-soziale Entwicklung, die häufig Schwierigkeiten mit der Aufmerksamkeit und Konzentration haben und deshalb von zusätzlichen Gelegenheiten zum Wiederholen und Üben profitieren. Diese Kinder sind im Mathematikunterricht mit denselben inhaltlichen Herausforderungen konfrontiert wie Kinder ohne besonderen Förderbedarf, brauchen jedoch für deren Bewältigung mehr Zeit und mehr individuelle Unterstützung, in die entsprechend auch die Eltern aktiv einbezogen werden können.

Praxisbeispiel 1:
Üben des kleinen Einmaleins

Ein sicher automatisiertes kleines Einmaleins ist die Voraussetzung für die Bewältigung der Multiplikation in großen Zahlenräumen (Aufgaben wie $5 \cdot 13$ oder $60 \cdot 4\,000$) und für das erfolgreiche Operieren mit Brüchen (z. B. multiplizieren und erweitern). Das Auswendiglernen des kleinen Einmaleins stellt für viele Kinder eine besondere Hürde dar, vor allem für solche, die mit fleißbetonten Aufgaben Schwierigkeiten haben. Das Üben wird dann oft als mühselig und langweilig empfunden.

Wenn dazu noch Konzentrations- oder Gedächtnisprobleme kommen, wie es bei Kindern mit den Förderschwerpunkten Lernen und emotional-soziale Entwicklung häufiger der Fall ist, erscheint das kleine Einmaleins als kaum zu bewältigende Herausforderung. Dies gilt auch für Kinder, die tragfähige Grundvorstellungen zur Multiplikation entwickelt haben, also beispielsweise Punktefelder in Multiplikationsaufgaben übersetzen und zu einer bestimmten Multiplikationsaufgabe passende Rechengeschichten erzählen können, die etwa statisch-simultane oder zeitlich-sukzessive Interpretationen der Multiplikation beinhalten. Das zweifellos wertvolle Wissen, wie man eine Aufgabe lösen kann, ist nicht deckungsgleich mit dem Wissen, wie die Lösung lautet. Sich diese beiden Wissensbereiche anzueignen, erfordert unterschiedliche Kompetenzen (Winkel & Petermann 2006, S. 31). Die Lernpsychologie unterstreicht die Bedeutung von Auswendigwissen als dasjenige (Fakten-)Wissen, das einer lernenden Person als Fundament für weiteren Kompetenzaufbau zur Verfügung steht (vgl. Krause & Stark 2006) und liefert fachspezifische Ansätze, wie Auswendiglernen gelingen kann. Wenn Eltern an dieser Stelle aktiv in den Lernprozess ihrer Kinder eingebunden werden sollen, müssen diese Ansätze in geeignete didaktische Konzepte übersetzt werden. So muss die Herausforderung für das Kind leistbar erscheinen; dies ist eng mit dem Selbstwirksamkeitskonzept des Kindes verknüpft (vgl. Fuchs 2005, S. 62). Diese Forderung ist uneingeschränkt auf Eltern übertragbar, da im Kontext der hier vorgestellten Begriffsdefinition von Elternarbeit auch Eltern als Lernende agieren (Achtenhagen & Lempert 2000): Eltern dürfen mit mathematikdidaktischen Arbeitsaufträgen nicht überfordert werden, weil dies ihre Motivation und Kooperation auf Dauer unweigerlich senken würde. Deshalb ist es auch in Hinblick auf die Eltern wichtig, Lernziele in überschaubare Etappenziele einzuteilen, damit die Arbeit mit dem Kind als erfolgreich erlebt werden kann. Das allgemeine Lernziel am Ende der vierten Jahrgangsstufe „die Grundaufgaben des Kopfrechnens (Einspluseins, Einmaleins, Zahlzerlegungen) gedächtnismäßig beherrschen" (Kultusministerkonferenz 2005, S. 9) sollte daher sinnvollerweise über mehrere Stufen hinweg in kleinere Teilziele zerlegt werden. Dies geschieht für gewöhnlich über die zeitlich gestufte Erarbeitung einzelner Multiplikationsreihen („bis Freitag die Viererreihe auswendig lernen"), allerdings begleitet von der oben erwähnten Erfahrung, dass viele Kinder dies „bis Freitag" eben nicht tun, weil die Übungsgelegenheiten im Unterricht nicht ausreichen und zuhause offenbar nicht oder nicht ausreichend geübt wird. Es lohnt sich, die Gründe für das nicht ausreichende Üben im häuslichen Umfeld zu erforschen. Als ein Grund muss Überforderung angenommen werden: Die Herausforderung erscheint zu groß; die notwendige, selbstständige Unterteilung in (weitere) Teilziele gelingt den Kindern nicht. Eltern können ihre Kinder unterstützen, indem sie – angeleitet durch die Lehrkraft – mit ihren Kindern solche Teilziele explizit formulieren: „Bis heute Abend (morgen, nächsten Freitag …) $7 \cdot 8 = 56$ auswendig lernen". Das (erste) Teilziel sollte vergleichsweise klein und damit problemlos machbar erscheinen, insbesondere dann, wenn es um Kinder geht, die im schulischen Mathematiklernen bereits häufig nicht erfolgreich waren und über ein entsprechend gering

entwickeltes Selbstwirksamkeitskonzept verfügen. Auch die Motivation der Eltern kann durch die möglichst konkrete Formulierung der Aufgabenstellung erheblich gesteigert werden. Dabei sollten sprachliche Aspekte der Aufgabenstellung beachtet werden: Der Appell „Sie müssen mit Ihrem Kind unbedingt das Einmaleins üben, wir schreiben bald einen Test, und Ihr Kind kann es wirklich noch gar nicht." vereint gleich mehrere Merkmale kooperationsverhindernder Kommunikation, nämlich Druck (sprachlich über „Sie müssen", inhaltlich über „wir schreiben bald einen Test"), fehlende didaktische Konkretisierung (Angaben über das Wie?, Wie lange?, Womit? fehlen) und nicht-konstruktive, generalisierende Kritik am Kind, die bei den angesprochenen Eltern einen Loyalitätskonflikt provoziert (der Lehrkraft zustimmen und das Kind somit „verraten" oder das Kind verteidigen und damit der Lehrkraft widersprechen?). Der Misserfolg solcher Appelle ist damit praktisch vorprogrammiert, vor allem wenn weitere Gelingensmerkmale wie eine grundsätzlich wohlwollende, wertschätzende Haltung den Eltern gegenüber oder ausreichend Zeit und Ungestörtheit während des Elterngesprächs nicht erfüllt sind. Damit Eltern ihre Kinder beim Auswendiglernen des Einmaleins unterstützen, sollten sie also zur Durchführung einer zunächst sehr überschaubaren Übung ermuntert werden, die hinsichtlich Inhalt, Dauer, Zielsetzung und Methodik konkretisiert ist und darüber hinaus Kindern mit besonderen Lernschwierigkeiten passende Unterstützungsansätze bietet: „Helfen Sie Ihrem Kind, die Aufgabe $7 \cdot 8 = 56$ auswendig zu lernen, und zwar so: Sprechen Sie ‚sieben mal acht gleich sechsundfünfzig' täglich mindestens zehnmal gemeinsam, bei unterschiedlichen Gelegenheiten. Lassen Sie Ihr Kind die Aufgabe fünfmal täglich aufschreiben, mit Bleistift in sein Heft, mit Zahnpasta ins Waschbecken, mit Fingerfarben ans Fenster – ganz wie Sie mögen! Ist Ihnen schon mal die Zahlenreihe 5 – 6 – 7 – 8 aufgefallen, wenn man die Aufgabe als 56 = 7 · 8 schreibt? Fragen Sie Ihr Kind danach und sprechen Sie miteinander über diese Merkhilfe. Am Freitag könnte Ihr Kind dann eine neue Lernaufgabe mit nach Hause nehmen, wenn 7 · 8 = 56 sitzt. Mal sehen, ob wir dann wieder eine gute Merkhilfe finden."

Wenn den Eltern dieses Format vertraut ist, können Lernaufgaben bzw. kleine Lernaufgabensammlungen auch in schriftlicher Form an die Eltern weitergegeben werden, etwa als Lernkarte aus einer Kartei. Die wesentlichen Informationen, vor allem Durchführungshinweise und Merkhilfen, sollten auf der Lernkarte zu finden sein (siehe Abb. 13.1).

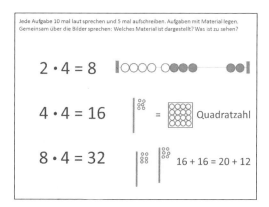

Abb. 13.1: Beispiel für eine Lernkarte

Auch für die Kinder selbst ist das Arbeiten mit einer eigenen Aufgaben-Lernkartei empfehlenswert; eine genaue Anleitung zur Durchführung und zur Handhabung solcher Karteien findet sich z. B. bei Gaidoschik (2014, S. 132–143).

Praxisbeispiel 2: Zahldarstellung und -auffassung mit Mehrsystemblöcken

Fast alle Eltern können ihre Kinder beim Üben und Automatisieren mathematischer Inhalte unterstützen, denn die konkreten Anforderungen an Eltern fallen hierbei vergleichsweise gering aus: Neben grundsätzlicher Kooperationsbereitschaft und ausreichend Zeit (nicht nur für die Durchführung der Übungen, sondern ausdrücklich auch für genug gemeinsame, positiv erlebte *lernfreie* Zeit) sollten Eltern willens und in der Lage sein, zuverlässig das zu tun, was auf der Lernkarte steht oder mündlich zwischen der Lehrkraft und den Eltern vereinbart wurde. Dies betrifft im Wesentlichen den genauen Inhalt (z. B. diejenigen drei Einmaleins-Aufgaben, die auswendig gelernt werden sollen) und die zeitlichen und methodischen Absprachen (z. B. gemeinsam mit dem Kind sprechen, schreiben oder zeichnen, drei Minuten lang, einmal pro Tag). Eine zugewandte und geduldige Beziehungsgestaltung zwischen Eltern und Kind sei an dieser Stelle vorausgesetzt. Über weitere Kompetenzen, wie etwa besondere Kreativität, ein tiefgehendes mathematisches Verständnis oder die Fähigkeit zu spontaner Kommunikation, die reich an mathematischen bzw. mathematikdidaktischen Bezügen ist (etwa kluges Abwandeln von Aufgaben in Eigenregie), müssen Eltern ausdrücklich *nicht* verfügen. Diese Tatsache sollte mit den Eltern zu Beginn der Elternarbeit explizit besprochen werden, denn viele Eltern, insbesondere solche mit niedrigen Bildungsabschlüssen, trauen sich nicht zu, ihr Kind aktiv beim Mathematiklernen zu unterstützen, weil sie der Überzeugung sind, dies sowieso nicht zu können. Die ausdrückliche Einladung und Ermutigung der Eltern durch die Lehrkraft, verbunden mit den oben erwähnten klaren Absprachen zu Inhalten und Durchführung, können hier helfen. Persönliche, hierarchiefreie Gespräche mit Eltern, in denen Lehrerinnen und Lehrer die Ressourcen und Potenziale der Eltern ausloten, geben Aufschluss darüber, welche Formate für welche Eltern geeignet erscheinen können (Streit-Lehmann 2013, S. 11).

Im Folgenden soll ein Praxisbeispiel vorgestellt werden, das in der Tat durch etwas höhere Anforderungen an die Eltern gekennzeichnet ist. Diese Anforderungen beziehen sich vor allem auf zwei weitere Eigenschaften, die den Grundstock (genug Zeit und Kooperationsbereitschaft) ergänzen: Die Fähigkeit zu einer mathematisch-fachsprachlichen Kommunikation und die Bereitschaft zur konsequenten Einhaltung von Konventionen im Umgang mit didaktischem Material.

Wichtig sind bei diesem Praxisbeispiel sehr klare Absprachen zwischen Eltern und Lehrerin/Lehrer bezüglich der Dauer der Übungen[2] („drei Minuten pro Tag, mehr nicht!"), des Aufgabenumfangs und der (Fach-)Sprache, derer sich die Eltern bedienen sollen. Eltern müssen wissen, wie und was genau sie ihr Kind fragen und auf welche Weise sie

Fragen ihres Kindes beantworten sollen. Dies soll am Lerninhalt *Zahldarstellung und -auffassung mit Mehrsystemblöcken* verdeutlicht werden.

Der Zahldarstellung und -auffassung mit Material kommt insbesondere im inklusiven mathematischen Anfangsunterricht eine zentrale Bedeutung zu. Die sichere Zuordnung zwischen Menge, Zahlwort und Zahlsymbol (kurz: Mengen-Zahl-Zuordnung) gilt als der bedeutsamste frühe Indikator für das spätere Ausmaß mathematischer Kompetenzen, und zwar sogar schon vor der Einschulung (vgl. Krajewski & Schneider 2006). Zudem ist sie das notwendige Fundament für das erfolgreiche Rechnen: Zahlen können nur dann sinnvoll in arithmetische Beziehungen zueinander gesetzt werden, wenn dem Kind klar ist, um welche Zahlen bzw. Mengen es überhaupt geht.

Klassische Rechenstörungen hängen häufig sehr eng mit einer unsicheren Mengen-Zahl-Zuordnung zusammen. Wird beispielsweise eine Menge von 24 Plättchen korrekt abgezählt und auch korrekt kardinal mit „vierundzwanzig" benannt (siehe auch Abb. 13.2.), diese Zahl dann jedoch als 42 notiert (entsprechend der Sprechfolge zuerst „vier" und nachfolgend „zwei" bzw. „zwan"; die Silbe „zig" wird dabei eventuell semantisch unterschlagen oder nicht richtig zugeordnet), liegt auf der Hand, dass Aufgaben sehr häufig fehlerhaft gelöst werden und darüber hinaus der weitere, ja überwiegend schriftlich vermittelte mathematische Kompetenzerwerb (z. B. die Zahlraumerweiterung) erheblich beeinträchtigt ist.

---

[2] Eine Übungsdauer von nur wenigen Minuten hat sich aus mehreren Gründen bewährt: Langes, monotones Trainieren geht mit wenig Belohnungsgefühlen einher, entsprechend gering fällt die Motivation zum Weitermachen aus. Kinder mit besonderen Lernschwierigkeiten haben oft Hemmungen, sich überhaupt auf Lerninhalte einzulassen, und dazu wenig Geduld, weil sie oft schon über lange Zeiträume wiederholte Erfahrungen des Scheiterns gemacht haben. Möglichst kurzes Training mit Erfolg bedeutet dann häufigeren Erfolg und entsprechend mehr Lernfortschritt und ist daher klar vorzuziehen.

Kinder, die mit diesem fundamentalen Lern-inhalt besondere Schwierigkeiten haben, profitieren von einer auf die Mengen-Zahl-Zuordnung konzentrierten Förderung, die möglichst früh, regelmäßig und hochfrequent stattfinden sollte. Die Ursachen der Schwierigkeiten können unterschiedlich sein: Kinder mit einer grundsätzlich normal ausgeprägten Auffassungsgabe und unauffälligen Schulleistungen in anderen Fächern werden oft erst relativ spät erkannt, insbesondere wenn sie sich ansonsten fleißig und introvertiert zeigen. In dieser Zeit konnten sich defizitäre Grundvorstellungen zu Zahlen, Operationen und Strategien sowie außerdem Zählstrategien als einzige vermeintlich sichere Lösungs-strategien verfestigen, die von den Kindern nicht so leicht wieder aufgegeben werden (vgl. Wartha & Schulz 2012).

Andere Kinder fallen früh durch visuelle, auditive und/oder taktile Wahrnehmungsstörungen oder verminderte Gedächtnisleistungen auf. Für diese Kinder kann es auch nach der Schuleingangsphase noch schwierig sein, Mengendarstellungen (auch „Zahlbilder" genannt) ihren Zahlwörtern und Zahlsymbolen im Zahlenraum bis 10 zuzuordnen. Dabei können einige der sechs Übersetzungsrichtungen (Wort zu Symbol, Symbol zu Bild, Bild zu Wort und jeweils umgekehrt) für ein Kind problematischer ausfallen als andere; dies muss eine differenzierte Diagnostik klären (vgl. auch die Beiträge 9 und 11 in diesem Band). In Abb. 13.2 sind die Übersetzungen zwischen Zahlbild, Zahlwort und Zahlsymbol durch sechs Pfeile dargestellt.

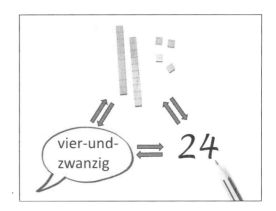

Abb. 13.2: Darstellungen der Zahl 24 (nach Wartha & Schulz 2012, S. 50)

Zahlauffassung und -darstellung bezeichnen dabei gerade die vom Kind zu leistenden Übersetzungsprozesse von der Menge hin zum Wort oder Symbol (Zahlauffassung) und vom Wort oder Symbol hin zum Zahlbild (Zahldarstellung). Bei der Zahlauffassung soll das Kind also die mit Material dargestellte Zahl erkennen und je nach konkreter Aufgabe verbal benennen (Übersetzung Zahlbild zu Zahlwort) oder schriftlich notieren (Zahlbild zu Zahlsymbol). Selbstverständlich ist auch die Kombination möglich. Bei der Zahldarstellung hört das Kind das Zahlwort oder liest das Zahlsymbol ab und stellt daraufhin selbst die Zahl mit dem Material dar.

Eine besondere Relevanz hat die Zahldarstellung und -auffassung im Kontext der Entwicklung des Stellenwertverständnisses. Die Einsicht in die dekadische Struktur unseres Zahlsystems ist die Grundlage für die Entwicklung tragfähiger Grundvorstellungen zu Zahlen, Operationen und Rechenstrategien im Zahlenraum größer als 10. Die Auswahl eines geeigneten didaktischen Materials ist hierbei überaus bedeutsam. Mehrsystemblöcke, auch Dienes-Material[3] genannt, veranschaulichen die Bündelungseinheiten Zehn, Hundert und Tausend als geometrisch plausible Zehnerstangen, Hunderterplatten und Tausenderwürfel. Die Basis Einerwürfel bleibt dabei stets erkennbar. Eltern können ihre Kinder bei der Festigung einer korrekten, stellenwertgerechten Mengen-Zahl-Zuordnung unterstützen, indem sie zuhause mit ihren Kindern Übersetzungsübungen in den Richtungen „Bild zu Wort" und „Bild zu Symbol" und jeweils ihren Umkehrungen durchführen und dazu Mehrsystemblöcke nutzen. Dabei müssen zwei Bedingungen realisiert sein: Zum einen ist die stetige sprachliche Begleitung des kindlichen oder elterlichen Handelns mit dem Material von wesentlicher Bedeutung, denn später wird mit dem Material, vermittelt über die Sprache, „im Kopf" operiert, und zum anderen ist es wichtig, das Material konventionsgerecht zu nutzen. Eltern benötigen hierzu genaue Erklärungen durch die Lehrkraft. Als Konventionen beim Umgang mit Mehrsystemblöcken sollten vereinbart werden:

a) Die Bündelungseinheiten werden immer in die gleiche Reihenfolge gelegt, wie die Ziffern im Zahlsymbol (konventionsgerecht gemäß unserer rechtsläufigen Schriftrichtung) notiert werden. Für zweistellige Zahlen heißt das: Die Zehnerstangen liegen stets links, die Einerwürfel rechts daneben, jeweils in loser Ordnung. Hierbei muss die Blickrichtung des Kindes unbedingt Beachtung finden. Idealerweise sitzen Eltern und Kind beim Umgang mit

Mehrsystemblöcken nebeneinander oder im maximal rechten Winkel zueinander, um aus gleicher Perspektive aufs Material schauen zu können. Gegenübersitzen ist ungleich fehleranfälliger, da Eltern dann bewusst „falsch herum" mit dem Material umgehen (und sprachlich begleiten) müssen, und damit nicht zu empfehlen.

b) Zahlen mit großen Ziffernwerten sollten nur in Ausnahmefällen gelegt werden, damit die Mehrsystemblöcke nicht unnötig zum Zählen verleiten. Ziffernwerte bis 5, maximal 6, sind gut über die (quasi-)simultane Zahlauffassung erkennbar und daher vorzuziehen. Zahlen wie 31 oder 24 sind also besser geeignet als 68 oder 19 (siehe Abb. 13.3).

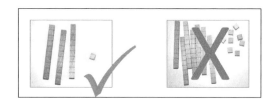

Abb. 13.3: Sinnvolle Nutzung von Mehrsystemblöcken

Diese Hinweise zum Umgang mit dem Material sollten Eltern schriftlich bekommen – in angemessener Sprache und mit Beispielen versehen. Es ist hilfreich, wenn Eltern zunächst in der konventionsgerechten Handhabung des Materials und deren sprachlicher Begleitung durch Lehrerinnen und Lehrer angeleitet werden und diese üben können, wie unsere Erfahrungen zeigen. An der Universität Bielefeld können Eltern, deren Kinder eine Förderung in der dortigen *Beratungsstelle für Kinder mit Rechenstörungen* erhalten, an einem solchen Elterntraining[4] teilnehmen. Dieses

---

[3] nach dem ungarischen Mathematikdidaktiker Zoltan Paul Dienes (1916–2014).

[4] http://www.uni-bielefeld.de/idm/serv/rechenstoer.htm

findet zeitgleich zu den Förderstunden ihrer Kinder statt und bietet Eltern in geschütztem Rahmen Gelegenheit, Übungsformate für zuhause zu erlernen und darüber hinaus über die Belastungen zu sprechen, die durch die Rechenschwäche ihres Kindes entstehen, und entsprechende Lösungsansätze zu erarbeiten. In den Regionalen Schulberatungsstellen Bielefeld, Gütersloh und Herford bieten Schulpsychologinnen ein entsprechendes Training für Eltern *und* Kinder an.[5] Hier lernen Kinder und Eltern gemeinsam Aufgabenformate für zuhause kennen, die vorrangig auf eine korrekte Mengen-Zahl-Zuordnung abzielen und so dabei helfen, die Rechenschwierigkeiten zu überwinden. Eltern profitieren bei diesen Gelegenheiten häufig vom Austausch mit anderen Eltern, und gemeinsames Lernen und Üben steigert die Motivation. Lehrerinnen und Lehrer könnten zu diesem Zweck zu einem Trainingsnachmittag oder einem Elternabend einladen. Wenn speziell Eltern eingeladen werden, deren Kinder besondere Schwierigkeiten beim Mathematiklernen haben, sind eventuell Absprachen bzgl. Datenschutz zu beachten (Hennig & Willmeroth 2012, S. 87). Die tägliche Durchführung angeleiteter, kurzer Aufgabenformate wird von Eltern und rechenschwachen Kindern als erheblich weniger belastend empfunden als die regulären Hausaufgaben, die bei Kindern und Eltern gleichermaßen häufig Auslöser für Disstress darstellen (Rammert & Wild 2008). Für Lehrerinnen und Lehrer kann es deshalb sehr lohnend sein, kooperativen, lernbereiten Eltern ein solches Training – mit oder ohne Kind – anzubieten. Die im Training erlernten Übungen können dann vorübergehend die normalen Hausaufgaben ersetzen.

Ein konkretes Aufgabenformat zur Zahlauffassung mit Mehrsystemblöcken, das für den Einsatz zuhause geeignet ist, kann folgendermaßen aussehen:

Eltern und Kind sitzen gemeinsam nebeneinander am Tisch, auf diesem befinden sich ein Satz Mehrsystemblöcke, einige Blätter Papier und ein Stift. Der Elternteil legt konventionsgerecht eine Zahl aus einem drei bis fünf Zahlen umfassenden Zahlenset, das die Lehrkraft in Abhängigkeit vom Entwicklungsstand des Kindes ausgewählt hat (beispielsweise: nur Zahlen bis 20, beliebige zweistellige Zahlen, dreistellige Zahlen …). Mit diesem Zahlenset wird ungefähr eine Woche lang[6] täglich gearbeitet, danach stellt die Lehrerin/der Lehrer ein neues Zahlenset bereit. An dieser Stelle sei exemplarisch das Zahlenset 24, 32, 51 gewählt. Der Elternteil legt also die 24 mit Mehrsystemblöcken vor das Kind und fragt: „Welche Zahl habe ich gelegt? Schreibe sie bitte auf!" (Übersetzung von Zahlbild zu Zahlsymbol) oder „Wie heißt die Zahl, die ich gelegt habe?" (Übersetzung von Zahlbild zu Zahlwort). Häufig wird direkt kombiniert: „Wie heißt die Zahl, die ich gelegt habe?" – „Vierundzwanzig." – „Richtig, schreibe sie bitte auf." Beim Aufschreiben der Zahl achtet der Elternteil auf rechtsläufige Notation: Erst die 2, dann die 4 rechts daneben. Das Zahlwort sollte deutlich ausgesprochen werden, damit dessen einzelne

---

[5] http://www.kreis-guetersloh.de/thema/130/sr_seiten/artikel/BSB_-_Projekte.php

[6] Leistungsschwache Kinder merken nicht bzw. erinnern (zunächst) nicht, dass mehrere Tage lang die gleichen Zahlen präsentiert werden. Es ist daher günstig, sich mehrmals hintereinander mit diesen zu beschäftigen. Etwas stärkeren Kindern fällt die Wiederholung irgendwann auf; sie reagieren möglicherweise irritiert, weil sie Bekanntes wiedererkennen bzw. Aufgaben schnell ausführen oder lösen können und das „so leicht geht". Dieses Erfolgserlebnis ist sehr wertvoll.

Bestandteile „vier-und-zwanzig" gut hörbar werden. Dann wird die Handlung versprachlicht, indem der Elternteil fragt: „Richtig, vierundzwanzig. *Warum* ist das die Vierundzwanzig? Woran kannst du das erkennen?", und das Kind argumentiert: „Weil du erst zwei Zehnerstangen gelegt hast, das sind zwanzig, und dann noch vier Einerwürfel dazu. Also vierundzwanzig." Falls dem Kind die verbale Erklärung noch schwerfällt, übernimmt dies zunächst der Elternteil bzw. spricht mit dem Kind gemeinsam. Im Anschluss wird der Ablauf mit den beiden anderen Zahlen aus dem Zahlenset, 32 und 51, wiederholt.

Übungen zur umgekehrten Übersetzungsrichtung, also zur Zahldarstellung, laufen ähnlich ab: Dem Kind wird ein Zahlwort mit der Aufforderung „Bitte lege die 32 mit Mehrsystemblöcken!" akustisch präsentiert oder ein Zahlsymbol notiert vorgelegt, dann verbunden mit der Frage: „Wie sieht *diese Zahl* mit Mehrsystemblöcken aus?" In letzterem Fall sollten die Eltern die Zahl ausdrücklich nicht selbst (versehentlich) benennen. Diese beiden Stimuli können damit wohl unterschieden eingesetzt werden, je nachdem, an welcher Übersetzung, Zahlwort zu Bild oder Zahlsymbol zu Bild, das Kind arbeiten soll. Das Kind dekodiert dann das Zahlwort akustisch („in Zweiunddreißig steckt die Dreißig und die Zwei") oder das Symbol („Da steht ‚drei-zwei' geschrieben, die Drei vorne bedeutet dreißig, und dann noch zwei dazu.") und legt die Zahl mit Mehrsystemblöcken. Der Elternteil unterstützt das Kind bei diesen Formulierungen und achtet auf die konventionsgerechte Nutzung des Materials. Hierauf folgen dann ebenfalls etwa zwei bis drei weitere Zahlen, die als Gesprächsanlass

genutzt werden. Eine Übungsdauer von insgesamt drei, maximal fünf Minuten sollte dabei nicht überschritten werden.

Eine natürliche Fortsetzung des Lerninhalts „Zahldarstellung und -auffassung mit Mehrsystemblöcken" stellt die Addition und Subtraktion von Bündelungseinheiten ohne Übergang, beispielsweise ganzer Zehner dar. Mehrsystemblöcke werden typischerweise für Aufgaben des Typs Z ± Z wie 30 + 20 genutzt, außerdem für Aufgaben des Typs ZE ± Z wie 54 − 30 (siehe Abb. 13.4).

Abb. 13.4: Bearbeitung der Aufgabe 54 − 30 mit Mehrsystemblöcken

Auch Operationen in höheren Zahlenräumen können auf diese Weise veranschaulicht werden, etwa beim Typ THZE ± H wie in 3725 − 400. Eltern bekommen dann wiederum ein Set aus ungefähr drei Aufgaben von der Lehrkraft, beispielsweise 54 − 30, 21 + 20, 42 − 10. Die Aufgaben werden dem Kind für gewöhnlich schriftlich einzeln vorgelegt. Das Kind liest die Aufgabe laut vor, was der Übersetzung von Symbol zu Wort entspricht, und legt die Aufgabe mit Mehrsystemblöcken: fünf Zehner links, vier Einer rechts daneben, und dann nimmt das Kind drei Zehnerstangen weg. Diese Materialhandlungen werden stets versprachlicht. Das Ergebnis der Operation wird unmittelbar sichtbar: Zwei Zehnerstangen bleiben liegen, mit den vier Einern „ist nichts passiert". Das Kind benennt die Ergebniszahl „vierundzwanzig" (Übersetzung von Zahlbild zu Zahlwort) und schreibt 24 ebenfalls auf (Übersetzung hin zum Zahlsymbol).

Kinder mit besonderen Schwierigkeiten beim Aufbau von Operations- und Stellenwertverständnis profitieren von dieser Art der gezielten Förderung, da diese an ihr vorhandenes Wissen und ihre Kompetenzen anschließt und besonders auf die kindlichen Grundvorstellungen und Denkprozesse fokussiert (vgl. Born & Oehler 2013). Lehrerinnen und Lehrer sollten in regelmäßigen Abständen beispielsweise in kurzen Tür-und-Angel-Gesprächen immer wieder überprüfen, ob die Eltern die Übungen wie abgesprochen durchführen, und die Eltern zum Weitermachen ermuntern. Die Eltern sollten ausdrücklich von gutgemeinten „Rechentricks", die meist nur bei speziellen Zahlensätzen greifen, z. B. bei Aufgaben ohne Zehnerüberschreitung, Abstand nehmen, ebenso von der eigenmächtigen Abänderung oder Ausweitung von Aufgabenstellungen. Durch die Sicherheit, die durch genaue Absprachen entsteht, erhöht sich die Chance, dass Kinder und Eltern das gemeinsame Üben als angenehm und erfolgreich erleben.

Die hier vorgestellten Praxisformate erfüllen die in diesem Kapitel definierten Kriterien für Elternarbeit, da sie zum einen auf einem kommunikativen Konsens zwischen Lehrkraft und Eltern aufbauen und zum anderen sehr konkret hinsichtlich ihrer Ziel-

setzung, Dauer und Umsetzung vereinbart werden können, was eine Überprüfung ihrer Effekte auf die mathematischen Schülerleistungen erlaubt. Auf diese Weise haben Lehrerinnen und Lehrer die Möglichkeit, ihre Bemühungen bei der Elternarbeit im Mathematikunterricht zu evaluieren und auf ökonomische Weise laufend an die Bedürfnisse und Ressourcen von Eltern und ihren Kindern anzupassen. Gerade in inklusiven Settings liegen bezogen auf die individuelle Unterstützung von Kindern mit spezifischen Herausforderungen beim Mathematiklernen besondere Chancen, Eltern in die Bildungsprozesse ihrer Kinder einzubeziehen, auch wenn die konkret fachbezogene Elternarbeit mit Blick auf das Mathematiklernen noch ein weitgehend neues Feld ist.

Literatur

Achtenhagen, F. & Lempert, W. (2000). *Lebenslanges Lernen im Beruf: Seine Grundlegung im Kindes- und Jugendalter.* Opladen: Leske und Budrich.

Bönsch, M. (1993). *Üben und Wiederholen im Unterricht* (2., erw. und aktualisierte Aufl). EGS-Texte. München: Ehrenwirth.

Born, A. & Oehler, C. (2013). *Kinder mit Rechenschwäche erfolgreich fördern: Ein Praxishandbuch für Eltern, Lehrer und Therapeuten* (5., aktualisierte und erw. Aufl). Stuttgart: Kohlhammer.

Brandau, H. & Pretis, M. (2009). *Professionelle Arbeit mit Eltern. Erfolgreich im Lehrberuf: Band 3.* Innsbruck: StudienVerlag.

Brenner, P. J. (2009). *Wie Schule funktioniert.* Stuttgart: Kohlhammer.

Fuchs, C. (2005). *Selbstwirksam Lernen im schulischen Kontext: Kennzeichen, Bedingungen, Umsetzungsbeispiele.* Bad Heilbrunn: Klinkhardt.

Gaidoschik, M. (2014). *Einmaleins verstehen, vernetzen, merken: Strategien gegen Lernschwierigkeiten.* Seelze: Klett Kallmeyer.

Hennig, A. & Willmeroth, S. (2012). *111 Ideen für eine gewinnbringende Elternarbeit: Vom Elternabend bis zum Konfliktgespräch in der Grundschule.* Mülheim/Ruhr: Verlag an der Ruhr.

Kamski, I. (2008). Hausaufgaben – Schulaufgaben – Lernzeiten: Ein Perspektivwechsel. In D. Bosse, I. Mammes & C. Nerowski (Hrsg.), *Ganztagsschule: Perspektiven aus Wissenschaft und Praxis.* Bamberg: University of Bamberg Press.

Krajewski, K. & Schneider, W. (2006). Mathematische Vorläuferfertigkeiten im Vorschulalter und ihre Vorhersagekraft für die Mathematikleistungen bis zum Ende der Grundschulzeit. *Psychologie in Erziehung und Unterricht, 53*(4), 246–262.

Krause, U.-M. & Stark, R. (2006). Vorwissen aktivieren. In H. Mandl & H. F. Friedrich (Hrsg.), *Handbuch Lernstrategien* (S. 38–49). Göttingen: Hogrefe.

Kultusministerkonferenz (2005). *Bildungsstandards im Fach Mathematik für die Primarstufe.* München: Luchterhand.

Lueder, D. (1993). With open arms: working with hard-to-reach parents. In F. Smit, W. van Esch & H. Walberg (Hrsg.), *Parental involvement in education* (S. 157–165). Nijmegen, NL: Institut voor Toegpaste Sociale Wetenschappen.

Nave-Herz, R. (2007). *Familie heute: Wandel der Familienstrukturen und Folgen für die Erziehung* (3. überarbeitete Auflage). Darmstadt: Wissenschaftliche Buchgesellschaft.

Neuenschwander, M. P. (2005). *Schule und Familie: Was sie zum Schulerfolg beitragen.* Bern: Haupt.

Rammert, M. & Wild, E. (2008). *Hausaufgaben ohne Stress* (2. Aufl.). Freiburg: Herder.

Sacher, W. (2014). *Elternarbeit als Erziehungs- und Bildungspartnerschaft: Grundlagen und Gestaltungsvorschläge für alle Schularten* (2., vollständig überarbeitete Auflage). Bad Heilbrunn: Klinkhardt.

Streit-Lehmann, J. (2013). *Zusammenarbeit von Lehrkräften und Eltern bei Rechenschwäche. Handreichungen des Programms SINUS an Grundschulen: Mathematik.* Verfügbar unter: www.sinus-an-grundschulen.de/fileadmin/uploads/Material_aus_SGS/Handreichung_Streit-Lehmann_fue r_Web.pdf [Zugriff 01.03.2015].

Wartha, S. & Schulz, A. (2012). *Rechenproblemen vorbeugen.* Berlin: Cornelsen.

Winkel, S. & Petermann, F. (2006). *Lernpsychologie.* Stuttgart: UTB.

Impulse und Implikationen für Forschung und Praxis

Andrea Peter-Koop & Thomas Rottmann

Dieser Band liefert einen ersten umfassenderen mathematikdidaktischen Zugang zu einem nicht mehr neuen, aber bislang fachdidaktisch deutlich „unterforschtem" Themenfeld. Bildungspolitische Entwicklungen bezogen auf die Umsetzung der UN-Behindertenrechtskonvention Artikel 24 aus dem Jahr 2008 verändern stark die Schullandschaft; eine ständig zunehmende Zahl von (Grund-)Schulen verankert das *Gemeinsame Lernen* (bislang wurde im Rahmen von entsprechenden Schulversuchen der Begriff *Gemeinsamer Unterricht* verwendet). Auf der unterrichtspraktischen Ebene und in der universitären Lehre (verbunden mit der massiven Zunahme an Studienplätzen im Bereich Sonderpädagogik/Inklusion wie beispielsweise in Nordrhein-Westfalen) gehen die Bemühungen um Inklusion der wissenschaftlichen Ebene vielfach voraus. Dies erzeugt sicherlich teilweise Unbehagen bei vielen (Hochschul-)Lehrerinnen und Lehrern, die sich bei ihren unterrichtlichen Bemühungen vielfach einer (stärkeren) empirischen Evidenz für die Wirksamkeit inklusiver (fach-)didaktischer Konzepte versichern würden.

Auch wenn dieser Band die vorhandene Forschungslücke nicht schließen kann, so ist er aber hoffentlich hilfreich in Bezug auf die (Weiter-)Entwicklung und Erprobung fachdidaktischer Konzepte für einen inklusiven Mathematikunterricht in der Grundschule.

Abschließend wollen wir mit Blick auf die Forschung (noch ohne Anspruch auf Vollständigkeit) einige „große" und damit verbundene „kleine" Forschungsbereiche identifizieren mit dem Ziel, Anregungen für die wissenschaftliche Weiterarbeit in diesem wichtigen Feld zu liefern und Entwicklungen der Unterrichtspraxis wissenschaftlich zu begleiten. Gerade den zahlreichen Lehramtsstudierenden, die im Rahmen ihrer universitären Lehrerausbildung auf den (Fach-)Unterricht in inklusiven Settings vorbereitet werden sollen, kommt mit Blick auf anstehende Forschungsaufgaben ein interessantes Potenzial zu.

Insgesamt sehen wir bezogen auf die Mathematikdidaktik vier zentrale Felder für Forschung und Entwicklung, die wir im Folgenden weiter ausführen: (1) die Gestaltung des fachbezogenen Übergangs vom Kindergarten zur Grundschule, (2) den inklusiven Grundschulunterricht im Fach Mathematik, (3) die Vorbereitung des Übergangs von der Grundschule zur weiterführenden Schule bezogen auf das Mathematiklehren und -lernen sowie (4) die Lehramtsausbildung im Fach Mathematik mit Blick auf Inklusion.

Übergang vom Kindergarten zur Grundschule

Ein „großes" Forschungsfeld bietet das individuelle wie kollektive frühe Mathematiklernen im Übergang vom Kindergarten zur Grundschule. Das letzte Kindergartenjahr ist offenbar höchst bedeutsam für die Entwicklung von Vorläuferfähigkeiten für das schulische Mathematiklernen (vgl. z. B.

Krajewski, Grüßing & Peter-Koop 2009). Doch die Fragen, inwieweit inklusive Settings im Kindergarten die Entwicklung früher mathematischer Kompetenzen unterstützen können, wie nachhaltig diesbezügliche Lernerfolge für Kinder mit und ohne sonderpädagogische Förderbedarfe sind und wie man Erzieherinnen und Erzieher auf die damit verbundenen mathematischen Bildungsaufgaben am besten vorbereiten kann, sind noch weitgehend ungeklärt.

Weiterhin fehlt es bislang an der Adaption einschlägiger diagnostischer Verfahren wie z. B. dem EMBI-KiGa (Peter-Koop & Grüßing 2011) an die speziellen Anforderungen der Kinder mit sonderpädagogischem Förderbedarf. Dies betrifft bezogen auf das EMBI zum einen die Anpassung des eingesetzten Materials für den Einsatz bei Kindern mit Einschränkungen im Hören oder Sehen, die Anpassung der sprachlichen Formulierungen für Kinder mit besonderem sprachlichen Förderbedarf, aber ebenso die „Auffaltung" der Auswertungsverfahren mit Blick auf die Erfassung sehr kleinschrittiger Lernerfolge für Kinder mit den Förderbereichen *Lernen* und *Geistige Entwicklung*. Hier liegt durchaus ein Forschungsfeld, das auch im Rahmen von Bachelor- und Masterarbeiten sowie Staatsarbeiten gewählt werden kann. Diesbezüglich liegen sehr ermutigende erste Arbeiten zum Einsatz des EMBI bei Schülerinnen und Schülern mit dem Förderschwerpunkt *Geistige Entwicklung* (Loscher 2014) sowie blinden und hochgradig sehbehinderten Kindern (Grubmüller 2014) vor, die an der PH Heidelberg in den Arbeitsgruppen von Sabine Kaufmann und Markus Lang entstanden sind.

Inklusiver Mathematikunterricht in der Grundschule

Ein bedeutendes und „großes" Forschungsfeld betrifft die Wirkung von verschiedenen Lehr-Lern-Formen, die in der (sonder-)pädagogischen Literatur mit Blick auf inklusive Settings diskutiert werden. Aus fachlicher Sicht wichtig und interessant ist die Frage, wie sich Team-Teaching-Konstellationen, aber auch Peer-Tutoring sowie weitere kooperative Lernformen auf das Mathematiklernen bei Kindern mit und ohne sonderpädagogischem Förderbedarf kurz-, mittel- und langfristig auswirken. Diesbezügliche Studien verlangen sicherlich ein komplexes Design sowie eine länger- bzw. langfristige Studiendauer, die den eher engen zeitlichen Rahmen von Qualifizierungsarbeiten sprengt. Das gilt auch für Längs- und Querschnittstudien zur Entwicklung der mathematischen Schulleistung in inklusiven Settings. Bislang vorliegende Studien zum *Gemeinsamen Unterricht* (vgl. die diesbezügliche Auswertung der Literatur von Klemm & Preuss-Lausitz 2012) indizieren, dass dieser Unterricht für Schülerinnen und Schüler mit sonderpädagogischen Förderschwerpunkten lerneffektiver ist als das Lernen in (behinderungs-)homogenen Lerngruppen, während für Kinder ohne Förderschwerpunkt die kognitiven Leistungen etwa gleich sind. Die sozialen Kompetenzen hingegen werden bei beiden Gruppen gestärkt. Allerdings besteht durchaus die Hoffnung, dass sich ein (weitgehend) optimal geplanter und umgesetzter inklusiver Fachunterricht positiv für den mathematischen Lernerfolg *aller* Kinder der Lerngruppe auswirkt – auch der Kinder ohne festgestellten sonderpädagogischen Förderbedarf. Weiterhin sind in diesem Kontext interdisziplinäre Forschungs- und Entwicklungsprojekte eingeschlossen, z. B. in Bezug auf den Zusammenhang von Sprache und Mathematiklernen oder auf den Einfluss der Entwicklung motorischer Fähigkeiten im Sportunterricht auf eine mögliche Unterstützung mathematischer Lernprozesse.

Ein lohnendes Entwicklungs- und Forschungsfeld stellt die Ausweitung der bislang noch vorherrschenden (und angesichts der Anzahl der betroffenen Schülerinnen und Schüler plausiblen) Fokussierung von mathematikdidaktischen Projekten auf den Förderschwerpunkt *Lernen* dar. Aus fachlicher Sicht entwickelte Konzepte fehlen noch weitgehend für die ebenfalls zieldifferente Unterrichtung von Kindern mit dem Förderschwerpunkt *Geistige Entwicklung*. Doch auch für Gruppen von Kindern, die zielgleich unterrichtet werden, z. B. mit den Förderschwerpunkten *Hören und Kommunikation, Sehen* sowie *Emotionale und soziale Entwicklung,* fehlen fachdidaktische Konzepte und Materialien mit Blick auf die Inklusion dieser Kinder im Unterricht an Regelschulen. Hier ergeben sich für Studierende, die sich in ihrer Ausbildung diesbezüglichen Förderschwerpunkten widmen, durchaus Anknüpfungspunkte für Qualifizierungsarbeiten, indem entsprechende Konzepte bezogen auf einen Inhaltsbereich und/oder eine Klassenstufe entwickelt, erprobt und evaluiert werden.

Neben diesen eher punktuellen Ansätzen ist im Rahmen von größeren Projekten auch eine Orientierung hin auf stärker umfassende und systematische Zugänge erforderlich, z. B. der Blick auf einen gesamten Inhaltsbereich während eines ganzen Schuljahrs und darüber hinaus. Bezogen auf die Arithmetik ist die

Arbeit diesbezüglich schon auf einem guten Weg, wie die entsprechenden Beiträge in diesem Band zeigen. Doch für die *Geometrie,* den Bereich *Größen und Messen,* den Umgang mit *Mustern und Strukturen* sowie den Zugang zu *Daten, Häufigkeit und Wahrscheinlichkeit* fehlen inklusive Ansätze und Konzepte bislang weitgehend. Im Hinblick auf Qualifizierungsarbeiten sowie im Kontext des Praxissemesters ist die Entwicklung, unterrichtspraktische Erprobung und theoriegeleitete Reflexion von inklusiven Lernumgebungen bezogen auf alle fünf Inhaltsbereiche des Grundschulcurriculums und die damit verbundenen prozessbezogenen Kompetenzen ein wichtiges Handlungsfeld im Schnittfeld von Theorie und Praxis.

Übergang von der Grundschule in die Sekundarstufe I

Auch wenn die Integrationsquote von Schülerinnen und Schülern mit sonderpädagogischem Förderbedarf in der Sekundarstufe noch deutlich geringer ist als in der Grundschule (vgl. MSW NRW 2014), ist es gerade für die Kinder, die bereits in der Grundschulzeit an Regelschulen gelernt haben, wichtig, Anschlussmöglichkeiten und Perspektiven hinsichtlich des Übergangs auf weiterführende Regelschulen zu eröffnen. Dies schließt aus unserer Sicht auch die fachliche Gestaltung dieses zweiten Übergangs ein. Zu denken ist einerseits an die Entwicklung und Gestaltung von fachbezogenen Kooperationsmöglichkeiten von Mathematiklehrerinnen und -lehrern sowie Schülerinnen und Schülern der verschiedenen Schulformen und Schulstufen, z. B. in Form von gemeinsamen Fachprojekten zwischen zwei Schulen (Viert- und Fünftklässler). Andererseits formulieren nach unserer Erfahrung zahlreiche Lehrerinnen und Lehrer der Sekundarstufe I Fortbildungsbedarf, der sich auf den für manche Schülerinnen und Schüler nötigen (Förder-)Unterricht zum mathematischen Grundschulstoff bezieht. Projekte, in denen Fachlehrkräfte beider Schulstufen diesbezügliche Konzepte für den Übergang entwickeln und gemeinsam implementieren, sind ebenfalls lohnende Projekte für theoriegeleitete Evaluationen im Rahmen von Qualifizierungsarbeiten.

Lehrerausbildung

Auch mit der Ausbildung von (Fach-)Lehrerinnen und -lehrern sind Desiderate in Bezug auf Forschung und Lehre verbunden. Dies gilt besonders für diejenigen Studierenden, die mit dem Ziel „Lehramt an Grundschulen" studieren und sich vielleicht bewusst gegen integrierte Studiengänge, wie sie z. B. die Universität Bielefeld anbietet, entscheiden, denn auch sie unterrichten in Zukunft mit hoher Wahrscheinlichkeit an Schulen mit *Gemeinsamem Lernen*. Besonders (aber nicht nur) mit Blick auf diese Gruppe gilt es, fachdidaktische Konzepte zu vermitteln, sowie auch auf die Einstellungen zu wirken, und zwar konkret bezogen auf das Schnittfeld von Fach und Inklusionspädagogik. Wenn es nicht gelingt, Studierenden Wissen und Kompetenzen für die Gestaltung inklusiven Fachunterrichts zu vermitteln und parallel in ihnen die Überzeugung reifen zu lassen, dass Mathematikunterricht in inklusiven Settings für alle Kinder gelingen kann, wird

ihre Arbeit in der Praxis erheblich erschwert oder gar unmöglich. Daher ist es aus unserer Sicht wichtig, an Ansätzen wie dem von Natascha Korff (siehe den Beitrag in diesem Band) anzuknüpfen und die Entwicklung von Einstellungen, Haltungen sowie fachdidaktischem Wissen und unterrichtspraktischen Kompetenzen großflächig kontinuierlich zu erfassen, auszuwerten und auf die Befunde ggf. entsprechend zu reagieren – idealerweise auch über Hochschulen hinweg, um besonders wirksame Ansätze zu identifizieren und dann weiter zu verbreiten.

Last but not least ist auch die Auseinandersetzung mit inklusiven fachdidaktischen Ansätzen in internationalen Kontexten ein weiterer vielversprechender Schritt, denn mit der flächendeckenden Inklusion von Schülerinnen und Schülern mit sogenannten *Special Needs* in Regelschulen hat man in vielen Ländern bereits langjährige Erfahrungen, die aus deutscher Perspektive interessant sein können, ohne damit die Hoffnung zu verbinden, man könne erfolgreiche Konzepte einfach kopieren.

In diesem Sinne hoffen wir, dass inklusiver Mathematikunterricht nicht nur mehr und mehr Realität an Schulen und Hochschulen wird, sondern dass sich unser kollektives Wissen über zugrunde liegende Prozesse und Bedingungen systematisch erweitert. Idealerweise gibt es in einigen Jahren einen weiteren Band, der den dann hoffentlich deutlich erweiterten Kenntnisstand abbildet.

Literatur

Grubmüller, J. S. (2014). *Diagnostik mathematischer Basiskompetenzen von blinden und hochgradig sehbehinderten Schülerinnen und Schülern – Adaption und Erprobung des EMBI KiGa.* Unveröffentlichte wissenschaftliche Hausarbeit im Rahmen der ersten Staatsprüfung für das Lehramt an Sonderschulen, Pädagogische Hochschule Heidelberg.

Klemm, K. & Preuss-Lausitz, U. (2012). Was ist guter inklusiver Unterricht? In K. Metzger & E. Weigl (Hrsg.), *Inklusion praxisorientiert* (S. 19–32). Berlin: Cornelsen.

Krajewski, K., Grüßing, M. & Peter-Koop, A. (2009). Die Entwicklung mathematischer Kompetenzen bis zum Beginn der Grundschulzeit. In A. Heinze & M. Grüßing (Hrsg.), *Mathematiklernen vom Kindergarten bis zum Studium. Kontinuität und Kohärenz als Herausforderung für den Mathematikunterricht* (S. 17–34). Münster: Waxmann.

Loscher, T. (2014). *Diagnostik elementarer mathematischer Kompetenzen von Schülerinnen und Schülern mit dem Förderschwerpunkt Geistige Entwicklung.* Unveröffentlichte wissenschaftliche Hausarbeit im Rahmen der ersten Staatsprüfung für das Lehramt an Sonderschulen, Pädagogische Hochschule Heidelberg.

Ministerium für Schule und Weiterbildung NRW (2014). *Auf dem Weg zur inklusiven Schule in NRW – Das „Erste Gesetz zur Umsetzung der UN-Behindertenrechtskonvention in den Schulen" (9. Schulrechtsänderungsgesetz) und begleitende Maßnahmen.* Präsentation in der Fassung vom 17.04.2014. Verfügbar unter: https://www.Schulministerium.nrw.de/docs/Schulsystem/Inklusion/Auf-dem-Weg-zur-inklusiven-Schule/index.html [Zugriff: 24.03.2015].

Peter-Koop, A. & Grüßing, M. (2011). *ElementarMathematisches BasisInterview für den Einsatz im Kindergarten.* Offenburg. Mildenberger.

Autorinnen und Autoren

Prof. Dr. Christiane Benz
Pädagogische Hochschule Karlsruhe
Bismarckstraße 10
76133 Karlsruhe
Christiane.benz@ph-karlsruhe.de

Sebastian Fricke
Universität Bielefeld
Fakultät für Mathematik, IDM
Universitätsstraße 25
33615 Bielefeld
sebastian.fricke@uni-bielefeld.de

Prof. Dr. Uta Häsel-Weide
Universität Siegen
Walter-Flex-Straße 3
57068 Siegen
haeselweide@mathematik.uni-siegen.de

Dr. Natascha Korff
Universität Paderborn
Fakultät für Kulturwissenschaften
Institut für Erziehungswissenschaft
Warburger Straße 100
33098 Paderborn
nkorff@mail.upb.de

Helena Krähenmann
Universität Zürich
Institut für Erziehungswissenschaft
Hirschgraben 48
CH-8001 Zürich
hkraehenmann@ife.uzh.ch

David Labhart
Universität Zürich
Institut für Erziehungswissenschaft
Hirschgraben 48
CH-8001 Zürich
dlabhart@ife.uzh.ch

Prof. Dr. Miriam M. Lüken
Universität Bielefeld
Fakultät für Mathematik, IDM
Universitätsstraße 25
33615 Bielefeld
miriam.lueken@uni-bielefeld.de

Prof. Dr. Birgit Lütje-Klose
Universität Bielefeld
Fakultät für Erziehungswissenschaft
Universitätsstraße 25
33615 Bielefeld
birgit.luetje@uni-bielefeld.de

Prof. Dr. Susanne Miller
Universität Bielefeld
Fakultät für Erziehungswissenschaft
Universitätsstraße 25
33615 Bielefeld
susanne.miller@uni-bielefeld.de

Prof. Dr. Elisabeth Moser Opitz
Universität Zürich
Institut für Erziehungswissenschaft
Hirschgraben 48
CH-8001 Zürich
emoser@ife.uzh.ch

Prof. Dr. Marcus Nührenbörger
TU Dortmund
Fakultät für Mathematik
Vogelpothsweg 87
44227 Dortmund
marcus.nuehrenboerger@math.tu-dortmund.de

Prof. Dr. Andrea Peter-Koop
Universität Bielefeld
Fakultät für Mathematik, IDM
Universitätsstraße 25
33615 Bielefeld
andrea.peter-koop@uni-bielefeld.de